Über das Buch Die Kopien des Lebens sind die Waren von morgen. Die industrielle Nutzung der Gentechnik hat begonnen, ohne daß eine ernsthafte Abwägung ihrer »Chancen und Risiken« tatsächlich stattgefunden hätte. Die Autoren des Bandes geben einen Überblick über den Stand der ökonomischen Entwicklung, zeigen auf, welche der Anwendungen die ersten Waren auf dem Markt sein werden. Den Preis hoher sicherheitstechnischer Risiken und weitreichender sozialer Auswirkungen werden wir zu zahlen haben.

Die Autoren zeichnen aber auch ein Bild vom Widerstand, der sich gegen solche Entwicklungen regt. Sie berichten z. B. vom juristischen Streit um die erste gentechnische Großanlage in Frankfurt-Höchst. Sie fordern eine drastische Einschränkung der gegenwärtigen Forschung und Entwicklung. Sie plädieren aber auch für eine biologische Wissenschaft, die Alternativen zu gentechnischen Verfahren eine Chance läßt.

Der Herausgeber Martin Thurau, Jahrgang 1959, Diplom-Biologe, wissenschaftlicher Mitarbeiter am Öko-Institut Freiburg. Das Buch entstand aus einem Diskussionsprozeß der Autoren. Zu diesem Autorenkreis gehörte neben den Verfassern der Beiträge auch Beatrix Tappeser, Öko-Institut Freiburg.

Gentechnik – Wer kontrolliert die Industrie?

Herausgegeben von Martin Thurau
Ein Diskussionsbeitrag aus dem
Öko-Institut Freiburg/Br.–Darmstadt

Fischer
Taschenbuch
Verlag

fischer alternativ
Eine Reihe des Fischer Taschenbuch Verlages
Herausgegeben von Rudolf Brun

Originalausgabe
Veröffentlicht im Fischer Taschenbuch Verlag GmbH,
Frankfurt am Main, Dezember 1989

Umschlagentwurf: Peter Hajnoczky

Satz: Fotosatz Otto Gutfreund, Darmstadt
Druck und Bindung: Clausen & Bosse, Leck
Printed in Germany
ISBN 3-596-24121-9

Inhalt

II. Teil
Fragestellungen und Schwerpunkte

Anhang

Günter Altner
Vorwort

Der Hauptakzent dieses Buches liegt auf der Auseinandersetzung mit der industriellen Nutzung der Gentechnologie. Es ist ja die Schwäche des gegenwärtigen Streites um die Gentechnologie, daß hier die ganz gewiß unumgängliche Grundsatzdiskussion intensiv geführt wird, ohne daß den Entwicklungen im industriellen Bereich hinreichend Aufmerksamkeit geschenkt würde. Die Taktik in der gegenwärtigen Forschungs- und Technologiepolitik zielt darauf ab, die öffentliche Kritik in einer theoretischen Grundsatzdiskussion zu binden, während man im technisch-industriellen Bereich Fakten schafft und Durchbrüche erzielt. So kann es nicht weitergehen.

Jeremy Rifkin hat recht: »Gentechnologie ist die Weiterentwicklung des Denkens, das wir vom Industriezeitalter übernommen haben.« Die totale Kommerzialisierung der irdischen Lebenssysteme steht ins Haus, nicht nur im Sinne klassischer Vermarktungsstrategien, sondern eben vom »Kern«, vom genetischen Bestand her. Leben, reduziert auf bloßen Nutzwert, soll gentechnisch perfektioniert werden für alle Zwecke, mit denen sich Geld machen läßt. Dabei wird der Forschungseinsatz gegen Hunger, Krankheiten und Umweltzerstörung zum heuchlerischen Motto für den großen Kahlschlag. Am Ende werden die durch die Evolution eröffneten (und immer wieder eröffneten) Lebenschancen unter die Rahmenbedingungen einer wild ausufernden Industrieproduktion gezwungen sein. Leben als Abfallhalde einer neuen gentechnischen Industriekultur?

Das vorliegende Buch zeichnet sich dadurch aus, daß es die vorhandenen industriellen Anwendungsfelder sorgfältig ausleuchtet und einer kritischen Bewertung unterzieht: großtechnische Produktion von Pharmazeutika, Erzeugung von gentechnisch vermittelten Resistenzen in Pflanzen, gentechnisch gestützte Biotechnik in der Nahrungsmittelproduktion. Neben den Nutzungszielen werden die labortechnisch und industrietechnisch bedingten Risiken analysiert. Dabei wird der Rahmen einer enggeführten Risikodiskussion bewußt gesprengt. Unter der Voraussetzung einer kontextuellen Betrachtung werden hier insbesondere drei Bezugsebenen berücksichtigt:

Genübertragung und Genom
Genübertragung und Ökosysteme
Genübertragung und Evolution.

In allen drei Zusammenhängen ist die Wirksamkeit gentechnischer Eingriffe undurchschaut. Um so mehr muß das ungehemmte Voranschreiten gentechnischer Anwendungsverfahren beunruhigen und empören.

Jede Freisetzung gentechnisch veränderter Organismen – ob als Nebeneffekt eines Labor- oder Industriezwischenfalls oder als gezielte Absicht – beinhaltet die Gefahr einer latenten oder direkten Auswirkung mit unbekannten Folgen. Das ist eine brisante Situation, die im Blick auf die weitere Entwicklung größte Sorgen bereiten muß. Der schon stereotype Hinweis auf die 1975 veranstaltete Sicherheitskonferenz von Asilomar, wie er unter den Befürwortern der Gentechnologie üblich ist, kann hier keinesfalls genügen. Die damals erörterten Fragen stellen einen Bruchteil der heute relevanten Sicherheitsprobleme dar. Und es hat seitdem keine kontinuierliche, auf die Breite der Gentechnologie bezogene Sicherheitsforschung stattgefunden. Das ist ein atemberaubender Vorgang, der die Defizite und Unsicherheiten mehr als deutlich kennzeichnet.

Es darf auch nicht vergessen werden, daß sich die gegenwärtige Gentechnologiepraxis in einem weitgehend rechtsfreien Raum vollzieht. Man muß es als ein ausgesprochenes Versagen der Bundestags-Enquete-Kommission „Chancen und Risiken der Gentechnologie“ bezeichnen, daß sie die Sicherheits- und Rechtsfragen nur unzureichend erörtert. Und auch das von ihr vorgeschlagene 5jährige Moratorium für die Freisetzung gentechnisch veränderter Bakterien ist so, wie es formuliert wurde, eine ganz unzureichende Barriere. Das betrifft im übrigen auch die willkürlich gesetzte Befristung von 5 Jahren.

Man muß diese ganze Problemlage auch im Zusammenhang des weltweit stattfindenden Artentodes sehen. Der hier ablaufende genetische Holocaust dokumentiert, daß die Vielfalt der Arten ethisch-rechtlich ungeschützt ist. In den schütter werdenden Genbestand stoßen nun die Patentierungsstrategien der industriellen Gentechnik-Betreiber, was nichts anderes bedeutet, als daß die (noch vorhandene) Vielfalt der Natur an die monomane Einlinigkeit von Produktionsinteressen genetisch angepaßt werden soll. Es wird daran einmal mehr deutlich, daß die Brisanz der Gentechnik erst unter Berücksichtigung der aktuellen Forschungs- und Produktionsstrategien angemessen darstellbar wird.

Im Blick auf den Fortgang der weiteren Auseinandersetzung um die Gentechnologie sind sehr verschiedene Problemhorizonte zu berücksichtigen:

1. Da die Risikofrage völlig undurchschaut ist, bedarf es dringlich einer Klärung der Prämissen für eine angemessene Sicherheitsforschung. Die Erarbeitung von Kriterien und darauf aufbauend von Konzepten für die Risikoforschung ist die vordringlichste Aufgabe für die nächste Zukunft.
2. Es geht im Anschluß daran auch um das Fundamentalproblem des Mensch-Natur-Verhältnisses. Die methodische Verengung der Biologie auf den Erbmechanismus und die dadurch bedingten Einseitigkeiten machen es notwendig, eine Biologie zu entwikkeln, die vom Funktionsganzen von Organen, Organismen und Artgemeinschaften (Biotopen) her denkt. Aber es stellt sich darüber hinaus auch die tiefere Frage nach der Fundierung ökologischer Politik als Ausgangsvoraussetzung einer überlebensfähigen Technologiepolitik. Es muß in Zukunft darum gehen, einen Stoffwechsel mit der Natur zu gewährleisten, bei dem die Anpassungs- und Entfaltungsfähigkeit vorfindlicher Lebenssysteme für die Zukunft bewahrt bleibt.
3. Die bislang entwickelten und geplanten Gentechnologiestrategien machen es erforderlich, eine Biotechnologievariante zu diskutieren, die prinzipiell ohne das Verfahren der Gentechnik auskommt. Unter dem Gesichtspunkt ökologischer und sozialer Verträglichkeit sind Alternativstrategien programmatisch zu entwickeln. Nur so kann das weite Feld biotechnischer Optionen für die Zukunft einigermaßen überschaubar gemacht werden. Es geht um die Entwicklung einer einschneidenden Alternative, die dem molekularen Reduktionismus der Gentechnologie die Systemoffenheit des ökologischen Denkens entgegenstellt. Im Bereich von Energie- und Chemietechnik haben wir gezeigt, daß Technik so oder so aussehen kann. Warum sollten wir es gerade im Bereich der Biotechnologie nicht auch zeigen können?
4. Die zukünftige Diskussion darf nicht übersehen, daß der Transfer gentechnologischer Methoden in den industriellen Anwendungsbereich in vollem Gange ist. Insofern kommt der Verfolgung rechtlicher Fragen – nicht zuletzt auch angesichts höchst problematischer Patentierungsabsichten – eine besondere Bedeutung

zu. Die Frage, ob und wie über die Einführung der Gentechnologie entschieden werden soll, bedarf einer vehementen rechtlichen Auseinandersetzung. Es ist einer demokratischen Gesellschaft nicht angemessen, wenn nur diejenigen an der Ausformung und Durchsetzung von Technologieprogrammen beteiligt werden, die Interesse daran haben, mit dieser Technologie Nutzungs- und Renditeabsichten zu verfolgen.

5. Damit steht die Beteiligung der Öffentlichkeit zur Diskussion. Die gegenwärtigen Tendenzen in der Bundesrepublik und in der Europäischen Gemeinschaft laufen darauf hinaus, die Verrechtlichung eines höchst fragwürdigen Technologiesystems an der Öffentlichkeit vorbei zu vollziehen. Angesichts dessen, was mit der Gentechnologie – sozial, ökologisch und evolutiv – auf dem Spiel steht, ist eine Einbeziehung der demokratischen Willens- und Entscheidungsbildung zur Sache unumgänglich. Wenn dieses Problem – ungeachtet einer 20jährigen öffentlichen Ökologiediskussion – immer wieder weggeschoben werden konnte, hier muß es nun ernst genommen werden. Es geht um eine elementare Überlebensfrage. Man täusche sich nicht, wir erreichen gerade erst die zweite Phase der öffentlichen Gentechnologiediskussion. Ihr werden weitere folgen.
6. Die Gentechnologie ist ein universales biotechnisches Instrument. Die Dynamik ihres Voranschreitens wirkt sich immer auf Mensch und Natur aus. Jede Trennung wäre hier künstlich und technologiepolitisch harmlos. Insofern ist es konsequent und unaufgebbar, den jeweiligen Stand von Erkenntnis und Technik gleichzeitig im Blick auf Mensch und Natur zu diskutieren.

Bei der Auseinandersetzung um die Atomenergie ist es nicht nur gelungen, die Schwachstellen dieser Technik bloßzulegen und dadurch die technische Sicherheit relativ zu verbessern, es war aber vor allem möglich, im zweiten Schritt Alternativen zu entwickeln, die bis heute die energiepolitische Auseinandersetzung bestimmen und die Front der Atomenergiebefürworter mehr und mehr bröckeln lassen. In ebendiesem Sinne ist die Auseinandersetzung mit der Gentechnologie und ihren Nutzungsoptionen zu führen. Dabei erweist es sich als Vorteil, daß der Transfer in den Anwendungsbereich erst anläuft und die dafür notwendigen rechtlichen Regelungen noch im Flusse sind. Man darf sich bei dieser Auseinandersetzung freilich nicht der Illusion leichter Erfolge hingeben. Die Überprüfung des gesellschaftlichen Bedarfs nach Gentechnologie und die damit verbundenen Fragen nach Umweltbedrohung, Gesundheitsgefährdung und Manipulation der Identität von Mensch und Artenbild erfolgen zu einer Zeit, da sich die moderne Biologie in ihrer ganzen Breite gentechnischen Arbeitsmethoden öffnet.

Martin Thurau

Sicherheit in der Gentechnologie?

Die natürliche Selektion, der Austausch von Erbmaterial unter Mikroorganismen oder künstliche Selektionsverfahren im Labor ermöglichten schon bislang das Entstehen von Organismen mit neuen Eigenschaften und damit neuen Problemen für die Umwelt. Selbst in Laborexperimenten waren der Entwicklung solcher Mikroorganismen durch Artschranken enge Grenzen gesetzt. Bei Einsatz der Gentechnik sind solche Artschranken kein Hindernis mehr. Was vorher überhaupt nicht oder nur bedingt in Monaten oder Jahren möglich war, kann nun innerhalb von Stunden erreicht werden. Die »verkürzte Evolution« im Reagenzglas macht die in Ökosystemen übliche Interaktion von Lebewesen und ihre wechselseitige Anpassung äußerst fraglich.

Somit kann jede Freisetzung auch kleinster Mengen genmanipulierter Organismen zu einer »Störgröße« werden, die die Fähigkeit der Ökosysteme zur Selbstregulation bei weitem überfordert. Einmal freigesetzt sind die Organismen nicht mehr rückholbar. Auch wird nicht eine bestimmte Menge »Schadstoff« emittiert, sondern Lebewesen, die sich vermehren und verbreiten können. Das macht eine neue Qualität gegenüber chemischen Umweltbelastungen aus. Kritiker der Gentechnik befürchten, daß die Auswirkungen auf die Umwelt und damit mittelbar oder unmittelbar für die Gesundheit des Menschen erheblich sein könnten. Prinzipiell jedoch ist das tatsächliche Schadensausmaß nicht vorherzusagen. Damit wäre auch das Ziel von Sicherheitsmaßnahmen definiert: Freisetzung genetisch veränderten Materials zu verhindern – in das Labor, aus dem Produktionsprozeß und mittelbar in die Umwelt.

Sicherheit in der Gentechnologie?

Im Folgenden sind einige Gegenargumente angeführt, die begründete Zweifel an der Wirksamkeit gängiger Sicherheitskonzeptionen ausdrücken.[1] In der BRD sind dies die »Richtlinien zum Schutz vor

Gefahren durch in-vitro neukombinierte Nukleinsäuren« der Zentralen Kommission für die Biologische Sicherheit (ZKBS), auch kurz ZKBS-Richtlinien genannt. Dieses einzige auf Gentechnik zugeschnittene Regelungswerk in der Bundesrepublik hat zwar – als Richtlinie – nur sehr ungenügende Rechtsverbindlichkeit, doch repräsentiert es die »herrschenden« Sicherheitsvorstellungen.

Sind die biologischen und physikalischen Schranken »durchbruch«sicher? Ist also etwas dran an den Sicherheitsargumenten für die Gentechnik?

Gegenargument 1: Freigesetzte Bakterien können zeitweise überleben

Die wohl bestuntersuchten Bakterien überhaupt sind die Abkömmlinge des Darmbakteriums Escherichia coli. So ist es nicht verwunderlich, wenn einige ihrer Stämme sowohl im Labor als auch in der Produktion häufig verwendet werden. Einer dieser Stämme ist K 12, ein sogenannter Sicherheitsstamm. Sicherheitsstämme sind genetisch so konstruiert, daß eine erhöhte Temperaturempfindlichkeit und bestimmte Nährstoffbedürfnisse ihr Überleben im menschlichen Darm wie in der Umwelt verhindern sollen. Allein ihre Anwendung stellt eine (biologische) Sicherheitsmaßnahme im Sinne der ZKBS-Richtlinien dar.

Zahlreiche Studien belegen, daß die Überlebenschancen solcher Sicherheitsstämme drastisch gesenkt sind, doch finden sich auch einige Ausnahmen:

- E.coli K12-Stämme können sich in der Umwelt längere Zeit halten. Im Abwasser überleben nach 24 Stunden noch 80 % der eingesetzten Keime.[2] Sie werden u. U. erst nach drei Wochen »ausverdünnt«.[3]
- In Laborversuchen konnte an mehreren E.coli-Stämmen nachgewiesen werden, daß die Aufnahme eines Plasmids mit einer Antibiotikumresistenz nach 500 Generationen (ca. 60 Tagen) den Überlebensvorteil der Bakterien steigerte, auch wenn ihre Nährlösung antibiotikafrei war, der Selektionsdruck also fehlte.[4] In einem anderen Experiment ging auch DNA, die aus der Taufliege Drosophila stammte, in einer Coli-Versuchspopulation nicht selektiv verloren. Diese Ergebnisse stehen im Widerspruch zu der Ansicht, nicht nutzbringende Plasmide verschafften den Bakterien als zusätzliche Zellfracht einen Überlebensnachteil.[5]

- Sollten sich diese Annahmen für die Umwelttauglichkeit der Sicherheitsstämme erhärten, so kann auch von einer schnellen Weiterverbreitung ausgegangen werden: über einige Kilometer als luftgetragene Partikel, über weit größere Distanzen in Oberflächengewässern und – nach Bodenauswaschung – auch im Grundwasser. (Diese Untersuchungen wurden mit E.coli-Wildtypstämmen gemacht.)[6]
- Angaben über die Besiedlung des menschlichen Darmes mit solchen Sicherheitsstämmen sind äußerst widersprüchlich. Wahrscheinlich haben sie tatsächlich schlechte Chancen, in der natürlichen Darmflora »Fuß zu fassen«, obwohl sie auch hier kurzfristig überleben können.[7,8,9,10] Anders dürfte die Situation allerdings bei geschwächten Personen aussehen. So konnten bei antibiotikabehandelten »Wirten« E.coli K12-Stämme sich wesentlich länger halten, als erwartet.[11] Diese Gefahr steigt durch die häufige Verwendung von Antibiotikaresistenzgenen in der Laborpraxis.

Diese Indizien betreffen nur Sicherheitsstämme. Natürlich wird in bundesdeutschen Gentechniklabors auch mit Wildtypen auch pathogener Bakterien gearbeitet.

Gegenargument 2: Freigesetzte Bakterien können ihre DNA übertragen

1985 berichteten der Biochemiker Gealt und seine Mitarbeiter von einem gelungenen Gentransfer von E.coli-Laborstämmen auf Wildtypbakterien in sterilisiertem Abwasser.[12]

Ging es Gealt und seinen Mitarbeitern um die Aufklärung der Mechanismen des Gentransfers, so sahen andere Wissenschaftler bereits die Dialektik der kommenden Entwicklung. Für sie war es von eminenter Bedeutung, daß die genetische Information solcher Bakterien leicht auf Organismen übertragbar ist, die im Boden, in Gewässern und in Kläranlagen häufig auftauchen. Aus der inneren Logik ihrer Experimente durchaus verständlich: Auf der Suche nach schadstoffabbauenden Bakterien waren sie immer wieder auf das Hindernis gestoßen, daß die von ihnen konstruierten Laborstämme zwar einen ganz bestimmten Fremdstoff abbauen konnten – aber nur unter Laborbedingungen. Die physiologischen Bedingungen in der biologischen Klärstufe, ihrem potentiellen Einsatzort, wurden ihnen regelmäßig zum Verhängnis. Eine Übertragung der plasmidfixierten

Abbaueigenschaften auf »kläranlagentaugliche« Bakterien sicherte nun so zumindest das Überleben der extrachromosomalen Erbinformation.

Auch andere Untersuchungen belegten, daß das Spektrum der aufnahmefähigen Bakterienarten sehr viel weiter zu fassen war als bisher vermutet. Vertreter nahezu aller in Boden und Wasser lebenden Gattungen konnten so über einen horizontalen Gentransfer im Verbund stehen.[13] Über das tatsächliche Ausmaß und die denkbaren Mechanismen dieses Genaustausches ist wenig bekannt.

Eine Studie berichtet von einer erhöhten Transferrate, wenn die Spenderbakterien an Tonpartikel absorbiert waren.[14]

Eine andere Studie fand einen fünfzigfach höheren Transfer, wenn die Empfängerbakterien an Sandpartikeln anhafteten.[15] Umgekehrt war auch freie DNA, das Material des Gentransfers, sehr viel besser vor einem schnellen (natürlichen) Abbau geschützt, wenn sie an Sand gebunden war.[16]

Gegenargument 3: Bakterien können unerwartete Eigenschaften zeigen

Können sich durch das Einführen fremden Erbgutes Eigenschaften von Organismen ändern? Oder andersherum: »Ist die theoretische Aussage gerechtfertigt, daß ein Risiko beim Gentransfer in Mikroorganismen allein aus der Summe der Risiken der verwendeten Elemente zu bestimmen ist?« So fragt die Enquete-Kommission in ihrem Endbericht. Gegen das, was bisher für die ZKBS als zentrales Dogma galt, meldet die parlamentarische Kommission immerhin »hypothetische Bedenken« an. »Die Wirkung eines Gens hängt von dem gegebenen genetischen Hintergrund und dem Zusammenspiel mit anderen schon vorhandenen Problemen ab. Welche Eigenschaften der neu kombinierte Organismus haben wird, ist dann nicht vorhersehbar.«[17]

Daß die Einwände indes so hypothetisch nicht sind, zeigt ein weiterer Fall aus den USA, von dem das renommierte US-Wissenschaftsmagazin »Science« zu berichten wußte. Dort mußte ein Forscherteam im wahrsten Sinne des Wortes sein blaues Wunder erleben. Die Wissenschaftler hatten in einen – gut untersuchten – E.coli-Stamm ein Gen für das Entgiftungsenzym Naphtalenoxidase eingeführt. Neben der Exprimierung des Eiweißes beobachteten sie als Wechselwirkung mit dem Stoffwechsel des Wirtes die Bildung des blauen Farbstoffs Indigo.[18] Ein besonders »augenfälliges« Beispiel für völlig unerwartete (physiologische) Effekte eines Gentransfers; bedenklich hoch muß die wahrscheinliche Dunkelziffer angesetzt werden. Wenn überhaupt nach solchen Effekten gesucht würde, müßten trotzdem viele zwangsläufig unentdeckt bleiben mangels einer auffälligen Manifestation. In einem anderen Fall konnte die unerwartete Änderung erst durch akute Infektionsfälle beim Laborpersonal entdeckt werden. Ein ursprünglich apathogener Salmonellenstamm hatte durch Anwendung mikrobiologischer Techniken seine Eigenschaften als Krankheitserreger wiedererlangt.[19] In einem neueren Experiment verwandelte das Ausschalten von nur zwei Genen ein gering pathogenes Bakterium (Yersinia pseudotuberculosis) in eines, das im Tierversuch fast ebenso gefährlich war wie das verwandte Yersinia pestis, der Erreger der Pest.[20]

Fraglich erscheint daher, ob nicht auch bei Produktionsstämmen, die als apathogen eingestuft werden, solche Veränderungen zur Toxin- und Antigenbildung zu befürchten sind, zumal nahe verwandte Wildtypstämme natürlicherweise diese Eigenschaften aufweisen. Die Mechanismen dieser Vorgänge sind weitgehend unklar. Ebenso unsystematisch ist das Wissen, wenn der Einfluß des Allgemeinbefindens und des Immunstatus auf die Gefahr einer Infektion, wenn das tatsächliche Risiko einer Ansteckung über unübliche Infektionsrouten abgeschätzt werden sollen. Doch spielt gerade die Inhalation von Aerosolen und in geringerem Maße auch das Eindringen von Krankheitserregern durch die Haut für eine Gefahrenabschätzung im Laborbetrieb eine wichtige Rolle.

Gegenargument 4: Genetische Stabilität bei Viren – der Ausnahmefall

Impfstoffe, Interferone, Lymphokine werden in den Zellen höherer Lebewesen produziert – die Zellkulturtechnik ist auf dem Vormarsch. Die Ausweitung in die Kommerzialität und die spezifischen Gefährdungen, die mit diesen Arbeitsweisen verbunden sind, verdienen besondere Beachtung. Ins Kreuzfeuer der Kritik geraten dabei besonders die sogenannten Retroviren, Transferpartikel, mit deren Hilfe Fremd-DNA in solche Zellinien eingeführt wird. Denn auch hier sind Zweifel an der Funktionstüchtigkeit biologischer Sicherheitsmaßnahmen angebracht, zumal in zahlreichen Experimenten biologische Schranken gezielt durchbrochen werden.[21]

Seit langem ist Zellbiologen und Virologen bekannt, daß Retroviren eher im Ausnahmefall als in der Regel ihr einmal geplantes genetisches Design behalten. Ihre genetische Variabilität ist im Gegenteil sehr hoch. Abgesehen von Änderungen durch eine hohe Mutationsrate kann es zu einem Genaustausch zwischen Genomabschnitten des Retrovirus und ihnen homologen (ähnlichen) Sequenzen in der Wirtszelle kommen. Häufig handelt es sich dabei um sogenannte Onkogene, die in ihrem Genverband entscheidend an der Steuerung von Zellteilung und Zelldifferenzierung beteiligt sind.[22] Ein solcher Austausch kann fatale Folgen haben: das Entstehen von Tumoren (ungehemmtem Zellwachstum) und Blutkrankheiten, das Virologen und Zellbiologen schon lange im Umgang mit Retroviren an bestimmten Tierarten beobachten.

So waren Revertanten eines durch genetischen Beschnitt nicht mehr infektiösen Defektvirus wieder vermehrungsfähig und krankheitsauslösend. Dabei waren – das ergab die Sequenzanalyse – 91 Basenpaare rekombiniert worden.[23] Aber »schon der Austausch weniger DNA-Bausteine kann zu schwerwiegenden Pathogenitätsänderungen führen«. Zu diesem Ergebnis kommt die Enquete-Kommission in ihrem Endbericht.[24] Damit stellt sich die Frage, ob nicht die Konzeption biologischer Sicherheitsmaßnahmen, die den Einsatz von Retroviren vorsehen, die zwar ihre RNA in die Wirtszelle einbringen können, nicht aber vermehrungsfähig sind, aufgrund der genetischen Variabilität der Viren hinfällig sind.

Auch können Wirts- und Zelltypspezifität eines Retrovirus weitreichenden Änderungen unterliegen.[25] Damit wird die Zellkulturtechnik letztlich zu einem sicherheitstechnischen Roulettespiel. Diesen Zusammenhang sieht auch die Enquete-Kommission: »Bei amphotropen Viren (mit einem erweiterten Wirtsbereich, d. Hg.), die auch bei Menschen infektiös sein können, besteht dagegen ein erhebliches Risiko für die Beschäftigten.«[26]

Bestimmte sogenannte endogene Retroviren können außerdem »under cover« ins Wirtsgenom integriert in den Zellkulturen überdauern, bis sie durch Chemikalieneinfluß, Temperaturänderungen oder bei der Zellfusionstechnik freigesetzt werden. Damit ist das Risiko zusätzlich weit gestreut, denn die Zellfusion ist ein wesentlicher Verfahrensschritt bei der Produktion vielfach verwendeter Eiweißdiagnosemoleküle, der monoklonalen Antikörper.[27]

Hartnäckig hält sich beispielsweise am renommierten Institut Pasteur der Verdacht, die Krebserkrankungen von 7 Mitarbeitern mit

4 Todesfällen seien auf die Infektion mit rekombinierten Retroviren zurückzuführen.[28]

Ein anderer Störfall bei Arbeiten mit Zellkulturen mit schwerwiegenden Folgen ereignete sich bereits 1967 bei den Behring-Werken in Marburg. Sieben Mitarbeiter starben, weil sie sich an Affenzellkulturen infiziert hatten, von denen niemand ahnte, daß sie virusverseucht waren.[29]

Gegenargument 5: Mangelnde Arbeitssicherheit im Labor

Da gentechnologisches Arbeiten immer eng mit mikrobiologischem oder zellbiologischem Arbeiten verknüpft ist, ist es sinnvoll, sich einen Überblick über die Infektionsgefährdung in solchen Labors zu verschaffen.[30] Nur ein Sechstel der Infektionen ist auf »klassische« Laborunfälle mit infizierten Gerätschaften (Kanüle, Spritze, Glaswaren) zurückzuführen. Ein großer Prozentsatz geht demgegenüber auf eine schleichende Durchseuchung des Labors zurück.[31] Diese kann vielfache Gründe haben. Bei allen Handhabungen von Kulturflüssigkeiten (Umfüllen, Pipettieren, Zentrifugieren) ist ein Verspritzen auch kleinster Tropfen möglich.

Die Überlebensfähigkeit von Bakterien »auf dem Trockenen« ist hoch – unabhängig vom Versuchsstamm. Auch nach 50 Stunden ist noch ein Tausendstel virulent.[32]

So ist es nicht erstaunlich, wenn von Todesfällen berichtet wird, bei denen sich Laborpersonal an getrockneten Kulturen an der Außenfläche von Kulturflaschen infiziert hatten.[33]

Da es sich bei Mikroorganismen generell um verbreitungs- und vermehrungsfähige Agenzien handelt, geht eine große Gefahr in der Laborpraxis von der Verteilung infektiöser Partikel über die Abluft aus. Voraussetzung für die Verteilungsfähigkeit mit der Luft ist die Bildung von Aerosolen. Das sind kleinste Flüssigkeitspartikel, die beim »Atomisieren« von Tropfen – etwa beim Durchpressen durch enge Düsen oder beim Auftreffen auf feste Oberflächen entstehen, auch beim Pipettieren oder Zentrifugieren in offenen Tischzentrifugen. Die Tröpfchen trocknen ein und hinterlassen ihren Feststoffanteil. So entstehen luftgetragene und u. U. lungengängige Partikel. Das kann bei fast allen grundlegenden mikrobiologischen und zellbiologischen Manipulationen geschehen. In der gängigen Praxis werden als Schutzmaßnahme Reinraumarbeitsplätze unterschiedlichen Designs verwendet. Diese fordert auch die ZKBS. Doch bestehen erhebliche Zweifel daran, ob sie die Freisetzung von Aerosolen wirkungsvoll verhindern können.[34] Sicherheitswerkbänke sind umbaute Arbeitstische mit einer vorgegebenen Arbeitsöffnung, durch die ständig Luft aus dem Labor angesaugt wird. Dieser gerichtete Luftstrom soll verhindern, daß in der Werkbank freiwerdende Mikroorganismen zurück ins Labor gelangen. Die Abluft dieser Werkbänke wird – wie auch bei den anderen Konzeptionierungen – über Hochleistungsschwebstoffilter entkeimt.

Doch schon eine Person, die mit normaler Gehgeschwindigkeit an der Arbeitsbank vorbeigeht, kann Rückströme in den Laborraum bewirken und damit die Schutzwirkung durchbrechen.[35]

Nicht unbedingt sicherer sind die aufwendigeren Werkbänke der Klasse II. Hier wird die Arbeitsöffnung durch einen Luftvorhang abgeschirmt (Laminar-Flow-Prinzip). Doch nur ein laminarer (parallel) und abwärts gerichteter Luftstrom könnte eine Schutzwirkung entfalten.

Bereits eine Benutzung der Arbeitsbank stellt jedoch eine unvermeidbare Störung des laminaren Luftstroms dar: einfaches Hineingreifen durch den Luftvorhang führt zu Turbulenzen ober- und unterhalb des Strömungshindernisses – mit der Konsequenz möglicher Freisetzungen.

Auch die Benutzung eines Bunsenbrenners in der Arbeitsbank führt zu unterschiedlicher Erwärmung der Innenluft und damit zu Verwirbelungen.[36]

Ein ausreichender Personenschutz vor Freisetzung von Aerosolen scheint damit in Frage gestellt. Der war bei der ursprünglichen Konzeption nebenbei bemerkt auch weniger gefragt als ausreichender Produktschutz. Doch ist der Betrieb dieser »windigen« Anlagen in den Kategorien L2 und L3 vorgesehen, obwohl die oben genannten Tatsachen auch dem BGA bekannt sind: »Auch bei sorgfältigstem Einsatz der Werkbänke der Klassen I und II bieten sie keinen absoluten Schutz«. Die angebotene Lösung bedarf keines weiteren Kommentars: »Da jede Bewegung den laminaren Luftstrom stört, müssen alle überflüssigen Bewegungen vermieden werden.«[37]

Geschlossene Arbeitsboxen der Klasse III mit Arbeitsöffnungen, die mit luftdichten Handschuhen versehen sind, bieten indes einen erhöhten Personenschutz, doch werden sie in der Praxis wegen ihrer schlechten Handhabbarkeit wenig benutzt.

Der Zuverlässigkeit der Hochleistungsschwebstoff-(HOSCH-)Filter kommt indes große Bedeutung zu.

Die Abscheidegrade werden mit 99.997 % angegeben, oder andersherum ausgedrückt: Drei von hunderttausend Bakterien können sie systembedingt nicht zurückhalten.

Für 0.4–0.7 jedoch – das ist gerade der Bereich der besten Lungengängigkeit – wurde ein Absorptionsloch mit sehr viel schlechteren Abscheidegraden beobachtet.[38]

Weiterhin kritikwürdig bleiben die Möglichkeiten, die Funktionstüchtigkeit der Filter zu überprüfen. Oft bleiben Leckagen oder andere Undichtigkeiten beispielsweise durch fehlerhafte Filtereinpassung in die Kammer unentdeckt.[39]

Austausch und Entsorgung sind weitere Gefahrenquellen.

Auch Abwasser und Abfall stellen mögliche Freisetzungspfade dar. Während der Laborarbeiten, besonders bei der Gewinnung von Zellinhaltsstoffen wie DNA, fallen Abwässer, d. h. wäßrige Lösungen an, die nachgewiesenermaßen stark mit Mikroorganismen und freier DNA verunreinigt sein können.

Außerdem ist die gängige Praxis der chemischen Abwasserdesinfektion nicht uneingeschränkt zuverlässig: Fast alle Mittel sind in ihrem Wirkungsbereich eingeschränkt und werden durch äußere Faktoren beeinträchtigt.[40] Nachzuprüfen bleibt, inwiefern freie DNA gegen chemische Behandlung resistent ist.

Gegenargument 6: Freisetzung einkalkuliert im Großmaßstab?

All diese Bedenken gelten ohne Einschränkung auch für das Impflabor, die erste Stufe des gentechnologischen Produktionsprozesses. Das »Scaling-up«, der Schritt zur großtechnischen Anlage, bringt einen qualitativen Risikozuwachs. Das Fahren eines 60000 l-Fermenters wirft neue Probleme der Prozeßführung und des Anlagenbetriebs auf.

Auf der einen Seite soll eine komplexe Meß- und Regeltechnik eine einwandfreie und vor allem überwachbare Prozeßführung gewährleisten. Angesichts des Innovationspotentials der Biotechnologie durch gentechnische Verfahren erlebt auch die Verfahrenstechnik eine neue Blüte. Neben einer hervorragenden Ausstattung mit Drittmitteln an bestehenden Instituten und einigen Lehrstuhlneugründungen floriert auch das Geschäft der kleinen und mittleren

Ausrüster. Neueste Technik soll optimale Wachstums- und damit Produktionsbedingungen für die »kleinsten Mitarbeiter« (Originalton HOECHST) in den Fermentern schaffen. Dazu gehören Steuerung der Nähr- und Sauerstoffversorgung ebenso wie die Regulierung der Temperatur, des Säuregehalts und der Viskosität.

Gerade die On-line-Messung der Viskosität, eines wesentlichen Parameters, war bisher höchstens im Technikumsmaßstab möglich.

Auch eine einwandfreie Kontrolle des Gasgehalts – besonders wichtig ist hier naturgemäß die Sauerstoffversorgung – wirft immer wieder Probleme auf.[41] Gerade die können zu entscheidenden Fragen des Produktschutzes werden.

Aus dem Bereich der klassischen Mikrobiologie gibt es einige Beispiele, bei denen Änderungen der Wachstumsbedingungen (Temperatur, Säuregehalt, Sauerstoffversorgung, Nährstoffzufuhr) zu phänotypischen Veränderungen der Mikroorganismen führen. So können Schwankungen des Metallgehalts und des pH-Wertes die Zusammensetzung der Zellwand und damit die Toxizitätseigenschaften der Bakterien beeinflussen.

Die Zellwand von Klebsiella-Bakterien beispielsweise wirkt nur tödlich auf Mäuse, wenn sie mit hoher Teilungsrate, das bedeutet bei optimaler Nährstoffversorgung und Sauerstoffzufuhr, wachsen.[42]

Das Bakterium Staphylococcus aureus bildet unter Sauerstoff-»ausschluß« weniger Giftstoffe (Toxine) als bei »guter« Belüftung.[43]

Auch für E.coli sind solche Toxizitätsveränderungen beobachtet worden.[44]

Bezeichnenderweise erweist sich der Kenntnisstand über das physiologische Verhalten der Objekte der Genmanipulation gemeinhin als völlig lückenhaft, die Beeinflussung des Phänotyps durch die Umwelt kann in den seltensten Fällen nachvollzogen, geschweige denn vorausgesagt werden.

So ist es nicht verwunderlich, wenn ebenso die Technik der Nachweissysteme unzureichend entwickelt ist. Die meisten Tests beruhen auf dem »Screening«, der Suche, nach einem vom Wildtyp abweichenden physiologischen Verhalten der Mikroorganismen. Aber einfach gesagt: Etwas finden kann nur derjenige, der auch weiß, wonach er suchen soll.

Ein ähnliches Problem stellt sich mit der Verseuchung des Reaktorinhalts durch Bakteriophagen und andere Kontaminanten. Durch Transduktion können sie die Eigenschaften des Kulturstammes entscheidend verändern: unter Umständen von der Apathogenität zu erneuter Virulenz. Schon aus der eher klassischen Biotechnologie sind sie als nahezu unbeherrschbares Problem bekannt.

So waren in der Käseherstellung die eingesetzten Milchsäurebakterien immer wieder phagenverseucht. Den Produktionseinbußen versuchen die Hersteller mit dem Einsatz phagenresistenter Kulturstämme zu begegnen.[45] Doch konnte selbst vollständiger Produktschutz in der Biotechnik nicht gewährleistet werden – trotz intensiver Bemühungen der Verfahrenstechniker und trotz des naturgemäß starken Interesses eines Herstellers an reinen – verkäuflichen – Produkten.

Auf der anderen Seite ist die Sicherheit großtechnischer Biotechnik immer eine Frage des Anlagenbaus. Auch die vielbeschworene langjährige Erfahrung der herkömmlichen Biotechnologie hat nicht dazu geführt, einen »Stand der Technik« festzuschreiben oder auch nur zu entwickeln, der den Produktionskessel, den Fermenter, zu einem geschlossenen System machte. Alle Reaktoröffnungen sind Stellen potentieller Undichtigkeiten.

Wellendurchführungen für Rührer und Pumpen sind aufgrund ihrer hohen Beanspruchung besonders anfällig. Auch sogenannte Gleitringdichtungen sind nicht der Weisheit letzter Schluß.

Von sieben in einer Vergleichsstudie überprüften Pilotfermentern waren fünf nach dem Testlauf bereits so stark beschädigt, daß sogar das überlagerte Sterilkondensat des Sperrkreislaufs in den Fermenter gelangte.[46] Abhilfe schaffen nur – kapitalaufwendige – Magnetkupplungssysteme, also das vollständige Vermeiden von Wellendurchführungen. Diese lassen sich jedoch in Großfermentern nicht verwenden. Ebenso ist in vielen Fällen mangelnde oder gar fehlende Sterilisation von Reinigungs- und Kühlabwässern zu konstatieren. Die Frage nach der Zuverlässigkeit chemisch-physikalischer Sterilisationsverfahren ist damit allerdings noch nicht gestellt. Über den Abluftpfad wird eine Freisetzung von Teilen des Reaktorinhalts in Kauf genommen. Verstopfen, Druckschwankungen und Kontamination mit Schaum können die Schutzwirkung zerstören.

Im Aufarbeitungsbereich ist es sicher mit der größten technischen Innovation und damit dem höchsten Kostenaufwand verbunden, das System »geschlossen« zu halten, d. h. im Arbeits- und Produktionsablauf eine Freisetzung genmanipulierten Materials zu verhindern. Der Aufschluß des Zellmaterials und die anschließenden Aufreinigungsschritte in geschlossenen Mühlen und anderen physikalischen Zerkleinerungs- und Trennverfahren (Frenchpressen und Zentrifugensystemen) durchzuführen, stellt sicher hohe Anforderungen an Know-how und Kapital an die Betreiber. Doch gerade bei all diesen Schritten ist andernfalls mit erhöhter Aerosol- und Staubbildung zu rechnen. Bei den nachfolgenden Reinigungsprozeduren stellen sich mit dem Entstehen von Zelltrümmern und freier DNA vorwiegend Entsorgungsprobleme der Sterilisierung von Abwässern und Festabfalls in großen Mengen.

Diese Liste der Gegenargumente konnte nur eine kurze Skizze der drängenden Probleme zeichnen. Viele Fragen sind offen, doch ist sicher, daß die bestehenden Konzeptionen eine notwendige Nullemission nicht gewährleisten. Wenn auch in vielen Fällen der schlüssige Beweis für die besonderen Risiken der Gentechnik schwer zu führen sein wird, vom Fehlen der Indizien kann keine Rede sein.

Die ZKBS-Richtlinien (Zentrale Kommission für die Biologische Sicherheit)

Noch sind diese Richtlinien gültig. Doch sollen sie noch in dieser Legislaturperiode durch ein Gentechnik-Schutz-Gesetz ersetzt werden, dessen Sicherheitskonzeption sich jedoch weitgehend an dem der Richtlinien orientiert. Die Sicherheitskonzeption der ZKBS arbeitet mit zwei Kategorien von Schutzmaßnahmen:

- Biologischen Sicherheitsmaßnahmen: Es dürfen nur solche Empfängerorganismen verwendet werden, »die sich nur unter Bedingungen vermehren können, die außerhalb des Laboratoriums kaum oder überhaupt nicht angetroffen werden bzw. deren Ausbreitung außerhalb des Laboratoriums zu jedem Zeitpunkt durch geeignete Maßnahmen unter Kontrolle gehalten werden kann, die nicht pathogen sind...«[47]
- Laborsicherheitsmaßnahmen und Produktionssicherheitsmaßnahmen »umfassen bestimmte Techniken und eine festgelegte Ausstattung von Laboratorien und Produktionsbereichen«.[48]
  Ziel soll der sichere Betrieb der Gentechnik sein.

Das »sichere« Genlabor[49]

Die Grundanforderungen der Laborausstattung umfassen für alle Sicherheitsstufen die eines normalen Labors mit leicht zu reinigenden Fußböden, Waschbecken, Kennzeichnungen und der Möglichkeit, Abfälle gefahrlos zu beseitigen. Sonstige Einrichtungen bleiben unreglementiert, abgesehen von DIN-Vorschriften für einige Gerätschaften. Hier gelten unspezifische Unfallverhütungsvorschriften (VBG 1 Allgemeine Vorschriften, VBG 103 Gesundheitsdienst und VBG 114 Medizinische Laboratoriumsarbeiten) und die »Vorläufigen Empfehlungen für den Umgang mit Mikroorganismen und für die Klassifikation von Mikroorganismen und Krankheitserregern nach dem im Umgang mit ihnen auftretenden Gefahren« des Bundesgesundheitsamtes.

Die Regelungsebene der Schutzbestimmungen bleibt unspezifisch: Desinfektion und Hygiene in der Gesundheitsversorgung, Eßverbot im Labor, Bestellung von Sicherheitsbeauftragten, Kennzeichnungspflicht, Notausgänge usw.

Zusätzlich werden – jeweils über die vorhergehende Sicherheitsstufe hinaus – gefordert:

L2:
- der Einsatz von Sicherheitsarbeitsbänken bei aerosolproduzierenden Arbeiten
- Autoklav (zur »Standarddesinfektion«) innerhalb des Gebäudetraktes

L3:
- Unterdruck im Labor als Freisetzungsbarriere
- Abluftfiltration
- Sterilisation aller Abwässer
- Eingangsschleuse (mit Kleidungswechsel)

L4:
- hermetisch abgeschirmter Experimentalraum (oft als Sicherheitsarbeitsbank der Klasse III).

Anmerkung: Die weitaus meisten Labors sind im Höchstfall nach L2 ausgestattet. In der gesamten Bundesrepublik Deutschland existieren nur etwa 20 Labors der Stufe L3 und kein Hochsicherheitslabor der Stufe L4.

Die »sichere« Produktion[50]

Seit im Sommer 1985 die 5. Fassung der ZKBS-Richtlinien in Kraft trat, gelten für »Arbeiten mit gentechnologisch veränderten Organismen in Volumina mit mehr als 10 Litern« die sogenannten »Produktionssicherheitsmaßnahmen« (LP 1–LP3; bzw. LP0). Grundlage bilden wiederum die (Labor-)Sicherheitsmaßnahmen L1–L3. Nicht näher ausgeführt ist indes, wie sie auf den »Upscale«-Maßstab »sinngemäß anzuwenden« sind.

Zusätzlich gilt ein Katalog von »Besonderheiten«, die für die einzelnen Stufen unterschiedlich streng ausgelegt sind.

So sind zwar alle Arbeiten mit lebenden Organismen in geschlossenen Systemen durchzuführen, doch müssen diese in der (unteren) Stufe LP1 nur so beschaffen sein, daß beim »Austreten von Gasen und Dämpfen«, bei »Probeentnahme, Medienzugabe und Überführungsvorgängen« (am Fermenter) »Freisetzungen auf ein Mindestmaß reduziert werden«. (Bei den Stufen LP2 und LP3 müssen sie »verhindert werden«.) Der Inhalt des Fermenters bzw. »die Kulturflüssigkeit und Aufarbeitungsrückstände« müssen bei der Stufe LP1 nur »fallweise durch anerkannte chemische oder physikalische Methoden inaktiviert werden«.

Nur für die höchste Sicherheitsstufe LP3 (fallweise auch für LP2) ist ein »besonderer Kontrollbereich« (in Form einer Umhausung) vorgesehen, der nur durch eine Schleuse betreten werden kann. Abwässer (z. B.: der Duschen und der Waschbecken) und die Abluft des Kontrollbereiches sollen dekontaminiert werden; auch soll eine Dekontamination des gesamten Kontrollbereichs durch Begasung möglich sein.

Wie weit allerdings die letztgenannten Sicherheitsmaßnahmen in der Produktion zur Anwendung kommen werden, bleibt fraglich, wenn man berücksichtigt, wie sparsam die ZKBS bei der Verhängung der – parallelen – Stufe L3 für den Laborbereich umgeht. Fraglich ist auch, wie weit die ZKBS bei dem derzeit eingeschränkten Geltungsbereich der Richtlinien ihren Einfluß auf private Produktionsstätten der Chemischen Industrie geltend machen wird. Fraglich ist letztendlich auch, ob derartige Sicherheitsvorkehrungen, die an den Standards der Chemischen Produktion orientiert sind (Umhausung etc.) für gentechnische Verfahren problemadäquat sein können.

Das Problem der augenscheinlich mangelhaften physikalischen

Sicherheitsvorkehrungen stellt sich jedoch nur zum Teil als eines des »Standes von Wissenschaft und Technik«.

In der Tat wurden von Fassung zu Fassung Lockerungen verfügt. Die 1986 in der 5. Fassung eingeführten Produktionssicherheitsmaßnahmen (LP0–LP3) machen die Defizite in eklatanter Weise deutlich. In der Kategorie LP1 – und dieser Standard dürfte auf die weitaus größte Zahl der Produktionsverfahren angewendet werden – muß eine Freisetzung »nur auf ein Mindestmaß reduziert« werden.[51]

Von den Sachverwaltern der biologischen Sicherheit in der ZKBS, teilbesetzt mit Industrievertretern, wurde nun endlich auch für die Industrie die Aufweichung der Sicherheitsüberlegungen festgeschrieben. Zwar immer noch rechtlich unverbindlich, doch zeigt der Fall HOECHST[52], daß auch in Genehmigungsverfahren nach Bundes-Immissionsschutz-Gesetz für Anlagenneubauten auf die Bestimmungen der ZKBS-Richtlinien zurückgegriffen wird. Auch diesem Zustand dürfte das neue Gengesetz ›verrechtlichen‹.

Anmerkungen

1 Eine Übersicht geben: Stumm, I.; Führ, M.; Thurau, M.: Gefahren der Gentechnik; Werkstattreihe 34 des Öko-Instituts, Darmstadt, Freiburg 1986 und Stumm, I.: Gentechnologie und Arbeitsschutz; Darmstadt 1987

2 Newman, S.A.; The sientific selling of r-DNA; *Environment* 24, 6 (1982) 21

3 Devanas, M.A.; Rafaeli-Eshkol, D.; Stotzky, G.: Survival of plasmid-containing strains of E.coli in soil: Effect of Plasmid size and nutrients on survival of hosts and maintenance of plasmids; *Current Microbiology 13* (1986) 269

4 Bouma, J.E.; Lenski, R.E.: Evolution of bacteria-plasmid association. *Nature 335* (1988) 351

5 Devanas, M.A.; Stotzky, G.: Fate in soil of a recombinant plasmid carrying a drosophila gene. *Current Microbiology 13* (1986) 279

6 Andow, D.A.: Dispersal of microorganisms with emphasis on bacteria. *Environmental Management* (1985) *10*, 4 (1986) 470

7 Levy, S.B.; Marshall, B.: Survival of E.coli host-vector systems in human intestinal tract. *Rec. DNA Tech. Bull.* 2 (1979) 77

8 Levy, S.B.; Marshal, B.: Risk assessment studies of E.coli host-vector systems. *Rec. DNA Tech. Bull. 4* (1981) 91

9 Cohen, P.S. et al: Colonization potentials of male female E.coli K12. *Rec. DNA Tech. Bull. 2* (1979) 106

10 Levine, D.D.; Kaper, I.B.; Lockmann, H.: Recombinant DNA assessment studies in man. *Rec. DNA Tech.* Bull. 6 (1983) 89

11 Levy, S.B.; Marshall, B.: (1979): a.a.O.

12 Gealt, M.A. et al.: Transfer of plasmids pBR322 and pBR325 in wastewater from laboratory strains of E.coli to bacteria indigenous to the wastewater disposal system; *Applied and Environmental Microbiology* (1985) 836
13 Pherson, P.Mc.; Gealt, M.A.: Isolation of indigenous wastewater bacteria strains capable of mobilization plasmid pBR325; *Applied and Environm. Microbiol.* (1986) 904
14 Stotzky, G. et al.: Ecological factors that effect the survival establishment, growth and genetic recombination of microbes in natural habitat; in: Levy, S.B. et al.: Proceedings of the international plasmid conference on Molecular Biology Pathogenicity and Ecology of Bacterial Plasmids, Plenum Press, New York 1981, 31
15 Lorenz, M.G.; Aardem, B.; Wackernagel, W.: Highly efficient genetic transformation of Bacillus subtilis attached to sand grains. *J. Gen. Microbiol. 134* (1988) 107
16 Lorenz, M.G.; Wackernagel, W.: Adsorption of DNA to sand and variable degradation rates of adsorbed DNA. *Appl. Env. Microbiol. 53* (1987) 2948
17 Bericht der Enquete-Kommission »Chancen und Risiken der Gentechnologie«, Bundestags-Drucksache 10/6775, 6.1.1987, S. 196
18 Ensley, B.D. et al.: Expression of Naphthaleneoxidase Genes in Escherichia coli results in the Biosynthesis of Indigo; *Science 222* (1983) 167
19 Baumberg, S.: Salmonella typhimurium strain LT-2 is still pathogenic for men; *J. Gen. Microbiol. 65* (1971) 99
20 Rosqvist, R.; Skurnik, M.; Wolf-Watz, H.: Increased virulence of Yersinia pseudotuberculosis by two indipendent mutations. *Nature 334* (1988) 522
21 Zur Sicherheitsproblematik der Retroviren siehe Kollek, R.: Sicherheitsaspekte der experimentellen Arbeit mit Retroviren in: Kollek, R.; Tappeser, B.; Altner, G.: Die ungeklärten Gefahrenpotentiale der Gentechnologie, Schweitzer-Verlag, München 1986
22 Bishop, J.M.: Cellular oncogenes and retroviruses; *Ann. Rev. Biochem. 52* (1983) 301; Croce, C.M.; Klein, G.: Chromosomentranslokationen und Krebs; *Spektrum der Wissenschaft,* Mai 1985, 100
23 Schwartzberg, P.; Colicelli, J.; Goff, S.P.: Recombination between a defective retrovirus and homologous sequences in host DNA: reversion by patch repair; *J. Virol. 53* (1985) 719
24 a.a.O., S. 200
25 Rosen, C.A.; Haseltine, W.A.; Lenz, J.; Ruprecht, R.; Cloyd, M.W.: Tissue selectivity of murine leukemia virus infection is determined by long terminal repeat sequences; *J. Virol. 55* (1985) 862; Stocking, C.; Kollek, R.; Bergholz, U.; Ostertag, W.: Long terminal repeat sequences impart hematopoietic transformation properties to the myeloproliferative sarcoma virus; *Proc. Natl. Acad. Sci. USA 82* (1985) 5746; Miller, A.D.; Law, M.F.; Verma, I.M.: Generation of helper-free amphotropic retroviruses that transduce a dominant acting, nethotrexate-resistant dihydrofolate reductase gene; *Molec. Cell. Biol. 5* (1985) 431
26 a.a.O., S. 200
27 Dieser Umstand scheint der Enquete-Kommission einen »besonderen Hinweis« wert; sie fordert jedoch lediglich geringe Sicherheitsanforderungen (L2), a.a.O., S. 198ff

28 Siehe Bericht der Enquete-Kommission, a.a.O., S. 200 und Blanc, M.: Die Fälle von Krebserkrankungen im Institut Pasteur; G.ID Nr. 23, Juni 1987; G.ID Nr. 24/25, Juli/August 1987, S. 12; G.ID Nr. 44, Mai 1989, S. 9

29 Pike, R.M.: Laboratory-associated infections: incidence, fatalities, causes and prevention; *Ann. Rev. Microbiol. 33* (1979) 41–66

30 Einen solchen Überblick gibt Collins, C.H.: Laboratory inquired Infections, Butterworth, London 1983

31 Pike, R.M.: Laboratory-associated infections. Summary and analysis of 3921 cases; *Health Lab. Sciences 13* (1976) 105. Pike schätzt die Dunkelziffer auf 80 %.

32 Chatigny, M.A. et al.: Studies on release and survival of biological substances; *Rec. DNA Tech. Bull 2* (1979) 62

33 Smith, D.T.; Harrell, E.R.: Fatal coccidiomycosis. Case of laboratory infection; *American Rev. of Tuberculosis 57* (1948) 641

34 Zu Fragen der Laborsicherheit siehe Stumm, I. et al., 1986 und Stumm, I., 1987

35 Chatigny, M.A.; Clinger, D.I.: Contamination control in Aerobiology; in: Dimmick, R.L.; Akers, A.B. (Eds.): An Introduction to experimental Aerobiology; Wiley, New York 1969

36 Rake, B. W.: Influence of crossdrafts on the performance of biological safety cabinet; *Appl. Environm. Microbiol. 36* (1978) 278

37 Siehe Bundesgesundheitsamt (BGA): Anhang I der »Vorläufigen Empfehlungen für den Umgang mit Mikroorganismen und für die Klassifikation von Mikroorganismen und Krankheitserregern nach den im Umgang mit ihnen auftretenden Gefahren«, Berlin 1981

38 Erdmann, R.C. et al.: Status report on the EPRI Fuel Cycle Accident Risk Assessment, NP – 1128 Interim Report 1979

39 Die Funktionstüchtigkeit der Filter wird über Druckmessungen verfolgt. Leckagen führen zu Druckabfall, Verstopfung der Filterporen zu einem Anstieg. Es kann zu Überlagerungen dieser beiden Effekte kommen.

40 Siehe BGA: Anhang II der »Vorläufigen Empfehlungen«, Berlin 1981

41 Crueger, W.; Crueger, A.: Biotechnologie – Lehrbuch der angewandten Mikrobiologie, Oldenbourg-Verlag, München, Wien 1984

42 Pearson, A.D.; Ellwood, D.C.: The effect of growth conditions on the chemical composition and endotoxin of walls; *Biochem. J. 127* (1972) 72

43 Coleman, G.: A comparison of the patterns of extracellular proteins produced by the high-alpha-toxin-secreting organism Staphylococcus aureus during aerobic and anaerobic growth; *J. Gen. Microbiol. 131* (1985) 405

44 Ellwood, D.C.; Tempest, D.W.: Effects of environment on bacterial wall content and composition; *Adv. Microbiol. Physiol.* (1972) 83

45 Busse, M.: Störungen bei der Käseherstellung durch Bakteriophagen; *Forum Mikrobiologie* (6/1980) 366

46 Breuker, E.; Drees, U.: Pilotfermenter in der Industrie. Kriterien und Konzipierung eines praxisnahen Systems; Sonderheft Biotechnologie, *Forum Mikrobiologie* (7/1984) 12

47 BMFT (Hrsg.): Richtlinien zum Schutz vor Gefahren durch invitro neukombinierte Nukleinsäuren, 5. überarbeitete Fassung, 28. Mai 1986; 3. (14)

48 BMFT (Hrsg.): a.a.O., 3. (15)

49 BMFT (Hrsg.): a.a.O.
50 BMFT (Hrsg.): a.a.O., 8. (1) – 8 (3)
51 BMFT (Hrsg.): a.a.O., 8. (3)
52 siehe hierzu besonders den Beitrag von N. Barth, S. 245

Die Forderungen der Autoren

Aufgrund der Gefahren, der äußerst zweifelhaften Umwelt- und Sozialverträglichkeit der neuen Großtechnologie erscheinen uns die Forderungen nach einem

- ▶ Moratorium für die gentechnische Forschung und nach einem
- ▶ vorläufigen Verbot der industriellen Anwendung der Gentechnik zwar mehrheitlich wünschenswert, doch gleichermaßen illusionär – angesichts der über zwölfhundert bei der ZKBS angemeldeten gentechnischen Forschungsvorhaben an 84 wissenschaftlichen Einrichtungen der BRD und der massiven wirtschaftlichen Interessen an einem Auf- und Ausbau der Gentechnik zur Großtechnologie.

Dennoch erscheint uns die Erfüllung folgender Minimalforderungen unerläßlich:

- ▶ Eine systematisch vertiefte und erweiterte Risikoforschung (z. B.: auf der Basis von Analogbetrachtungen). Ohne diese ist die weitere Förderung gentechnischer Forschung und Entwicklung aus öffentlichen Mitteln nicht zu verantworten.
- ▶ Für die industrielle Produktion bedarf es einer Regelung, die *kein Recht* auf Genehmigung festschreibt. Die Genehmigungs*fähigkeit* einer Produktion muß grundsätzlich gekoppelt sein mit dem Nachweis eines gesellschaftlichen Bedarfs am Produkt, der Alternativlosigkeit des gentechnischen Verfahrens und einer Umweltverträglichkeit der Produktion.
- ▶ Die oben genannten Maßnahmen müssen flankiert sein von einer entschiedenen Verschärfung der Sicherheitsrichtlinien besonders für den Bereich der Großproduktion und die Zellkulturforschung.
- ▶ Ein Verbot der Anwendung der Gentechnik am Menschen (im Zuge von Gentherapien bzw. Embryonenforschung). Ebenso sind die durch die Gendiagnose eröffneten Möglichkeiten der Auslese (Arbeitnehmerscreening) zu unterbinden.
- ▶ Verbot von Freilandversuchen mit gentechnisch manipuliertem »Material«.
- ▶ Gleichberechtigte Einbeziehung von Gutachtern, die von Verwertungsinteressen frei sind, in Gremien, die über die Prämissen von Forschung, Entwicklung und Verwertung molekularbiologischer Verfahren entscheiden, z. B. bei der Vergabe von Mitteln für die Forschungsförderung. Dieses Mit-

spracherecht muß auch gelten für betroffene Bevölkerungsgruppen und ihre Organisationen (Gewerkschaften, Umweltschutzverbände, Frauengruppen, Verbraucherverbände, Kirchen etc.). Nur so ist ein tatsächlich öffentlicher Diskussionsprozeß über den gesellschaftlichen Bedarf und die Verantwortbarkeit hinsichtlich der Gefahrenpotentiale zu erreichen.

- ▶ Bereitstellung von Mitteln für die Suche nach Alternativen zu gentechnischen Verfahren.

I. Teil
Industrielle Verwertung und wirtschaftliche Interessen

Ruben Scheller

Der Pharmamarkt

»Gesundheit ist von besonders hohem Wert«, das ist unstrittig. Streit entbrannt ist aber um die Inhalte, die hinter diesen Begriffen stehen. Was heißt krank/gesund sein, wie wird man es und welcher Wert ist gemeint? Die Diskussion über diese Fragen ist keineswegs neu, doch kaum ein anderes Thema scheint geeigneter zu sein, sie so zuzuspitzen wie die Diskussion über den Stellenwert der Gentechnologie für die Erhaltung und Wiederherstellung unserer Gesundheit.

Lebewesen – und in ganz besonderem Maße der Mensch – stehen in ständiger Auseinandersetzung mit der Umwelt. Gesundheit ist der Zustand eines dynamischen Gleichgewichts zwischen der biologischen Konstitution eines Lebewesens und seinen Umwelt- und Lebensverhältnissen. Werden die natürlichen Mechanismen der Anpassung und Abgrenzung eines Lebewesens von der Umwelt überfordert, so wird es krank, d. h. seine Autonomie, sein durchschnittlicher, artspezifischer bzw. individueller Handlungsspielraum gegenüber der Umwelt wird eingeschränkt.

Mit der Entwicklung der Industrie wurde die Gesundheit der Menschen durch Arbeitsbedingungen und Umweltbelastungen in völlig neuer Form und in einem Ausmaß angegriffen, das wir erst heute allmählich abschätzen lernen. Gleichzeitig ermöglichte die chemische Industrie die Synthese von Pharmaka für die Medizin. Pharmaka bekämpfen Krankheiten, indem sie das Individuum biochemisch (wieder) an die vorgefundenen Anforderungen seiner natürlichen und gesellschaftlichen Umwelt anzupassen versuchen. Mit der Entwicklung eines gewinnträchtigen Pharma- und medizinischen Gerätemarkts wurde das Primat der Bekämpfung von Krankheit auf der biochemischen Ebene durchgesetzt. Die Pharmakologie dominiert die Medizin. Diese Ebene ist aber in den meisten Fällen nicht die Ursachen-, sondern die Folgenebene der Krankheitsentstehung. Die Verantwortung für die Entstehung von Krankheiten wird von der gesellschaftlichen Ebene der Erzeuger auf die individuelle Ebene der Betroffenen abgeschoben. Gilt dies jetzt auch auf qualitativ höherem, nämlich gentechnischem Niveau?

Gentechnik – Erwartungen der Pharmakologie

Auf der Grundlage der chemischen Synthese waren der Beeinflussung der biochemischen Ursachen von Krankheiten von zwei Seiten her Grenzen gesetzt. Zum einen kommen von den vielen Millionen (potentiellen) natürlichen Wirkstoffen nur wenige in ausreichenden Mengen in Pflanzen und Tieren vor, um sie extrahieren oder direkt verabreichen zu können. Mit den Mitteln der chemischen Synthese sind nur vergleichsweise einfach gebaute Wirkstoffe zu gewinnen. Zum anderen mußten Wirkstoffe bisher – oft ohne Kenntnis des Wirkungsortes und des Wirkungsmechanismus im Körper – nach dem Prinzip Versuch und Irrtum ausprobiert werden. Molekularbiologen/innen und Pharmakologen/innen erwarten, daß durch das Zusammenspiel der neuen biologischen Techniken diese Grenzen überwunden werden. Komplizierte Wirkstoffe, körpereigene wie körperfremde, sollen mit Hilfe der Gentechnologie in ausreichenden Mengen biosynthetisch produziert werden. Die Forscher und Forscherinnen argumentieren, daß Gentechnologie die Kenntnisse über das »biologische Getriebe« eines Lebewesens, sei es das eines Krankheitserregers oder das des Wirts/Patienten sowie ihrer Wechselwirkung erweitern und beschleunigen. Gen- und Proteinveränderungen, die mit einer Krankheitsentwicklung im Zusammenhang stehen, könnten festgestellt, gezieltere Strategien zumindest in einigen Fällen daraus abgeleitet werden. Herkömmliche Diagnose- und Therapieverfahren ließen sich durch neue genauere und gezieltere Methoden ersetzen, oder es würden überhaupt neue Diagnose- und Therapieansätze eröffnet. Diese Entwicklungen stehen noch am Anfang. Ebenso wie die Risiken der Gentechnologie sind auch ihre Möglichkeiten in der Medizin zum jetzigen Zeitpunkt erst schwer abzuschätzen.

Heute zeichnen sich folgende allgemeine Anwendungsbereiche bio- und gentechnischer Methoden in der Pharmazie ab:

- *Gen-Proben-Technik:*
  - in situ Analyse (Identifizierung von Krankheitserregern in Zellen, Geweben und Organen)
    - von Viren
    - von Bakterien
    - von Einzellern
  - Analyse menschlicher Erbanlagen

- *Antikörper-Techniken:*
  - Immunodiagnose
    - von Krankheitserregern
    - von Krankheiten (Proteine)
    - Gewebetypisierung Krebs
  - Immunotargeting
    - Antikörper, die spezifisch an bestimmte Zellen (z. B. Tumorzellen) binden, werden mit Zellgiften gekoppelt

- *Gentechniken:*
  - Biokonversion
    - Herstellung mikrobieller und pflanzl. Wirkstoffe
    - Herstellung körperidentischer Wirkstoffe
  - Impfstoffgewinnung
    - Produktion und Verabreichung derjenigen Proteine von Krankheitserregern, die die Abwehrantwort (Immunisierung) auslösen, sei es auf direktem Wege (Antigen/Antigen-Cocktail) oder indirekt mit Hilfe eines lebenden Kuhpockenvirus (Vakzinia-Strategie)
  - somatische Gentherapie
    - Übertragung gesunder Spendergene in Körperzellen mit defekten Genen zur Heilung erblich bedingter Stoffwechselkrankheiten in bestimmten Fällen

- *Galenik:* Herstellung von Biopolymeren zur gezielten, feindosierten Freisetzung von Wirkstoffen.

Pharmakologie und Gentechnologie finden nicht in einem interessenfreien Raum statt, sondern innerhalb konkreter gesellschaftlicher Verhältnisse, die über die Entwicklungsrichtung, die Einführung und den Stellenwert gentechnischer Methoden in der Medizin entscheiden. In welchen Verhältnissen bewegen sich Pharmakologie und Medizin?

Geschäfte mit Krankheit

Gesundheit ist von besonders hohem Wert. Der Anfang der 80er Jahre auf rund 150 Milliarden Dollar geschätzte Weltpharmamarkt gehört zu den gewinnträchtigsten Märkten überhaupt. 26 Pharmakonzerne beherrschen fast die Hälfte dieses Marktes und damit unsere Gesundheit.[1] Allein in der BRD sind 20000 bis 30000 Pharma-Spezialitäten auf dem Markt.[2] Die Vorstellungen der Pharmakonzerne vom medizinischen Fortschritt gibt ein Film des Werbeverbandes »Pharmainform« der großen Schweizer Arzneimittelhersteller, Ciba Geigy, Sandoz und Hoffmann-La Roche, wieder. Dort heißt es: »Dem Tempo, mit dem wir die Umwelt verändern, können unsere natürlichen Anpassungsmechanismen nicht mehr folgen (...) Dieses immer weitere Auseinanderklaffen zwischen Umweltbedingungen und biologischer Eignung ist Ursache für 80 % aller Krankheiten in diesem Teil der Welt.«[3] Wer jedoch nun die konsequente Forderung nach Veränderung der krankmachenden Umwelt erwartet, vergißt, daß dies den Ruin der Pharmakonzerne bedeuten könnte. Ihr Therapievorschlag im Werbefilm lautet daher konsequent und ehrlich: »Unsere sinnlos gewordenen Instinkte und Affekte können wir heute nur noch als Krankheit betrachten. Der wiederangepaßte Mensch, Alptraum oder Wunschtraum, ist auf jeden Fall eine biologische Notwendigkeit. (...) Wir erreichen eine Art Anpassung, indem wir durch zum Teil jahrzehntelange Medikamentation die Symptome unseres Verfalls niedrig halten. Der Herzkranke ist eingestellt auf eine bestimmte Tagesdosis seines Medikaments, der Zuckerkranke lebt mit der Insulinspritze, Neurotiker und Depressive leben mit Psychopharmaka, Blutdruck, Verdauung, Schlaf und Stimmung werden künstlich reguliert.«[4]

So entspringt und entspricht der ökonomischen Logik der Chemie- und Pharmakonzerne, dem (kapitalistischen) Gewinnmaximierungsprinzip, eine bestimmte ökologische Logik: die Logik des »gewaltsamen« Umgangs mit Mensch und Natur, der Anpassung von Lebewesen an lebensbedrohende Umweltverhältnisse durch Reparaturökologie und Reparaturmedizin. Erst verdienen die Chemiekonzerne an der Produktion und dem großzügigen Einsatz von Schädlingsbekämpfungsmitteln. Die mit der Überchemisierung notwendigerweise verbundene Beschleunigung der Anpassung der Schädlinge etwa durch Resistenzbildung an die neuen Bedingungen steigern den Umsatz von Pflanzenschutzmitteln: höhere Dosierungen alter Pestizide, Erfindung immer neuer Pestizide, gentechnisch pestizidresistent gemachte Pflanzen heißt die Stufenleiter der Umsatzspirale. Aber die Umweltchemikalien wirken auch auf den Menschen. So erweisen sich z. B. viele Pflanzenschutzmittel und ihre Zerfallsprodukte als embryotoxisch (embryonenschädigend) und mutagen (erbgutverändernd). Dies steigert den Umsatz der Pharmaunternehmen, wenn auch in einer anderen Abteilung: nämlich bei der Bekämpfung von umweltinduzierten Allergien und Krebs durch immer neue Pharmaka. Der Vorstandsvorsitzende von Japans größtem Arzneimittelunternehmen, Dr. Iro Shinamoto, sprach auf der Generalkonferenz des Internationalen Verbandes der Pharmaindustrie 1979 hinter verschlossenen Türen offen aus, was sonst nur gedacht und in keiner Hochglanzbroschüre geschrieben werden darf: »In Japan konzentrieren wir unsere Investitionen auf die Entwicklung von Mitteln gegen Krebs, weil wir damit rechnen, hohe Preise verlangen und damit einen hohen Gewinnanteil sichern zu können.«[5]

Immer schneller dreht sich das Perpetuum mobile des Profits, jetzt auf quantitativ höherem, da gentechnischem Niveau. Dieselben Firmen, die in ihren Hochglanzbroschüren zum gemeinsamen »Kampf gegen den Krebs« mittels Gentechnologie rufen, müssen sich den Vorwurf machen lassen, genau diesen unter dem Motto »Kampf gegen den Hunger« zu produzieren, wenn sie Nutzpflanzen gentechnisch resistent gegen mutagene Agrochemikalien (z. B. Breitbandherbizide wie Atrazin) machen!

Nun droht dem System der ökologische und ökonomische Absturz. In dem durch die Überchemisierung der Umwelt angeheizten Wettlauf zwischen menschlicher Chemie und Evolution erweisen sich die »Schädlinge« aufgrund ihrer einfacheren Organisation und höheren Vermehrungsrate (kürzere Generationsdauer) zunehmend als die besseren Anpassungskünstler – trotz Pharmaka und Gentechnik. Die sich parallel entwickelnde Kostenexplosion in Landwirtschaft und Medizin sind auch Ausdruck solcher Naturgesetze der Evolution, denen alle Lebewesen unterworfen sind; ökologische und ökonomische Krise im Gesundheitswesen hängen miteinander zusammen. Es stellt sich deshalb die Frage, ob die Kostenexplosion im Gesundheitswesen ohne eine grundlegend andere Produktionsweise für einen grundlegend anderen Umgang mit Mensch und Natur überhaupt bewältigt werden kann. Demgegenüber hofft die Chemie- und Pharmaindustrie mit Hilfe der gentechnologischen Innovation in der Pharmazie und Medizin so weitermachen zu können wie bisher.

Gentechnologie und der Kampf um den Pharmamarkt

Die Kapital-Verwertungsinteressen der Chemie- und Pharmakonzerne geraten zunehmend unter Krisendruck. Neu zugelassene Präparate erhalten einen Patentschutz, der seinem Hersteller 20 Jahre lang das Monopol sichert. Für viele alte Präparate läuft dieser Patentschutz aus, die Konkurrenz tritt auf den Markt und drückt die Preise. Gleichzeitig wird es schwieriger, mit den klassischen Methoden neue Wirkstoffe zu finden. 1950–1974 wurden in den USA 5587 neue Pharma-Markenartikel auf dem US-Markt eingeführt. Davon waren 64 % Kombinationen von alten Wirksubstanzen, 30 % alte Wirksubstanzen in neuen Darreichungsformen und nur 13 % enthielten neue chemische Einzelsubstanzen (die Summe beträgt mehr als 100 %, da Doppelnennungen möglich waren). Aber selbst diese 13 % Wirkstoffe waren meist unfreiwillige Placebos.[6] 1980 beurteilte die US-Gesundheitsbehörde 1816 neue Substanzen. Davon hat sie 2,14 % als »wesentlichen Beitrag für die Therapie« eingestuft.[7] Ein 1977 von der Weltgesundheitsorganisation veröffentlichter Bericht kam zu dem Ergebnis, daß im Prinzip 220 Medikamente den Weltbedarf an wichtigen Arzneimitteln abdecken dürften.[8]

Während mit dem Auslaufen alter Patente der marktwirtschaftliche Druck zur Entwicklung neuer Pharmaka wächst, wird es gleichzeitig schwieriger und kostenaufwendiger, neue Wirkstoffe zu finden. Als Faustregel der Pharmaforscher gilt heute, daß rund 10000 chemische Substanzen synthetisiert und nach dem Prinzip Versuch und Irrtum getestet werden müssen, um einen Wirkstoff bis zur Marktreife zu bringen. So lassen sich die Kosten für die Entwicklung eines neuen Medikaments 1982 auf 155 Mio DM schätzen; 1976 waren es noch 89 Mio DM. Die Entwicklungszeit eines Medikaments dürfte von 9 auf 13 Jahre angewachsen sein. Verschärft wird dieser Widerspruch durch die bevorstehenden Maßnahmen zur Kostendämpfung, der Pharmamarkt »kränkelt«.

Der Einsatz der Bio- und Gentechnologie ist für die Pharmakonzerne von herausragender, strategischer Bedeutung im Kampf um die Erhaltung und Umverteilung von Marktanteilen. Sie ermöglicht den Pharmaunternehmen, sowohl innere Rationalisierungsprozesse durch Einsparung von Arbeitskraft und -material als auch strukturelle Rationalisierung durch weltweite Kapitalkonzentrationsprozesse zu erwarten.

Innere Rationalisierung: Die Pharmakonzerne erwarten von der

Bio- und Gentechnologie eine beträchtliche Senkung des zeitlichen und materiellen Aufwandes bei der Entwicklung und Produktion von Wirkstoffen. An die Stelle des Ausprobierens von Wirkstoffen nach dem Prinzip Versuch und Irrtum soll die gezielte Synthese von Diagnostika und Wirkstoffen bis hin zum Protein-Design auf der Grundlage der Erkenntnis molekularbiologischer Zusammenhänge der Zelle und des Organismus treten. Durch Austesten von Wirkstoffen an Zellkulturen will man Kosten für Tierversuche einsparen. Einsparungen erwartet man auch bei biologischen Rohstoffen. Z. B. treten an die Stelle der (steigenden) Kosten und Abhängigkeiten von der Schweinepankreas der Schlachthöfe für die Insulinherstellung oder von Blutplasma für die Herstellung von Blutprodukten billige und überall verfügbare landwirtschaftliche Überschußprodukte wie Zucker und Stärke, die den gentechnisch veränderten Bakterien als Nahrung bei der Fermentation dienen. Mehr noch als in der chemisch-pharmazeutischen Produktion selbst scheint zunächst in den rohstoffliefernden Bereichen Arbeitskraft freigesetzt zu werden (z. B. Kühlhäuser für Transport von Bauchspeicheldrüsen). Eine im Auftrag der Enquete-Kommission Gentechnologie des Deutschen Bundestages erstellte Studie kommt für die gentechnische Produktion von Humaninsulin zu dem Schluß, daß nicht das klassische Rationalisierungsmotiv im Vordergrund steht, »sondern vielmehr übergeordnete, allgemeine weltmarktwirtschaftliche Erwägungen, die sich einer kurzfristigen Kosten/Nutzenanalyse entziehen«.[9]

Strukturelle Rationalisierung: Der weltweite Pharmamarkt ist gerade unter Krisenbedingungen härter umkämpft denn je. So nutzen Konkurrenten aus den eigenen Reihen (z. B. Eli Lilly, Novo Industries bei Humaninsulin), aber auch branchenfremde Konzerne aus der Nahrungsmittel- und Energiebranche (z. B. Shell, Snow Brand Milk, Santory Whisky) und Branchenneulinge (z. B. Biogen, Genentech) die Chance, mit den qualitativ neuen gentechnischen Verfahren auf den Pharmamarkt vorzustoßen.

Zusammenarbeit, aber auch Kampf um Marktanteile gibt es mit Unternehmensneugründungen, insbes. mit den von Wissenschaftlern gegründeten Genverwertungsfirmen. Von diesen gibt es in den USA bereits über 100; in der BRD waren es im Juni 1986 etwa 30.[10] Neugründungen sind leicht möglich, weil Gentechnologie selbst vergleichsweise wenig kapitalintensiv ist. Hinzu kommen staatliche Subventionen zur Beschleunigung des Technologietransfers. Der Gentransfer erfolgt in doppeltem Sinne: biologisch hinein in die

Bakterien, ökonomisch hin zu den Großunternehmen. Gentransferfirmen sind in der Regel von Konzernbeteiligungen und -aufträgen abhängige, wissenschaftliche Zulieferbetriebe am Rande des Existenzminimums. Eine im Auftrag der Enquete-Kommission Gentechnologie erstellte Studie des Battelle-Instituts über Auswirkungen gentechnischer Verfahren auf die Produktionsstruktur in den USA entlarvt Politikerreden von der Zukunftsträchtigkeit der Unternehmensneugründungen und den dort geschaffenen Arbeitsplätzen als Ersatz für die Schornsteinindustrien als Zweckpropaganda: »– die Zahl der verbleibenden gen-/biotechnologischen Unternehmensneugründungen wird zwischen einer Handvoll bis 10 % liegen –, der größere Teil verschwindet durch Fusion mit anderen Unternehmensneugründungen oder Übernahme durch Großunternehmen«, heißt es in der Studie. Als Gründe werden aufgeführt: »Kapitalmangel beim Aufbau der Produktion und bei der Überbrückung der Zeit bis zur Zulassung von Pharmazeutikaprodukten, fehlende Absatzwege bzw. keine geeignete Verkaufsorganisation.«[11]

Mit Hilfe der Gentechnologie wollen die etablierten Pharmakonzerne unabhängiger von den Rohstofflieferungen der Dritten Welt werden. 25 % der Arzneimittel, die in den USA auf dem Markt sind, sind pflanzlicher Herkunft. Die Pflanzen stammen meist aus den Entwicklungsländern. Bald werden Bakterien und Zellkulturen in den vollautomatisierten Laboratorien und Bioreaktoren der entwickeltsten Länder pflanzliche Heilstoffe unabhängig von den Schwankungen des Klimas, der Weltmarktpreise und der politischen Verhältnisse in den Entwicklungsländern produzieren.

Die Pharmamultis investieren also in die Gentechnologie, um ihre Monopolstellung bei der bevorstehenden Umstrukturierung und Neuaufteilung des Weltmarkts zu verteidigen und auszubauen. Spekuliert wird auf gewaltige Profite. Der damalige Vorstandsvorsitzende der BASF, Prof. Mathias Seefelder, verglich die Gentechnologie mit der alchimistischen Goldmacherei des 18. Jahrhunderts: »Und immerhin ist bei dem Versuch, Gold zu mixen, in Meißen das Porzellan entdeckt worden. Kein Gold zwar, aber immerhin eine Goldgrube.«[12] Wo sind die Chemie- und Pharmaunternehmen der BRD bisher fündig geworden, wo hoffen sie in naher Zukunft fündig zu werden?

Einstiegsprodukte

Die Einstiegsphase in die Gentechnologie ist gekennzeichnet von Pilotprojekten zur Herstellung von relativ einfach gebauten körpereigenen Wirkstoffen, die schon aus der klassischen biomedizinischen Forschung (Humaninsulin, Interferone) bekannt waren. Strategisch wichtiger als die kurzfristigen Verwertungsinteressen an diesen ersten Produkten sind die dabei gewonnenen Erfahrungen im Umgang mit gentechnisch veränderten Organismen im großtechnischen Maßstab überhaupt. Dies gilt besonders für die Entwicklung und Beherrschung der zugehörigen Verfahrenstechnik, die in abgewandelter Form bald auch auf neue Produkte angewandt werden kann.

Beim Einstieg in die Gentechnologie lassen sich bei den bundesdeutschen Chemieunternehmen Schwerpunktsetzungen erkennen. HOECHST AG: Produktion von rekombinanten Impfstoffen und Konzentration bei der Wirkstoffsynthese auf Humaninsulin und das blutbildende Hormon Erythropoietin; BOEHRINGER INGELHEIM GmbH: Herstellung von Interferonen und TPA; BAYER AG: Herstellung verschiedener Lymphokine und Entwicklung von Testsystemen für die Gendiagnose; BOEHRINGER MANNHEIM GmbH: Entwicklung von Antikörpern für Diagnosen auf der Proteinebene, aber auch Gendiagnostika. Die BASF Ludwigshafen soll die Produktion des wegen seiner Nebenwirkungen umstrittenen »Anti-Krebsmittels« »Tumor Necrosis Faktor« (TNF) vorbereiten und tut sich im übrigen nicht leicht, im Gengeschäft Tritt zu fassen. Die unterschiedliche Schwerpunktsetzung der bundesdeutschen Chemiekonzerne hinsichtlich der Produktpalette läßt »Arbeitsteilung« und Absprachen bei der Marktaufteilung für die (möglichen) neuen Produkte vermuten. Diese »Arbeitsteilung« schließt harte Konkurrenzkämpfe in Teilbereichen mit besonders hoher Markterwartung (z. B. TPA, TNF) ein.

Die neuen, gentechnischen Pharmawirkstoffe und Diagnostika stehen heute zur Begutachtung ihrer wirklichen Nützlichkeit sowie ihres Gefahrenpotentials bei Herstellung und Verbrauch durch Bürger/innen und kritische Wissenschaftler/innen an, die von industriellen und wissenschaftlichen Verwertungsinteressen unabhängig sind. Die beiden ersten marktreifen gentechnischen Produkte, Insulin und Interferon, warnen vor einer unkritischen Übernahme von wirtschaftlichen und wissenschaftlichen Betreiberargumentationen.
Das Beispiel Interferon: An der Genverwertungsfirma Biogen betei-

ligte Wissenschaftler entfachten 1977 an der Börse eine gewaltige Interferon-Spekulationswelle (s. S. 114). Hundert Millionen Dollar wurden von zahlreichen Unternehmen daraufhin in die Interferonforschung investiert.[13] Von den hochgesteckten Erwartungen übriggeblieben ist lediglich der therapeutische Einsatz von Interferon bei wenigen und zudem sehr seltenen Krebsformen (Haarzell-Leukämie, Nasopharynxkarzinom) und bei der Gürtelrose (Zoster).[14] Dieser kleine Markt könnte allerdings durchaus auch mit nicht gentechnisch gewonnenen Interferonen aus Zellkulturen versorgt werden. Mit fragwürdigen Versprechungen auf die mögliche Beseitigung der Interferon-Nebenwirkungen durch künstliche, gentechnisch modifizierte Interferone in einer fernen Zukunft wird der Investitionsflop von gestern heute immer noch gerechtfertigt.

Um die nun einmal getätigten hohen Investitionen in die gentechnische Interferonherstellung doch noch hereinzubekommen, denkt man daran, Interferone als »unterstützende Zugabe« im Verbund mit anderen Krebstherapeutika einzusetzen. Es drängt sich der Eindruck auf, daß nicht primär aus medizinischen, sondern aus ökonomischen Gründen eine hektische Suche nach Krankheiten eingesetzt hat, bei denen Interferone helfen könnten: »Auch bei Krankheitsbildern der chronischen Polyarthritis können Interferone erfolgreich eingesetzt werden«[15], was von anderer Seite allerdings bezweifelt wird. Marktwirtschaftliche Interessen können dazu führen, daß nicht nach Wirkstoffen gegen Krankheiten gesucht wird, sondern nach Krankheiten für patentierte Wirkstoffe. Tatsächlich hat man bereits klinische Versuche mit Interferon als Nasenspray gegen Schnupfen vorgenommen. Der Einsatz dieser biochemischen Keule des Immunsystems gegen Schnupfen führte bei Versuchspatienten zur Ablösung der Nasenschleimhaut. Inzwischen geben auch viele Interferonforscher wie Prof. Kirschner vorsichtig zu: »Interferone weisen auch eine Reihe von nicht zu vernachlässigenden Nebenwirkungen auf. So kommt es zu grippeähnlichen Symptomen mit Fieber, Kopfschmerzen, Muskelschmerzen, Abgeschlagenheit. Längerdauernde Therapie kann vor allem zu erheblichen psychoneuralen Störungen führen.«[16]

In der Einstiegsphase wurde Gentechnologie zur Synthese relativ kleiner Proteine eingesetzt. Ob gentechnische Produktionsverfahren auf große Proteine (z. B. Albumin zur Nutzung als Blutplasmaersatz) ausgeweitet werden können, hängt davon ab, ob die bestehenden Probleme der Genumsetzung in Protein sowie die der Aufreinigung und Stabilität solcher Riesenproteine lösbar sind. Die erfolgreiche gentechnische Herstellung des Blutgerinnungsfaktors 8, ein relativ großes Protein, läßt vermuten, daß die Grenzen der gentechnischen Proteinsynthese noch nicht erreicht sind.

Neben der Verwertung erster Produkte ist der Aufbau einer molekularbiologischen Vorlaufforschung (Grundlagenforschung) für die Verwertung künftiger, heute noch unentdeckter Wirkstoffe ein weiteres Charakteristikum der Einstiegsphase. Der Bedarf dieser gewaltigen, weltweiten biomedizinischen Forschung an Feinchemikalien, Radioisotopen, Pharmaka, Zellkulturmaterialien, patentierten Bakterienstämmen und Zellinien ist selbst ein gewaltiger, vielleicht sogar der größte Markt für neue biotechnische Produkte und Zubehör. Unabhängig von der künftigen Verwertbarkeit der dort gewonnenen Forschungsergebnisse haben die Chemie- und Pharmaunternehmen deshalb ein Interesse, ihren Einfluß auf die Forschungspolitik (s. S. 113) für die Betonung von molekular- und zellbiologischen Fragestellungen in Biologie und Medizin zu nutzen.

Massendiagnostik – der kommende Pharmaschwerpunkt

Vorbote des geplanten Einstiegs in die bio- und gentechnische Massendiagnostik ist der AIDS-Nachweis. Das Marktvolumen wurde bereits 1984 weltweit auf 200 Mio. $ geschätzt.[17] Die ersten gebräuchlichen AIDS-Test-Methoden wurden von 5 relativ kleinen pharmazeutischen Firmen, die von der US-Regierung gefördert wurden, entwickelt.[18] Die Tests bringen den Firmen nicht nur Gewinn, sondern sie garantieren die Präsenz auf diesem Markt und damit die frühzeitige Verbindung zu den ärztlichen Meinungsführern durch einen Bekanntheitsvorsprung. Hinzu kommen verfahrenstechnische und patentrechtliche Überlegungen im Hinblick auf die erwarteten künftigen heißen Phasen der Vermarktung konkurrierender Impfstoffe und Therapeutika.[19]

Mit dem bevorstehenden Übergang zur zweiten Phase der pharmazeutischen Nutzung der Gentechnologie zeichnet sich eine Verschiebung des Schwerpunktes von therapeutischen Zielen hin zu diagnostischen Anwendungen ab. In vitro-Diagnostika für Ärzte/innen, Krankenhäuser und für zu Hause erreichen aufgrund der vereinfachten Zulassungsverfahren und der niedrigeren Preise besonders schnell den Markt. Hier werden Schnelldiagnostika auf der Basis von Gensonden oder Antikörpern zur Identifizierung und Typisierung von menschlichen Zellen sowie von Krankheitserregern angewendet, die in entlegenen Organteilen oder in den Zellen selbst schmarotzen.

Die heute in der Diagnostik verwendeten Monoklonalen Antikörper (MAK) können aufzuspürenden Proteine oft nicht scharf genug erkennen und verwechseln sie mit anderen (Kreuzreaktionen). Die Diagnose ist dann fälschlicherweise positiv – ein erhebliches Problem z. B. bei der AIDS-Diagnose! Durch neue Methoden der Antikörperherstellung unter Einschluß von Gentechnik sollen solche Kreuzreaktionen künftig vermieden werden, indem man den Ort der Interaktion zwischen MAK und Protein vorherzubestimmen sucht. Eine andere, noch ungewissere Strategie ist die gentechnische Herstellung sog. Chimärer Antikörper, d. h. von Antikörper-Hybriden, z. B. von Mensch und Maus. Durch ihren Einsatz sollen einmal unerwünschte Immunantworten, etwa bei der Therapie von Tumorzellen, ausgeschaltet werden.

Noch dynamischer als die Diagnostik auf der Proteinebene durch Monoklonale Antikörper kommt die Gendiagnose insbes. menschlicher Gene voran. Sie wird vorangetrieben von Durchbrüchen bei den Methoden der Chromosomenisolierung und Genidentifizierung. Bereits heute sind mehr als 1000 Genpositionen bestimmt. Aufgrund erheblich verbesserter Methoden der Chromosomenisolierung und der Synthese kurzer DNS-Stücke, die sich als »Gensonden« zum Aufspüren von Genen benutzen lassen, ist eine sprunghafte Ausweitung der Humangendiagnostik zu erwarten. Ein Vertreter der Bayer AG meint: »Es ist zu erwarten, daß in den nächsten Jahren nichtradioaktive Verfahren angewandt werden können, die dann den Weg für ein breites Screening (Reihenuntersuchungen, d. Verf.) der potentiell betroffenen Bevölkerungsgruppen erlauben.«[20]

Durch die Anlage sog. Genbanken, in denen das menschliche Erbgut in Bakterien aufgeteilt, aufbewahrt und jederzeit in beliebigen Mengen vermehrt und analysiert werden kann, sichern sich die Unternehmen den Zugriff auf unsere Erbinformation.

Bis 1985 befanden sich als erste Gendiagnostika in der klinischen Erprobung und Anwendung:
- Sichelzellenanämie
- Thalassämie

– Chorea huntington (Veitstanz) (Gensonde)
– Muskelschwund (Gensonde)

An der Diagnose weiterer Erbkrankheiten wird intensiv gearbeitet:
– Hautkrebs
– Hypercholesterämie (Genmarker)
– manische Depressionen (angeblich durch ein Gen bedingt)

Fast alle »reinen« Erbkrankheiten treten mit einer Häufigkeit von kleiner 1 pro 1000 auf. Die nationalen Märkte für Gendiagnostika werden deshalb oft zu klein sein, die Expansion auf den Weltmarkt wird zum entscheidenden Kriterium der wirtschaftlichen Rentabilität. Im Konzept der Pharmakonzerne hat der relativ kleine Markt für Diagnosemittel zur Feststellung von schweren Erbleiden – nicht zuletzt auch wegen der vergleichsweise hohen Akzeptanz in der Bevölkerung – Einstiegscharakter in die umfassende Humandiagnostik. Originalton BAYER AG: »Mit der Entwicklung solcher genetischen Diagnosetests wird der Weg zur umfassenden Humandiagnostik eröffnet, die nicht nur bei seltenen Generkrankungen Anwendungen finden wird, sondern in der Zukunft auch neue diagnostische Möglichkeiten bei multiplen Genveränderungen wie Krebserkrankungen (onco-gene), Herz-Kreislauferkrankungen und Autoimmunerkrankungen eröffnet...«[21]

Mit der zunehmenden Entwicklung von Gendiagnostika droht die genetische Durchleuchtung des Menschen. Schon wird der neue Absatzmarkt politisch vorbereitet. Unter dem Titel »Prädiktive Medizin« hat die EG »als Antwort auf die Herausforderung aus den USA und Japan« ein Förderprogramm für die Kartierung des menschlichen Erbguts vorgelegt. Darin heißt es wörtlich: »Da es höchst unwahrscheinlich ist, daß wir in der Lage sein werden, die umweltbedingten Risiken vollständig auszuschalten, ist es wichtig, daß wir soviel wie möglich über Faktoren der genetischen Prä-Disposition lernen und somit stark gefährdete Personen identifizieren können.« Vorgeschlagen wird eine neue Art prädikativer Medizin, »die darauf abzielt, Personen vor Krankheiten zu schützen, für die sie von der genetischen Struktur her äußerst anfällig sind, und gegebenenfalls die Weitergabe der genetischen Disponiertheit an die folgenden Generationen zu verhindern.«[22] Genannt werden in dem Programm ausdrücklich auch komplexe Krankheiten wie Krebs, Herzinfarkt, Arthritis, Psychosen »und andere Krankheiten der westlichen Gesellschaft«.

Durch die Reduktion von Krankheitsursachen auf ihre genetische Komponente werden gesellschaftlich erzeugte Risiken individualisiert und privatisiert. Es werden damit die ideologischen Voraussetzungen für Diskriminierungen geschaffen. Die Privatisierung von Krankheit verspricht nicht nur den Pharmakonzernen, sondern auch der Versicherungsbranche einträgliche Gengeschäfte. Veranlagungen für »spät ausbrechende Krankheiten« sollen durch Gensonden frühzeitig festgestellt werden. In den USA werden schon heute in manchen Fällen die Prämien von Kranken- und Lebensversicherungen vom Ergebnis genetischer Analysen abhängig gemacht.

Eine neue wissenschaftliche Disziplin, die »Ökogenetik«, blüht auf. Keine Sorge, die Ökogenetiker/innen wollen nicht die ökologischen Folgen der Gentechnologie untersuchen. Im Gegenteil, im Mittelpunkt steht die individuelle genetische Empfindlichkeit von Menschen gegenüber Umweltfaktoren. Schon die Sprache der ökogenetischen Experten/innen ist verräterisch. Gesprochen wird von »langsamen und schnellen Entgiftern« oder von »anfälligen Arbeitnehmern«. In den USA sind sogar schon Arbeitnehmer/innen (z. T. bei Einstellungsuntersuchungen) auf genetische Veranlagungen für spät ausbrechende Krankheiten und ihre Widerstandsfähigkeit gegenüber Arbeitsstoffen getestet und selektiert worden.[23]

In der BRD häufen sich Erkenntnisse über die biologische bzw. genetische Konstitution von Arbeitnehmern im Hinblick auf ihren Arbeitsplatz im Rahmen der »normalen« Arbeitsmedizin. Die BASF hat die Chromosomen von Beschäftigten auf ihren Schädigungsgrad untersuchen lassen – angeblich zum Schutz der Arbeitnehmer/innen.[24, 25] Und auch bei den werksärztlichen Untersuchungen der Bayer AG an Arbeitnehmer/innen, die Chromaten ausgesetzt sind, fallen Daten über die individuelle, innere Belastung (und Belastbarkeit?) an.[26] Aus diesen können auch Schlüsse bezüglich der biologischen Entgiftungskapazität bzw. genetischen Disposition von Beschäftigten gezogen werden. Laut Wirtschaftswoche vom 21. 9. 1984 sieht Eberhardt Weise, Personalvorstand der Bayer AG, die Möglichkeit von Gentests an Arbeitnehmern »durchaus positiv«. Dieselbe Zeitschrift gibt den Philosophen Hermann Lübbe wie folgt wieder: »Hermann Lübbe, Professor für Philosophie an der Universität Zürich, plädierte in einem Fachgespräch des Bundesforschungsministeriums denn auch für eine genomanalytische Pflichtuntersuchung – sozusagen aus Gründen der Verpflichtung des Arbeitgebers für den Arbeitnehmer. Tatsächlich läge eine solche Lösung – rein theoretisch – im Interesse aller: Die Arbeitnehmer könnten durch die Wahl des Wohnorts und des Arbeitsplatzes ihre persönlichen Risiken minimieren, der Arbeitgeber spart die Kosten der Lohnfortzahlung bei einer möglichen Erkrankung, der Staat kann die Kosten im Gesundheitswesen senken.«

Schon mit herkömmlichen biochemischen Untersuchungstechniken kann die genetische Konstitution von Beschäftigten untersucht werden. Die Gentechnologie eröffnet nun der Genomanalyse ganz neue Horizonte. Im Unterschied zu den Proteinanalysen der Genproduktebene kann ein einmal erhobenes genetisches Muster eines Menschen aufgrund der Stabilität von Nukleinsäuren jahrzehntelang aufbewahrt und mit immer neuen Gensonden auf immer neue genetische Merkmale getestet werden. Die Genomanalyse auf der DNA-Ebene durch Gensonden stellt gegenüber den anderen Verfahren insofern eine neue Qualität dar, als zu erwarten ist, daß sie den massenhaften Vergleich der genetischen Konstitution von Arbeitnehmer/innen wirtschaftlich machen. Hinzu kommen neue Verfahren der computerunterstützten Erfassung individueller Genmuster (genetische Fingerabdrücke). Der Schutz der Arbeitnehmer droht umgekehrt zu werden in einen Schutz der Unternehmer vor anfälligen Arbeitnehmern. Siegfried Bleicher (damals) vom DGB-Bundesvorstand: »Die Genomanalyse vervollständigt das Bild vom gläsernen Menschen im Betrieb.«[27]

Die ersten Diagnosesysteme für die Prüfung der genetischen Tauglichkeit von Arbeitnehmer/innen im Hinblick auf ihren Arbeitsplatz sind schon im Einsatz oder stehen vor der Markteinführung:
- Sichelzellenanämie-Träger (Nachweis des Gens durch Gensonde)
- Alpha-1-Antitrypsindefizienz (Nachweis des Gens durch Gensonde)
- Glucose-6-Phosphat-Dehydrogenase (Nachweis des Genprodukts)
- Acetylierungspolymorphismus (Nachweis des Genprodukts)
- Aryl-Kohlenwasserstoff-Polymorphismus (Nachweis durch Gensonde)
- LDL-Rezeptordefizienz (Nachweis des Gens durch Gensonde oder Nachweis des Genprodukts).

Dabei ist die Genomanalyse zur Bestimmung individueller Empfindlichkeiten schon von ihrem wissenschaftlichen Aussagewert her umstritten. Das amerikanische »Office of Technology Assessment (OTA)« stellt in einer Studie für den US-Kongreß fest: »Es ist zum Beispiel die Fähigkeit der Techniken, Berufskrankheiten zu identifizieren, noch nicht nachgewiesen worden.«[28] Bei der Firma DuPont wurden Träger des Sichelzellenanämiegens von bestimmten Tätigkeiten ausgeschlossen, obwohl Träger des Sichelzellenanämiegens, meist Schwarze, an den olympischen Spielen in Mexico City teilnahmen und dort sogar – trotz der Höhenluft – Goldmedaillen holten.[29]

Allen Warnungen zum Trotz werden in der BRD die Weichen für den Einstieg in die Genomanalyse gestellt. Schon 1976 haben die Berufsgenossenschaften genetische Analysen an Arbeitnehmer/innen empfohlen, die aromatischen Nitro- und Aminoverbindungen ausgesetzt sind.[30] Die Deutsche Gesellschaft für Arbeitsmedizin hält Regelungen zur Genomanalyse von Arbeitnehmer/innen sogar für überflüssig.[31] Und auch die Empfehlungen der Enquete-Kommission Gentechnologie zur Genomanalyse[32] scheinen nicht geeignet, in der Praxis Arbeitnehmer/innen vor genetischer Durchleuchtung und Diskriminierungen zu schützen.[33]

Die Bedeutung der Genanalyse im marktwirtschaftlichen Konzept der Pharmakonzerne ist eine doppelte: Kurzfristig geht es um Realisierung von Gewinn durch Anwendung von Diagnostika. Längerfristig geht es darum, durch Genanalyse und Genvergleich an heute noch unbekannte, pharmakologisch interessante Proteinwirkstoffe heranzukommen. Gentechnik wird immer mehr zu einem Hilfsmittel der Proteinbiochemie. Der Weg vom Protein zum Gen wird zunehmend umgekehrt: Man schließt aus der einfacher zugänglichen Struktur eines Gens oder Genteils auf die Struktur des zugehörigen Genprodukts, des Proteins. Diese Methode hat zudem den Vorteil, daß man durch Übertragung des entsprechenden Genabschnitts Bakterien zur Produktion großer Mengen des zu (unter)suchenden Proteins veranlassen kann, dessen Rolle und Wirkung in der Zelle und im Organismus dann untersucht werden kann. Gentechnik wird somit zum Katalysator der Proteinbiochemie, ihr Stellenwert innerhalb der Molekularbiologie wächst noch immer.

Den diagnostizierten Variationen von Genen und Proteinmustern sollen letztlich entsprechende Krankheitsbilder zugeordnet werden. »Alle diese Erkrankungen beruhen prinzipiell auf einer veränderten Steuerung der Expression von Genen. Das Ziel ist, auf molekulargenetischer Ebene Vererbungsstrukturen zu isolieren, um die mit ihnen verbundenen biochemischen Eigenschaften im Organismus aufzuklären, so daß sie langfristig biotechnisch nutzbar werden«, meint Dr. Wolf-Dieter Busse, Direktor eines amerikanischen Forschungsunternehmens der Bayer AG.[34]

Verwertbar gemacht werden sollen auch die menschlichen Gene selbst. Mit Hilfe der somatischen Gentherapie soll durch Übertragung eines normalen Gens eine Korrektur im Erbmaterial von Körperzellen des Patienten vorgenommen werden, die das krankheitsauslösende Gen ersetzt. Die Übertragung des genetischen Materials könnte außerhalb des Körpers des Patienten (anschließende Zurückverpflanzung) oder über die Blutbahn erfolgen. Als aussichtsreichste Kandidaten für den ersten klinischen Gentherapie-Versuch gelten das Lesch-Nyhan-Syndrom (Häufigkeit 1:200000) und das Immun-Mangel-Syndrom (40–50 Fälle weltweit).[35]

Über das mit der somatischen Gentherapie verbundene Gefahrenpotential schreibt die Enquete-Kommission Gentechnologie: »Bevor eine somatische Gentherapie erfolgreich und risikofrei in der Human-Medizin eingesetzt werden kann, müssen noch einige Probleme zufriedenstellend gelöst werden, die bisher noch ein potentielles Risiko für Laborpersonal und Patienten darstellen.« Als »einige Probleme« werden Schlüsselprobleme aufgeführt: »Die Integration des genetischen Materials kann noch nicht kontrolliert werden... Die Regulation der Expression des transferierten Gens wird noch nicht beherrscht... Die Sicherheit des verwendeten Vektors ist noch nicht gewährleistet... Bei einer in vivo-somatischen Gentherapie ist die Gewebsspezifität der Integration nicht gewährleistet... Das könnte z.B. in Keimbahnzellen zu unabsehbaren Konsequenzen führen.«[36]

Die Beifügung »noch nicht gelöst/kontrolliert« der Enquete-Kommission suggeriert die prinzipielle Lösbarkeit der angesprochenen Probleme und leitet daraus Empfehlungen für eine »sichere Gentherapie« ab. Angesichts der komplexen Organisation der Erbinformation menschlicher Zellen, ihrer Dynamik und der verwendeten Vektoren sind hier aber eher prinzipielle Probleme zu vermuten. Das bei allen bisherigen Strategien wahrscheinlich notwendigerweise verbundene Gefahrenpotential der Gentherapie (Stoffwechselstörungen, Krebs, Virusdurchseuchung, unbeabsichtigte Beeinflussung der Keimzellen) ist so hoch, daß die Frage nach dem Sinn und der Verantwortbarkeit des eingeschlagenen Weges ernsthaft diskutiert werden muß.

Die Pioniere der Gentherapie dagegen stellen die Gentherapie ganz einfach auf eine Stufe mit Transplantationen. Dr. Orkin, einer der Pioniere der Gentherapie, antwortete auf die Frage, ob er die mehrfach hintereinander geschalteten Genehmigungshürden für klinische Versuche in den USA für angebracht hält: »Keine Regierungsstelle befragt einen Arzt, der eine Knochenmarkstransplantation machen will. Und die Gentherapie ist eigentlich nicht viel anders... Das Hauptrisiko besteht wohl darin, daß es überhaupt nicht funktioniert.«[37] Eine der führenden Arbeitsgruppen in der amerikanischen Gentherapie, geleitet von Prof. Friedmann an der Universität von Kalifornien, hat von der Ethikkommission seiner Universität bereits grünes Licht für den ersten klinischen Versuch zur Gentherapie des Lesch-Nyhan-Syndroms bekommen.[38] Nun bedarf es noch der behördlichen Zustimmung.

Überdurchschnittliche Fortschritte im Bereich der Grundlagenforschung gibt es in der Neurobiologie. Dort werden Bindungsstellen (Rezeptoren) von Hormonen des Nervensystems (Neurohormone) identifiziert und charakterisiert (Rezeptorstrukturanalyse). Man sucht dann nach Proteinen oder chemischen Wirkstoffen, die an den Rezeptor binden und damit eine (möglicherweise verwertbare) Wirkung hervorrufen. Erst kürzlich ist die gentechnische Charakterisierung des Rezeptors, an den das Psychopharmakum »Valium« bindet, gelungen.[39] Längerfristig werden zunehmende Kenntnisse der natürlichen Gehirn/Nervenchemie und neue, gezieltere Psychopharmaka zur Stimmungsregulierung erwartet. 1984 wurden in den USA 8000 t Tranquilizer gegen Müdigkeit, Angst und Unzufriedenheit heruntergeschluckt. Für das Mittel »Intestinon« wird wie folgt geworben: »Nach 3 Wochen wird die monotone Fließbandarbeit als nicht mehr anstrengend empfunden, sie geht leichter von der Hand.«[40]

»Gentechnik – nein danke« – in der Medizin?

Prinzipielle Kritiker der Gentechnologie können sich positive Nutzanwendungen dieser Technik – wenn überhaupt – so am ehesten in der Medizin vorstellen. Viele sind zwischen Angst vor dieser neuen Technologie und der Hoffnung auf Hilfe gegen AIDS und Krebs hin- und hergerissen. Auch bei der Diskussion um die Inanspruchnahme der vorgeburtlichen Diagnostik, etwa wenn in der Familie schwere Erbleiden vorhanden sind, spitzt sich dieser Widerspruch zu. Wer Gentechnik nicht grundsätzlich und in jedem Fall ablehnt, für den stellt sich die Frage nach allgemeinen Kriterien ihrer Nutzung in der Medizin. Sie sind Teil des weiterreichenden Diskussionsprozesses über eine neue Logik in der Medizin.

Als Kriterien eines solchen neuen Denkens in der Medizin möchte ich zur Diskussion stellen:

1. Krankheiten entstehen im Zusammenspiel von Erbfaktoren (Dispositionen) und Umwelt (Exposition). Medizin muß immer erst vom Begriff der Exposition ausgehen. Es gilt das Primat der Wiederherstellung geeigneter Umwelt- und Lebensverhältnisse gegenüber biochemischen Eingriffen in den Menschen durchzusetzen. Es gilt das Primat der präventiven Medizin gegenüber der therapeutischen durchzusetzen.
2. Es gilt das Primat der sozial-psychologisch eingreifenden gegenüber der biochemisch eingreifenden Medizin durchzusetzen.
3. Eine direkte biologisch-stoffliche Prävention/Therapie ist notwendig,
   - wenn eine Erkrankung rein oder vorwiegend biologisch bedingt ist (z. B. Erbkrankheiten, Hautkrebs, bestimmte Infektionskrankheit)
   - zur Beseitigung von »Altlasten« bzw. wenn die krankmachenden Bedingungen nicht schnell genug verändert werden können (z. B. Krebs, Insulin).

Unter diesem Gesichtspunkt kann diskutiert werden, ob bzw. welche positiven Anwendungen von Gentechnik in der Medizin verantwortbar sind.

1. Zum Beispiel AIDS?

Für die Erforschung der Biologie des AIDS-Virus war der breite Einsatz gentechnischer Verfahren notwendig. Daß die Erforschung des AIDS-Virus bisher keine Erkenntnisse für seine Bekämpfung geliefert hat, war nicht von vornherein abzusehen. Wer die Risikopotentiale der Gentechnologie durch Ablehnung der Gentechnologie ausschließt, schließt auch die Möglichkeitspotentiale aus.

Dagegen wurden bei Diagnostika zum Nachweis des AIDS-Virus gentechnische Verfahren erfolgreich eingesetzt. Für den sog. ELISA-Test ist es notwendig, Proteine der Oberfläche des Virus in Bakterien gentechnisch zu produzieren. Enthält eine Blutprobe

Antikörper gegen AIDS, so werden diese vom Oberflächenprotein gebunden, was durch eine Farbreaktion angezeigt wird.

Die Herstellung eines gentechnischen Impfstoffes gegen AIDS ist dagegen nicht in Sicht. Es könnte in der Biologie des AIDS-Virus liegen, daß die Entwicklung eines wirksamen Impfstoffes gegen das AIDS-Virus nicht möglich ist.

2. Zum Beispiel Krebs?

In der Krebsforschung kann der Einsatz von Gentechnik dann sinnvoll sein, wenn damit biochemische Ursachen der Krebsentstehung aufgedeckt werden können, die mit anderen Mitteln nicht oder nur mit vielen Jahren Verzögerung erforscht werden könnten. Sinnvolle Anwendungsmöglichkeiten sind auch für die Krebsdiagnose zu diskutieren. Könnte die Typisierung von Gewebe, insbes. auf das Vorhandensein tumorauslösender Viren, auf gentechnischem Wege (z. B. bei Gebärmutterhalskrebs) dem Arzt die Entscheidung erleichtern, ob die Patientin nur weiter beobachtet werden muß oder ein operativer Eingriff notwendig ist?[41] Bei der immer wieder ins Feld geführten gentechnischen Bekämpfung von Krebszellen durch an Antikörper gekoppelte Zellgifte, welche spezifisch Krebszellen im Körper aufspüren und abtöten sollen, ist vom heutigen Erkenntnisstand her nicht absehbar, ob sich diese Strategie der Krebsbekämpfung je in die Praxis umsetzen lassen wird. Es gibt allerdings auch keine ausschließende Argumentation, warum dieses Konzept aus seinen inneren Widersprüchen heraus Utopie bleiben muß. Ein generelles Verbot der Genforschung würde nicht nur die Risiken der Gentechnologie verhindern, sondern auch potentielle Möglichkeiten, Optionen.

3. Zum Beispiel Blutgerinnungsfaktor VIII?

Die Blutgerinnung beim Menschen ist ein komplexer Vorgang, an dem mehr als 20 verschiedene Faktoren beteiligt sind. Die Bluterkrankheit ist eine Erbkrankheit, bei der die Blutgerinnung durch das Fehlen von Blutgerinnungsfaktoren gehemmt ist. Die häufigste Bluterkrankheit ist die Hämophilie A (75 %). Durch einen genetischen Defekt im X-Chromosom fehlt 6000 Bundesbürgern und 20000 US-

Bürgern der Blutgerinnungsfaktor VIII. Sie werden deshalb mit Faktor VIII-Präparaten versorgt, die aus menschlichem Blutplasma gewonnen werden. Für die etwa 30 Infusionen, die jeder Patient pro Jahr benötigt, müssen jährlich ca. 1 Mio l Blut verarbeitet werden, um knapp 500 g Reinsubstanz (Marktwert 170 Mio $) zu gewinnen.[42] Von einheimischen Blutspenden können nur ca. 10 % des Bedarfs an Faktor VIII-Präparaten gedeckt werden, der Rest kommt hauptsächlich aus der Dritten Welt.[43]

Für die vom Blutplasma unabhängige Herstellung von Faktor VIII durch gentechnisch veränderte Bakterien, Hefen und Säugerzellkulturen werden folgende Argumente angeführt:

1. Unbegrenzte Verfügbarkeit und Unabhängigkeit von menschlichem Blutplasma;
2. Vermeidung von Virusübertragungen durch Verunreinigungen des Spenderbluts mit Viren (AIDS, Hepatitis);
3. drastische Senkung der Herstellungskosten von Faktor VIII-Präparaten. Ob die Hersteller dazu gebracht werden können, die geringeren Herstellungskosten auch an den Verbraucher weiterzugeben, ist eine andere Frage.

Drei Wege der gentechnischen Synthese von Faktor VIII sind beschritten worden:

1. Die Synthese des Faktors in Bakterien ist anscheinend nicht möglich, da die Gene zwar in Bakterien übertragen, dort aber nicht in das Genprodukt umgesetzt werden können. Man untersucht nun, ob Hefen geeigneter sind.
2. Die Synthese in Säugerzellen, in die ein aktiviertes Faktor VIII-Gen eingeschleust wurde. Die Ausbeute reicht inzwischen für mehr als Forschungszwecke.
3. Die Synthese in Säugerzellkulturen mit Hilfe von Viren, die man mit dem Faktor VIII-Gen versehen hat (Vaccinia-Strategie).

Im Unterschied zu Interferon konnten Zellkulturen ohne den Einsatz von Gentechnologie bisher nicht zur Synthese von für Forschungszwecke hinreichenden Mengen Faktor VIII gebracht werden.

Die Risikopotentiale sind bei den beiden beschriebenen Zellkulturverfahren duchaus nicht gleich. Im Unterschied zu den direkt gentechnisch veränderten Zellkulturen muß beim Einsatz von Vaccinia-Viren zur Faktor VIII-Produktion abgeschätzt werden, ob man die herkömmlichen Virusprobleme nicht durch neugeschaffene ersetzt. Zwar gibt es sowohl bei der klassischen Gewinnung von Faktor

VIII aus Blutplasma als auch bei den neuen Methoden ein Verfahren zur weitgehenden Abtötung von Viren, es bleibt aber in jedem Fall ein Restrisiko. Auch dieses – und nicht nur Effektivität und Rentabilität – muß für die Beantwortung der Frage, welcher Weg der Faktor VIII-Herstellung zu bevorzugen ist, mit berücksichtigt werden.

Stand für den Menschen bisher im Vordergrund, bestimmte Produkte überhaupt bzw. in einer bestimmten Qualität zu produzieren, so steht er mit der Entfaltung der verschiedensten Technologien durch die wissenschaftlich-technische Revolution nun vor der Qual der Wahl. Wir haben es deshalb mehr denn je nötig, uns zu Objekten von Schlüsseltechnologieautomatismen und angeblichen wirtschaftlichen Sachzwängen machen zu lassen, sondern können uns zu Subjekten einer sozial und umweltgerechten Gestaltung von Technik und Gesellschaft erheben.

Anmerkungen

1 Anna-Maria Hagerfors, Thomas Michelsen, Giftexport – Pharmaka und Pestizide für die Dritte Welt, Rowohlt Taschenbuch Verlag, Reinbek 1984, S. 51
2 Marcel Bühler, Leo Locherer, Geschäft mit der Armut, 1984, S. 149f
3 Jost Herbig, Der Bioboom, Gruner & Jahr, Reinbek 1982, S. 193f
4 a.a.O.
5 Anna-Maria Hagerfors..., a.a.O., S. 60
6 Marcel Bühler..., a.a.O.
7 Anna-Maria Hagerfors..., a.a.O., S. 61
8 a.a.O., S. 8
9 Ursula Ammon; Elmar Witzgall; Gerd Peter: Auswirkungen gentechnischer Verfahren und Produkte auf Produktionsstruktur, Arbeitsplätze und Qualifikationserfordernisse, Sozialforschungsstelle Dortmund 1986, in: Materialband VI zum Bericht der Enquete-Kommission »Chancen und Risiken der Gentechnologie« – Drucksache 10/6775, Bonn 1987
10 Der Bundesminister für Forschung und Technologie (Hg.), Zwischenbilanz »Angewandte Biologie und Biotechnologie«, Bonn, Stand Mai 1987, S. 37
11 Battelle-Institut e. V., Auswirkungen gentechnischer Verfahren und Produkte auf Produktionsstruktur, Qualifikationsanforderungen und Arbeitsplätze ausgewählter Unternehmen in den USA, Frankfurt 1985, in: Materialband VI zum Bericht der Enquete-Kommission »Chancen und Risiken der Gentechnologie« – Drucksache 10/6775, Bonn 1987, S. 4
12 *Die Rheinpfalz,* 26. 11. 81
13 Enquete-Kommission des Deutschen Bundestages, Chancen und Risiken der Gentechnologie, München 1987, S. 133

14 a.a.O., S. 129f
15 a.a.O., S. 133
16 Holger Kirchner, Elke Storch, Induktion und Wirkung von Interferonen und ihre klassische Anwendung, in: Krebsforschung heute, Berichte aus dem Deutschen Krebsforschungszentrum, Darmstadt 1986
17 Rühmann, F., AIDS – Eine Krankheit und ihre Folgen, Frankfurt/New York, 2. Aufl., 1985, S. 38
18 Rolf Rosenbrock, AIDS kann schneller besiegt werden, Hamburg 1987, S. 89ff
19 a.a.O.
20 Bayer AG (Hg.), Forschungsschwerpunkte bei Bayer, Presse-Seminar in Große Ledder, Leverkusen 1985, S. 64
21 a.a.O.
22 Europäische Gemeinschaft, KOM (88) 424 endg., Ratsdok. 7929/88, S. 3
23 Ruth Hubbard, Mary Sue Henifin, Genetic screening of prospective parents and of workers: Some scientific and social issues, *Intern. J. Health Services,* Vol. 15, 2/1985, S. 231ff
24 *Bild der Wissenschaft,* 7/1980
25 Wolfgang Hien, »Krankheitserfassung im chemischen Großbetrieb – das Beispiel BASF«, in: A. v. Elling, M. Wunder (Hg.), Erfassung als Politik, Hamburg 1986
26 J. Lewater et al., Chromium bond detection in isolated erythrocytes: a new principle of biological monitoring of exposure to hexavalent chromium, *Int. Arch. Occup. Environ. Health* 55/1985, S. 305ff
27 Siegfried Bleicher, in: *Gewerkschaftliche Monatshefte,* 10/1984
28 Office of Technology Assessment, The role of genetic testing in the prevention of occupational diseases, OTA-BA-195, April 1983
29 Ruth Hubbard et al., a.a.O.
30 Enquete-Kommission, a.a.O., S. 163
31 Mitteilung der Deutschen Gesellschaft für Arbeitsmedizin, »Genomanalyse« bei Arbeitnehmern; eine Klärung der Begriffe aus arbeitsmedizinischer Sicht, in: Arbeitsmed. *Sozialmed. Präventivmed.* 22/1987, S. 90
32 Enquete-Kommission des Deutschen Bundestages, Chancen und Risiken der Gentechnologie, a.a.O., S. 169f
33 Bernd Klees, Der Gläserne Mensch im Betrieb, Frankfurt 1988
34 Bayer AG (Hg.), a.a.O., S. 65
35 Enquete-Kommission des Deutschen Bundestages, a.a.O., S. 182
36 a.a.O., S. 181
37 Rolf Andreas Zell, Menschen ohne Makel, in: Bild der Wissenschaft, 3/86
38 Robertson, Desparate appliances, *Nature* 320/86
39 *Ärztezeitung,* 22. 7. 1988
40 Dieter Bongartz, Alexander Goeb, Das Drogenbuch, Reinbek 1983
41 Lutz Gissmann, Gebärmutterhalskrebs durch Viren, in: Berichte aus dem Deutschen Krebsforschungszentrum, Darmstadt 1986
42 Bayer AG (Hg.), a.a.O., S. 51
43 Enquete-Kommission, a.a.O., S. 119

Joachim H. Spangenberg

Die chemische Industrie

Im folgenden soll versucht werden, mögliche und wahrscheinliche Auswirkungen des Einsatzes von bio- und gentechnischen Verfahren rund um die Chemische Industrie zu skizzieren und die dabei entstehenden Probleme anzureißen. Dazu werden nach Nennung einiger Zahlen und Fakten zur Chemischen Industrie und ihrer Weltmarkteingebundenheit die Anwendungsmöglichkeiten im Produktionsbereich, bei der Genomanalyse von Arbeitnehmern und zur Beseitigung von Umweltchemikalien beschrieben, die ökonomischen Perspektiven geschildert sowie abschließend mögliche Auswirkungen auf die Dritte Welt wie auf die Arbeitsplätze hier kurz dargestellt.

1. Struktur der Chemischen Industrie

»Der Chemiekonzern Bayer in Leverkusen steuert einem Gewinnrekord entgegen. In den ersten neun Monaten 1987 stieg der Überschuß im Konzern um 7,5 Prozent auf 2,405 Milliarden DM und bei der Muttergesellschaft Bayer AG um 7,1 Prozent auf 1,315 Milliarden DM – alles vor Abzug der Ertragssteuern. Für das ganze Jahr rechnet der Vorstandsvorsitzende Hermann J. Strenger mit einem Plus von fünf bis sieben Prozent.«[2]

Die Chemische Industrie ist eine der führenden Industriebranchen der Bundesrepublik. Sie nimmt als Arbeitgeber – wie auch bei den Lehrstellen (1986: 35072) – einen der vorderen Plätze ein, ist ein gewichtiger volkswirtschaftlicher[3] Faktor (s. *Tab. 1*).

Die Pro-Kopf-Produktivität, der Umsatz pro Beschäftigtem, ist in den letzten Jahren kontinuierlich gestiegen und liegt weit über dem anderer Branchen (s. *Tab. 2*).

Diese Zahlen zeigen bereits den überdurchschnittlichen Umsatz der chemischen Industrie pro Kopf der Beschäftigten oder, anders ausgedrückt, den geringen Beschäftigungseffekt pro Million Umsatz in der chemischen Industrie. Die Bundesrepublik weist weltweit die höchste Pro-Kopf-Chemieproduktion auf. Beträgt der Anteil am BSP in den OECD-Staaten durchschnittlich 3 %, der an den Beschäftigten 1 %, so liegt der Anteil am BSP in der BRD mit über 8 % und an der Beschäftigtenzahl mit über 3,5 % überdurchschnittlich hoch. Dies gilt noch mehr für den Anteil der BRD am auf 500 Mrd. US-Dollar geschätzten Chemie-Welthandel. Dazu kommt noch die Mineralölverarbeitung mit über 100 Mrd. DM Umsatz und mehr als 30000 Beschäftigten.[5] Die chemische Industrie weist neben den bekannten Großunternehmen (über 500 Beschäftigte) auch zahlreiche Mittelbetriebe und vor allem Kleinbetriebe auf (s. *Tab. 3*).

Tab. 1: Kennzahlen Chemischer Industrie, (ohne Mineralölverarbeitung) 1987 (1986)

Chemieumsatz	140,5	(140,0)
Export	72,4	(72,0)
Import	40,7	(40,9)
Gesamtumsatz	168,9	(168,3)
Beschäftigte	572	(567)
Bruttosumme Löhne + Gehälter	31,7	(30,2)

Angaben in Mrd. DM, Beschäftigte in Tausend, nach VCI e. V., Jahresbericht 1987/88. Sinkende Umsätze sind meist Dollar-Kurs-bedingt; Produktionsvolumen und Gewinne sind gestiegen. Die Entwicklung 1988 hat 1987 noch übertroffen, und 1989 steuert die Branche erneut ein Rekordjahr an.

Tab. 2: Pro-Kopf-Umsatz Chemie und Bergbau und verarbeitendes Gewerbe (1976–1985)

Gewerbeart	1976	1985
Chemie	151435	278626
Bergbau und verarbeitende Gewerbe	110450	191159

Angaben in DM, aus (4)

Tab. 3: Struktur der chemischen Industrie

Anzahl/ Beschäftigte	Prozent/ Unternehmen	Prozent/ Umsatz	Prozent/ Beschäftigte
0– 49	38,3	3,5	3,1
49– 99	21,4	4,8	4,3
100–199	16,4	6,6	6,5
200–499	12,2	11,9	10,9
über 500	11,7	73,2	75,2

Stand: September 1982 (6)

Die Chemische Industrie erweist sich so zum überwiegenden Teil als großindustriell geprägte Branche, die IG Chemie als eine der wirklichen Großindustrie-Gewerkschaften. Entsprechend vielfältig wie die Struktur der Chemieindustrie ist auch die Produktpalette, allerdings ist ihre quantitative Zusammensetzung relativ einseitig: fast 50 % des Umsatzes stammen aus der Herstellung von chemischen Grundstoffen allerdings mit stark fallender Tendenz, nur 15 % aus der Herstellung von pharmazeutischen Erzeugnissen und 7 % aus Seifen, Wasch-, Reinigungs- und Körperpflegemitteln.[7]

Für die »Drei Großen« Bayer, BASF und Hoechst zum Vergleich die Zahlen aus *Tab. 4*.

Bei sinkender Anzahl der Betriebe hat sich der Umsatz der chemischen Industrie seit 1950 auf das 100fache gesteigert, von 1976 bis 1985 stieg der Umsatz von 85 auf 149 Milliarden DM und liegt damit in der gleichen Größenordnung wie der Gesamtumsatz des Straßenfahrzeugbaus. Gleichzeitig sanken die Beschäftigtenzahlen tendenziell von 562000 in 1976 auf 524000 in 1984; seitdem ist eine geringe Zunahme der Beschäftigten zu verzeichnen (1987 = 572000), dabei hat sich die Exportquote von 38,5 % (1975) auf 51,5 % (1987) erhöht (s. *Tab. 1*). Die hohe Produktivität und die Rationalisierungsbemühungen der chemischen Industrie spiegeln sich auch in der Aufschlüsselung der Investitionen; diese verteilen sich zu 48 % auf Rationalisierungsinvestitionen, 22 % Ersatzinvestitionen sowie maximal 30 % Erweiterungsinvestitionen.[12] Eine wachsende Bedeutung kommt den Auslandsinvestitionen zu, wobei die konsumnahe Produktion von Spezialitäten von besonderer Bedeutung ist. Motivation ist die Absatzmarktnähe sowie gegebenenfalls niedrige Rohstoff- und Energiekosten. Begleitet wird die Auslandsinvestitionsstrategie durch eine internationale Personalstrategie, die letztlich darauf hinausläuft, daß in den verschiedenen Produktions- und Vertriebsstandorten nach identischen Verfahren gearbeitet wird. Die sofortige Ersetzbarkeit der Produktionsstandorte bei sozialen oder politischen Auseinandersetzungen sowie die Konkurrenz der Produktionsstandorte untereinander ist das Ziel. Auslandsinvestitionen werden dabei primär in Ländern mit höherer Kaufkraft getätigt: Führend sind die USA, Kanada und Japan; mit großem Abstand folgen die sogenannten Schwellenländer wie Südkorea und Indonesien. Ursache sind einerseits die durch mangelnde Kaufkraft bedingten geringeren Absatzchancen außerhalb der Metropolen sowie andererseits die durch persönliche Präsenz und direkten Kontakt mit den Kunden verbes-

Tab. 4: Kenndaten der Branchen-Riesen BASF, Bayer und Hoechst

Maßstab	BASF: Gruppe AG	Bayer: Wolf AG	Hoechst: Welt AG
Beschäftigte	130173 54634	173000 64518	181176 62244
Umsatz	43083 Mrd. 18717 Mrd.	40749 Mrd. 16774 Mrd.	38014 Mrd. 14085 Mrd.
Gewinn (v. St./n. St.)	? 1970 Mrd./ 710 Mrd.	3300 Mrd./ 1491 Mrd. 1716 Mrd./ 839 Mrd.	3211 Mrd./ 1399 Mrd. 1819 Mrd./ 783 Mrd.
Rang in der dt. Industrie (nach Umsatz)	4.	5.	7.
Geschäfts- schwerpunkte (Weltumsatz)	Verbraucher- produkte 20 % Chemikalien 20 % Landwirtschaft 18 % Farbstoffe 16 % Kunststoffe 16 % Rohstoffe, Energie 16 %	Lackrohstoffe 21 % Fotobedarf 17 % Polymere 16 % Pharma 15 % Organika, Farben 14 % Landwirtschaft 14 %	Pharma 17 % Lacke, Kunstharze 10 % Fasern, Vorprodukte 10 % Chemikalien 8 % Kunststoffe, Wachse 8 % Farben, Feinchemi- kalien 7 % Landwirtschaft 7 %
Umweltschutz- ausgaben	708 Mio.	883 Mio. (plus Forschung: 206 Mio.)	837 Mio. (Welt: 1508 Mio.)
Investitions- planung für Sicherheit und Umwelt	2 Mrd. (in 10 J.)	3 Mrd. (in 5–8 J.)	2,2 Mrd.

Quelle: aus Anm. 8 verändert

Die Daten stammen aus den Geschäftsberichten für das Jahr 1986; die Zahlen »BASF Gruppe« sind mit den »Welt«-Zahlen von Bayer und Hoechst nur eingeschränkt vergleichbar.

serte »Marktnähe«: einen entstehenden Bedarf rechtzeitig zu entdecken und das benötigte Produkt zu entwickeln erfordert die Anwesenheit »vor Ort«. Dazu kommt die Absicherung gegen Handelsrestriktionen und die größere Unabhängigkeit von Devisenkursschwankungen – eine Strategie, die sich ausweislich steigender Gewinne gerade in den letzten Monaten bezahlt gemacht hat.[12]

Wurden noch 1958 rund 70 % der Grundchemikalien in der Bundesrepublik aus Kohle und nur 30 % aus Erdöl/Erdgas gewonnen, so überstieg der Anteil der Petrochemie schon 1969 die 90 %-Marke; er liegt heute bei ca. 97 %. Die Verdrängung der Kohle als Rohstoff durch das Mineralöl seit Ende der 50er Jahre führte zum Aufbau großer petrochemischer Kapazitäten und zum Ausbau eines dichten Infrastrukturnetzes, vor allem in den Ballungsgebieten um Köln und Frankfurt.[9]

Gegenwärtig werden ca. 10 % des Rohstoffbedarfs der deutschen chemischen Industrie aus nachwachsenden Rohstoffen (d. h. aus Rohstoffen tierischen oder pflanzlichen Ursprungs, die in den Syntheseverfahren der Chemie als Grundstoffe genutzt werden) gedeckt. Im Wege des Einsatzes von Biomasse, Abfallstoffen und Rückständen, wie z. B. Holzzuckern aus der Papierindustrie, werden seit längerem Chemiegrundstoffe wie Ethanol, Methanol und Methan gewonnen. Auch zur Herstellung von Lösemitteln wie Azeton und Glyzerin wie zur Produktion von organischen Säuren, wie Essig- und Zitronensäure, werden bereits seit längerem biotechnologische Verfahren (d. h. Umwandlungsverfahren unter Zuhilfenahme von Lebewesen oder aus Lebewesen gewonnenen Enzymen) mit wirtschaftlichem Erfolg angewandt. Insgesamt werden gegenwärtig nahezu 250 Produkte auf der Grundlage biotechnologischer Produktionsverfahren erzeugt.[10]

Große Bedeutung kommt in der chemischen Industrie traditionell der Forschung und Entwicklung zu. Hierbei spielen heute zunehmend die Bereiche der Bio- und Gentechnologie sowie die Werkstofforschungen (z. B. die Entwicklung von Kohlenstoffasern, die Stahl substituieren können und im Fahrzeugbau eingesetzt werden) eine herausragende Rolle.[13, 7]

2. Internationale Rahmenbedingungen

Die bundesdeutsche Chemieindustrie mit einem Auslandsumsatzanteil von über 50 %[11] ist von der Entwicklung der weltweiten Chemiemärkte in besonderem Maße abhängig. Dazu zählt nicht nur die Konkurrenz mit anderen europäischen (z. B. Ciba, Rhone-Poulenc, ICI) und US-amerikanischen Chemiekonzernen um die Aufteilung stagnierender oder schrumpfender Märkte (Dritte Welt, Heizöl/Europa), sondern auch die Herausforderung durch die erdölexportierenden Länder und die Schwellenländer. Diese sind der Philosophie der weltweiten Arbeitsteilung gefolgt und haben über die Rohstoffproduktion hinaus Weiterverarbeitungskapazitäten aufgebaut und nutzen so ihre Standortvorteile (eigene, billige Rohstoffe und Energie, kurze Transportwege, billige Arbeitskräfte). Der Dollar- und Ölpreisverfall 1986/87 hat hier nur eine vorübergehende Entlastung gebracht.

Gleichzeitig ist es der deutschen Industrie kaum möglich, nach staatlichen Hilfsmaßnahmen zu rufen*, da analoge Maßnahmen anderer Staaten sie in ihrer existenz-wichtigen Exportfähigkeit treffen würden. Damit ist die bundesdeutsche Chemieindustrie gezwungen, sich den weltwirtschaftlichen Verschiebungen möglichst schnell anzupassen, ihre Chancen in den Produkten und Produktionssparten zu suchen, in denen nicht die Standortsvorteile anderer »das Rennen« im Endeffekt chancenlos für sie gestalten. Oder aber sie kann versuchen, für dieselben Produkte eine Überkompensation der Standortnachteile durch rationellere Produktionsprozesse zu erreichen und so die eigene Überlegenheit – einen technologischen und zeitlichen Vorsprung – zu wahren. Dabei ist die Akzeptanz durch Behörden und Öffentlichkeit ein wichtiger Standortfaktor, zu dessen Pflege u. a. eine hohe Anlagensicherheit notwendig ist (vgl. *Tab. 4*).

Diese Herausforderung eines sich verändernden Weltmarkts stellt sich heute vor allem durch den Aufbau petrochemischer Produktionskapazitäten in Süd-Ost-Asien[14] und Saudi-Arabien[15], die für einige Grundchemikalien in absehbarer Zeit mehr als 10 % der Weltproduktion stellen werden und gezielt in den europäischen Markt drängen, auch wenn sich ihr Kostenvorteil z. B. aufgrund der

* Dies unterscheidet ihre Lage von derjenigen der US-Unternehmen, die trotz großer Auslandsumsätze einen geringen Auslandsanteil haben, da der US-Markt riesig ist; seine Abschottung durch protektionistische Maßnahmen kann eine Existenzgarantie auch für nicht international konkurrenzfähige Unternehmen sein.

niedrigeren Weltmarktpreise nicht realisieren läßt. Dann wird – zumindest teilweise – das bisherige Verhältnis von Chemieexport und -import im Handel mit Ländern der Dritten Welt gesprengt, das bisher bei rd. 1:10 lag (1983: 9,3 Mrd. Export zu 0,9 Mrd. Import).[16]

So wird z. B. im wichtigen Sektor der Olefine (Ethylen, Propylen, Koppelprodukte) ein Anstieg der Weltproduktion bis 1995 um rund ein Viertel erwartet. Infolge weltweiter Überkapazitäten zu Beginn der 80er Jahre sind von 1982–85 trotz eines Anstiegs des Weltverbrauchs von rund 30 % in den USA, der EG und Japan 13 % der Weltkapazitäten stillgelegt worden; gleichzeitig erhöhte sich die Produktionskapazität im Rest der Welt (ohne die im »Rat für gegenseitige Wirtschaftshilfe« RGW zusammengeschlossenen Staaten des Ostblocks) um 9 %. Dieser erwartete Zuwachs verteilt sich auf ca. 15 % in den Industriestaaten (durch Anlagenausbau und Beseitigung von Engpässen; weitgehend ohne Anlagenneubau, der unrentabel wäre) und 70 % der dortigen Produktionskapazitäten in den anderen Staaten. In der Konsequenz wird vor Ende des Jahrhunderts der Produktions- und Absatzschwerpunkt aus den USA und der EG nach Süden verlegt sein.[17] Beispielhaft ist die Reaktion der Esso AG in Köln, wo 500 von ursprünglich 600 Arbeitsplätzen durch Kapazitätsstillegungen, vor allem im Bereich der Grundstoffproduktion, abgebaut wurden, die eine neue Produktion im Bereich »modifizierte Elastomere« aufbaut. Elastomere sind neue Werkstoffe, von denen man nach Aussagen des Pressesprechers »noch gar nicht richtig weiß, was man mit ihnen alles anfangen kann«.[18] Dieser Trend zeigt sich bundesweit als Weltmarktanpassung und wird sich voraussichtlich fortsetzen.[5] Aus diesen Entwicklungen ergibt sich eine Verstärkung des bereits erwähnten Trends weg von der Grundstoffproduktion, der besonders die in Nordrhein-Westfalen gelegenen Zentren der Grundstoffproduktion bedroht und somit zur Verstärkung des »Nord-Süd-Gefälles« in der Bundesrepublik beiträgt.

Den Veränderungen auf der Angebotsseite (Aufbau petrochemischer Kapazitäten vor allem in den arabischen Ländern) stehen also Veränderungen auf der Produktionsseite (neue Rationalisierungsmöglichkeiten durch Mikroelektronik und Biotechnologien) gegenüber sowie auf der Nachfrageseite die Entwicklung neuer Werkstoffe und neuer Produkte aus der Biotechnologie, u. a. im Pharmabereich.[19]

Gleichzeitig betreiben die im Agrarbereich tätigen Chemie-Multis eine Strategie der (monopolrechtlich zulässigen) horizontalen Integration, um so über die in ihrem Besitz befindlichen Saatgut-Firmen die Kontrolle des Gen-Pools für Saatgut etc. und damit die strukturellen Abhängigkeiten der Landwirte (und damit der Ökonomien) insbesondere der Länder des Südens zu zementieren. So investierte die Sandoz AG bei Stauffer-Seed, die britische ICI erwarb die belgische Société Européenne des Semences, Hoechst kaufte Anteile der einzigen international aktiven deutschen Saatgutfirma KWS (Kleinwanzlebener Saatzucht AG) usw.[20] Im Ergebnis entstehen Konglomerate: als größter Käufer besitzt Shell 70 Saatgutfirmen, gefolgt von Volvo mit 47, Pioneer Hybrid 39, Sandoz 36 sowie Ciba-Geigy, Upjohn, Cargill u. a.[21]

Das Fernziel ist im Norden eine Landwirtschaft, die bodenunabhängig, mit hohem Chemieeinsatz, Nahrungsmittelgrundstoffe und Chemierohstoffe erzeugt; in den südlichen und den Schwellenländern eine Landwirtschaft, die nur importiertes, nicht vermehrbares (Hybrid-)Saatgut verwertet, das nur bei Behandlung mit Agrochemikalien desselben Konzerns die versprochenen Erträge bringt und so langfristige Absatzmärkte garantiert (die deutsche Landwirtschaft arbeitet schon außerhalb des Getreide-Bereichs mit über 90 % Hybrid-Saatgut). Die entstehende Kombination: Hohes wissenschaftlich-technisches Können *und* ökonomische Reserven *und* Macht *und* weltweites Vertriebsnetz könnten das nächste Jahrzehnt prägen wie die als »Seven Sisters« bekannten großen Ölkonzerne die 60er Jahre.[22] Die »Getreidewaffe« ist geschärft: US-Politiker bezeichnen sie schon als wirksamer als alle Atomwaffen.[23] Heute betragen die Saatgut-Kosten ca. 20 % des finanziellen Inputs der EG-Landwirtschaft. Die UNIDO erwartet, daß ihr Anteil bis zum Jahr 2000 auf 40 % und danach auf über 50 % ansteigt.[67]

3. Die Versprechen der Biotechnologien

Die Hoffnung auf eine Stärkung der internationalen Wettbewerbsfähigkeit durch Bio- und Gentechnologien ergibt sich aus den Unterschieden der biotechnologischen Produktion gegenüber der klassisch-industriellen Produktion:

1. Nutzung regenerierbarer Rohstoffe, damit deren heimische Produktion, erhöhte Versorgungssicherheit und stabilere Preise. Bessere Akzeptanz durch biologisch abbaubare Produkte.

2. Geringerer Energieaufwand und Arbeit unter niedrigerem Druck, Energie-Ersparnis, verminderte Unfallgefahr.
3. Fähigkeit von Biokatalysatoren (Enzymen), bis zu 10000mal schneller und viel spezifischer arbeiten zu können als herkömmliche chemische Katalysatoren. Damit mehr Produkte und weniger (unerwünschte) Nebenprodukte in derselben Zeit.
4. Die Fähigkeit zum Nachbau komplizierter Naturstoffe, an denen die Chemie bis heute scheitert.
5. Rationalisierungsmöglichkeiten durch einstufige Produktionsmethoden: Durch den Einsatz genetisch manipulierter Mikroorganismen können bisher erforderliche Zwischenschritte der Trennung und Reinigung entfallen.
6. Die Fähigkeit, gänzlich neue organische Verbindungen durch biologische Katalysatoren oder manipulierte Mikroorganismen herzustellen.

Die Punkte 1.–4. sind durch die klassische Biotechnik allein zu bewältigen, 5. und 6. benötigen die Gentechnologie. Aber auch in den erstgenannten Punkten erwägt man den Einsatz der Gentechnik zur »Optimierung« der Produktionsorganismen.[32]

Zwei der wichtigsten Ziele des Einsatzes der Bio- und Gentechnik im Bereich der chemischen Industrie werden somit die Nutzung von Fermentationstechniken einerseits und nachwachsender Rohstoffe andererseits sein. Von der Nutzung der hiermit verbundenen Chancen versprechen sich nicht nur Industrieverbände wie der Verband der Chemischen Industrie[24], sondern auch internationale Organisationen wie die Welthandelskonferenz der Vereinten Nationen, UNCTAD oder die OECD[25] neue Markt-, Gewinn- und Wachstumschancen.

Nachwachsende Rohstoffe

Das meistdiskutierte Projekt ist hier das brasilianische Proalcool-Programm, das mit ansteigendem Ölpreis (1973) und Preisverfall für Zuckerrohr auf dem Weltmarkt (seit 1974) 1975 auf die in Brasilien seit den 30er Jahren übliche Praxis zurückgriff, in solchen Fällen aus Zuckerrohr Ethanol als Benzinersatz zu destillieren. 1985 erreichte die Alkoholproduktion ca. 9,2 Milliarden Liter, die installierte Kapazität 12,5 Milliarden Liter. Damit hat der Alkohol einen Anteil am Brennstoffverbrauch (Öl plus Alkohol) von rund 13 %; Überschüsse wurden in die USA exportiert.

Ökonomisch rechnet sich Proalcool nach Untersuchungen der Universität São Paulo nicht, Ethanol ist als Benzinzumischung erst bei Ölpreisen von 80 bis 90 Dollar je Barrel rentabel, bei effektivster Gewinnung ab über 60 Dollar je Barrel.[26] Die rasante Entwicklung trotz volkswirtschaftlicher Verluste erklärt sich z. T. aus militärisch-strategischen Autarkiebestrebungen, z. T. aus der eleganten Finanzierung durch Erlaß von Mineralöl- und Zuckersteuern, Kreditsubventionen, Steuerverzichte und externe Kredite, u. a. von der Volkswagen AG und dem Bundesministerium für wirtschaftliche Zusammenarbeit (BMZ). Neben ökologischen Problemen (Monokulturen, 14 l stark belastetes Abwasser je Liter Alkohol) und geringer Energieeffizienz (weit über die Hälfte der Alkohol-Energie geht vorher als Input in Anbau und Verarbeitung) war ein hoher sozialer Preis zu zahlen: Die Zuckerrohrfelder liegen in dem von chronischer Unterernährung gekennzeichneten Nordosten Brasiliens; der Betrieb eines durchschnittlichen Kleinwagens mit Bioalkohol nimmt eine Fläche in Anspruch, die rund 16 Familien ernähren könnte.[38] Die Anbaufläche für Zuckerrohr wurde auf 7,5 % der Agrarfläche gesteigert, die Zuckerproduktion stieg von 1977 bis 1984 um 75 %. Dies hat sicher dazu beigetragen, daß die sonstige landwirtschaftliche Exportgüterproduktion lediglich um 11 % gestiegen, Fleisch um 1 %, einheimische Nahrungsmittel sogar im selben Zeitraum um 15 % der Produktion zurückgegangen sind.[27]

Energiewirtschaftlich ergibt sich ein Paradox: Da das brasilianische Güter- und Personentransportsystem vornehmlich auf dieselbetriebenen LKWs und Omnibussen beruht, die nicht mit Alkohol betrieben werden können, muß Brasilien nach wie vor Erdöl importieren (inzwischen 60 % Eigenförderung und 40 % Import); da wegen der absoluten Priorität für den Alkoholeinsatz das bei der Herstellung von Dieselöl anfallende Koppelprodukt Benzin im Lande nicht mehr abgesetzt werden kann, muß Benzin exportiert werden (natürlich zu Weltmarktpreisen), während gleichzeitig im Lande der stark subventionierte Alkohol propagiert wird.[28, 29, 30] Es entlarvt sich als ökonomischer, ökologischer und energetischer Unfug, die Pflanze erst unter hohem Aufwand an Energie komplexes biologisches Material herstellen zu lassen, um dieses dann anschließend in niedermolekulare und damit energieärmere Rohstoffe zu verwandeln. Auch energetisch ist die Sprit-Rübe eine Schnapsidee.

Gleichzeitig ist der mögliche Beitrag nachwachsender Rohstoffe zur Weltenergieversorgung marginal: Würde der gesamte, heute auf der Welt gewonnene Zucker in Ethanol umgewandelt, entspräche das energetisch ca. 1 % der Weltöl- und -gasproduktion – ohne den Energieaufwand zur Zuckerproduktion überhaupt in die Berechnung einbezogen zu haben.[31]

Wirtschaftliche Erfolgsaussichten bieten nachwachsende Rohstoffe nur dann, wenn die komplexen Syntheseleistungen der Pflanzen genutzt und darauf aufbauend konventionell oder biotechnisch (eventuell mit gentechnisch »optimalen« Produktionsorganismen) neue Produkte hergestellt werden. Neben der Nachfrage der (vorwiegend im Norden konzentrierten) Industrie nach spezifisch in Dritte-Welt-Ländern wachsenden Rohstoffen bilden hier die Flächenkonkurrenz zum Nahrungsmittelanbau einerseits und das begrenzte Produktionspotential tropischer Böden andererseits die Grenzen einer möglichen Rohstoffproduktion. Diese sind durch die seit Jahrmillionen andauernde intensive tropische Verwitterung nicht nur ausgelaugt und deshalb arm an Mineralstoffen, sondern auch in ihrer Nährstoff-Rückhaltefähigkeit den durchschnittlichen europäischen Böden um einen Faktor 4–5 unterlegen, so daß auch bei künstlicher Nährstoffzufuhr durch Düngung eine dem europäischen und US-amerikanischen Standard vergleichbare Landnutzung nicht möglich ist. Im Gegensatz zu den gemäßigten Breiten stellt in den Tropen also nicht das Klima, sondern die Bodenqualität den die landwirtschaftliche Produktion (und damit die maximal ernährbare Bevölkerungsdichte) begrenzenden Faktor dar. Deshalb ist es auch eine grobe Fehleinschätzung, wenn auch die Enquete-Kommission »Gentechnologie« schreibt:[32] »Viele Länder der Dritten Welt sind klimatisch meist für die Versorgung mit nachwachsenden Rohstoffen prädestiniert und gegenüber den Industrieländern in diesem Punkt bevorzugt.« Tatsächlich verstellt diese eurozentristische Sicht den Blick für die Tatsache, daß jede – klimatisch mögliche – Intensivnutzung nach relativ kurzer Zeit zu irreversiblen Verödungs-, Erosions- und Wüstenbildungsprozessen führen kann.[33]

Nachwachsende Rohstoffe sind als Entwicklungsstrategie ebenso untauglich wie »cash crops«.* Die Substitution von Exportproduk-

* »Cash Crops« sind Pflanzen, die nicht für den einheimischen Markt angebaut werden (meist Nahrungsmittel), sondern als Devisenbringer für den Export; daher der Name »Bargeld-Pflanzen«.

ten durch einheimische Pflanzenwirkstoffe der Industriestaaten kann eine Chance für die Entwicklungsländer sein, sich von der einseitigen Konzentrierung auf »cash crops« zu befreien; andererseits bedeuten sie den Verlust einer Haupteinnahmequelle. Die Welthandelskonferenz UNCTAD fürchtet einen Verlust der Wettbewerbsposition der Entwicklungsländer auf dem Weltmarkt durch die Einführung der Biotechnologien[34]; Substitutionsprozesse im Norden könnten die Abhängigkeit von den Lieferungen des Südens weiter aufheben und damit die Stellung der Dritten Welt gegenüber dem Norden weiter schwächen, ähnlich wie es den Zitrusfrucht-Pflanzern Südeuropas durch die biotechnologische Zitronensäureproduktion Anfang des 20. Jahrhunderts geschah.

Substitution kann in einer doppelten Weise erfolgen: Einerseits dadurch, daß für Zwecke, für die bisher aus der Dritten Welt importierte Rohstoffe verwendet wurden, nunmehr biotechnologisch hergestellte Ersatzstoffe eingesetzt werden. Die Chemie-Fabrik von gestern ersetzte Sisal, Hanf, Indigo und Kautschuk durch Kunststoffe, die Bio-Fabrik von morgen Zuckerrohr, Kakao, Vanille, Fasern, Hölzer, Baumwolle, Öl, Fette, Soja, Gummen und tropische Arzneistoffe durch Biotechnik-Produkte.[35] Andererseits erfolgt Substitution dadurch, daß durch gentechnische Manipulation oder Züchtung die Inhaltsstoffe von in Europa wachsenden oder ansiedelbaren Pflanzen (immerhin werden bisher erst 1 % aller Samenpflanzen kultiviert) so geändert werden, daß typische Tropenprodukte nunmehr hier landwirtschaftlich erzeugt werden können. Ein Beispiel für die letztere Strategie sind die auch vom Verband der chemischen Industrie unterstützten Versuche, pflanzliche Öle und Fette (z. B. Kokos- und Palmöl) als Industrierohstoff in heimischen Ölpflanzen (z. B. Raps) zu erzeugen oder aber durch Anbau von neuen Nutzpflanzen (in diesem Fall die aus Mexiko stammende Cuphea) heimische Produktion zu ermöglichen und so die Abhängigkeit von den früheren Erzeugerländern (hier: Philippinen und Malaysia) zu lockern.

Gleichzeitig treten neue, preisdrückende Konkurrenzen dadurch auf, daß Weltregionen, bei denen dies vorher nicht der Fall war, zueinander in Konkurrenz treten (Cuphea-Forschung findet außer in den USA und der EG auch in Brasilien, Mexico, Indien und Indonesien statt).[36] Ein Beispiel für die erstgenannte Strategie spielte sich Anfang der 70er Jahre ab, als die zuckerproduzierenden Länder – darunter zahlreiche Entwicklungsländer, für die Zucker das Hauptexportprodukt darstellte – versuchten, ihre Einnahmen aus dem Zuckerhandel durch Preisabsprachen zu sichern. Diese Strategie der Marktstabilisierung, die zunächst erfolgversprechend aussah, brach zusammen, als die Forscher in den Industrie- und Staatslabors Enzyme (er)fanden, mit denen sich heute die Herstellung von Fruchtzucker aus Maisstärke energie- und kostengünstiger durchführen läßt als die Reinigung des Zuckers aus Zuckerrohr und Zuckerrübe. Der so gewonnene Sirup hat einen immer größeren Anteil am Süßstoffmarkt erobert; sein Anteil am US-Zuckermarkt übersteigt 50 %. Mit der weiteren Entwicklung der Gentechnologie scheint es möglich, daß der Zucker durch Entwicklung neuer kalorienarmer Süßstoffe völlig vom Süßstoffmarkt verdrängt wird. Noch 1984 waren in Anbau und Verarbeitung von Zuckerrohr, der eins der arbeitsintensivsten »Cash-Crops« ist, rund 50 Millionen Menschen in den Ländern der Dritten Welt beschäftigt, davon rund 15 bis 20 Millionen für den Zuckerexport.[37]

Aber auch der Export mineralischer Rohstoffe gerät unter Druck: Mikrobielle Erzlaugung, angewandt in den USA, Kanada, der Sowjetunion, Australien und Frankreich, ermöglicht die preisgünstige Ausbeutung von armen Ressourcen (Abraumhalden, Erzresten, anstehendem Gestein) in direkter Marktnähe ohne hohe Transportkosten, was den Lohnkostenvorteil der Entwicklungsländer überkompensieren könnte.[38] Diese Entwicklung ist besonders deswegen problematisch, weil in absehbarer Zeit durch die Entwicklung neuer Werkstoffe die Exporterlöse einzelner Mineralien rückläufig sein werden, insbesondere von Kupfer, Nickel, Kobalt, Chrom und Mangan. Hauptbetroffene Länder sind Gabun, Südafrika, Zaire, Sambia, Simbabwe, Brasilien, Chile, Peru und Papua-Neuguinea.[39] Die aktuelle Schuldensituation macht es darum notwendig, die brachfallenden Flächen nicht (so sinnvoll das auch wäre) zur Nahrungsmittelproduktion im Rahmen einer binnen- und agrarzentrierten Entwicklungsstrategie einzusetzen, sondern zur Erwirtschaftung von Devisen erneut »cash crops«, evtl. auch (noch?) nicht substituierte nachwachsende Rohstoffe für die chemische Industrie des Nordens anzubauen.

Natürlich würden die Landwirtschaften der Industriestaaten auch bei weiterer Steigerung der Produktivität und bei Umstellung der Überschußproduktion auf »Tropenprodukte« diese niemals quantitativ ersetzen können. Sie könnten sehr wohl bald in der Lage sein, die 5 bis 10 % der Weltmarktproduktion zu liefern, die weltweite

Angebotsüberschüsse und damit dauerhafte Tiefstpreise ermöglichen, abgestützt durch die EG-Marktordnung und US-Subventionssysteme. Ähnliche Überschußsituationen könnten sich im Bereich der mineralischen Rohstoffe dann ergeben, wenn sich die biologische Erzlaugung durchsetzt. Was dann droht, hat der Zusammenbruch der Weltmärkte für Zinn und Kakao bereits demonstriert: Instabile Preise auf Tiefstniveau zu Lasten der Produzenten in den Entwicklungsländern; erste Abschätzungen (z. B. die Entwicklung beim Zuckerpreis) lassen eine derartige Entwicklung befürchten.

Außer der direkten Substitution, die die Gesamtnachfrage verringert, kommt mit der indirekten Substitution eine zweite, dauerhaft den Rohstoffpreis drückende Entwicklung auf die Dritte Welt zu. Durch die biotechnologische Produktion werden die möglichen Ausgangsstoffe für ein bestimmtes Produkt vervielfacht, Produkte und Produzenten werden austauschbar.[40] Gleiche Produktionsgrundstoffe anbietende, quasi »standardisierte« Weltregionen konkurrieren mit Einheitsprodukten als Rohstoff für die Chemie-, Pharma- und Nahrungsmittelindustrie; in den Regionen konkurrieren Produzenten verschiedener Rohstoffe für dasselbe Endprodukt.[41]

Durch derartige Entwicklungen würden Produzentenkartelle zur Preissicherung erheblich erschwert, wenn nicht ganz verhindert, auch die Rohstoff-Fonds, die UNCTAD IV 1976 beschlossen hat, und die durch den Beitritt der Sowjetunion mit der UNCTAD VII jetzt die erforderliche Startkapitalmenge zusammenhaben[42], verlieren ihre Wirkung, wenn sie nicht sämtliche Substitute mit umfassen. Diese Entwicklung stärkt die Stellung der transnationalen Konzerne gegenüber den direkten Produzenten erheblich und ermöglicht es ersteren, die Weltmarktpreise auf das im Vergleich niedrigste Niveau zu drücken. Folge ist eine steigende Abhängigkeit (durch Austauschbarkeit) im Süden bei gleichzeitig größerer Unabhängigkeit im Norden. Diese Entwicklung dürfte sich noch verschärfen, wenn die im Gegenzug zugestandene Einbeziehung von internationalem Patentrecht in die zur Zeit laufende Verhandlungsrunde zur Fortschreibung des Weltfreihandelsabkommens GATT (nach dem Tagungsort auch »Uruguay-Runde« genannt) die von den Industriestaaten, vor allem von den USA, angestrebten Folgen erzielt. Die Industriestaaten haben schon länger versucht, auch Dienstleistungen (Versicherungen, Banken etc.) in das Abkommen mit einzubeziehen, um diesen Firmen den Zugang zum Markt in den Ländern des Südens zu erleichtern.[43] Das 1988 proklamierte »Scheitern« der

GATT-Runde scheint 1989 überwunden zu werden. Agrarpatente sind zwar betroffen, waren aber bis Sommer 1989 kein Gesprächsthema. Die Globalisierung von Patenten und die damit erzwungene Respektierung von in den Industriestaaten angemeldeten Patenten auch in der Dritten Welt würde dann weltweite Verwertungsmonopole für gentechnisch manipulierte Lebewesen schaffen.

Gemessen an unserem heutigen Verbrauch kann der Beitrag aus nachwachsenden Rohstoffen zur Energiegewinnung also nur mehr oder minder irrelevant bleiben, lediglich zur Sicherung der ländlichen Energieversorgung scheint er akzeptabel. Dort, wo die Energiegewinnung aus nachwachsenden Rohstoffen Sinn verspricht, scheint konventionelle Biotechnik weitgehend ausreichend zu sein (Biogasanlagen etc.). Die Bedeutung der nachwachsenden Rohstoffe wird also im wesentlichen im Einsatz als Produktionsgrundstoff der chemischen Industrie bestehen.[44]

Dabei ergeben sich neben der durch den Anbau der Pflanzen bedingten allgemeinen Freisetzungsproblematik* und den Folgen für die Länder der sogenannten Dritten Welt (s. o.) neue Probleme durch die möglicherweise konkurrierenden Flächenansprüche von landwirtschaftlicher Nahrungsmittelproduktion, Natur- und Artenschutz sowie dem Flächenbedarf für die Produktion landwirtschaftlicher Rohstoffe, insbesondere in den Industriestaaten. In manchen Bereichen der Produktion kann die Umstellung auf Werkstoffe aus nachwachsenden Rohstoffen zum Ersatz von schwer abbaubaren, schädlichen Materialien durch umweltverträgliche, biologisch abbaubare Stoffe führen. Obwohl man sich vor der Vorstellung hüten muß, die großtechnische Verwertung von Pflanzeninhaltsstoffen sei wegen deren natürlichen Ursprungs a priori »Sanfte Chemie«, kann die Nutzung z. B. von Naturfasern und Naturfarben eine Umweltentlastung darstellen. Andererseits ist zu berücksichtigen, daß sich biologische Abbaubarkeit und Recyclingfähigkeit bzw. Haltbarkeit oder Widerstandsfähigkeit gegen die verschiedensten Umwelteinflüsse in aller Regel gegenseitig ausschließen: Der Einsatz biologisch abbaubarer Rohstoffe bedeutet in solchen Fällen weitgehenden Verzicht auf Mehrwegverfahren und Recyclingtechnologie. Im Bereich der Getränkeverpackungen (hier hat der britische Chemiekonzern ICI bereits das erste Produkt aus »Bio-Polymeren« vorgestellt) hilft

* Vgl. die Beiträge zur Freisetzungsproblematik

die »rückstandslose Entsorgung durch biologischen Abbau« vor allem den überregional agierenden Großbrauereien und Getränkekonzernen, ihre Einweg-Vertriebsstrategie als umweltpolitisch unbedenklich deklarieren zu können.

Fermentation

Das Spektrum der biologischen Verfahren im Bereich der Umwandlung von Rohstoffen in Spezialchemikalien, Nahrungs- und Futtermittel sowie der Rohstoffversorgung in der Chemie und im Energiesektor ist sehr vielseitig. Grundsätzlich ist zu erwarten, daß bei allen biotechnologischen Prozessen versucht wird, die Wirtschaftlichkeit, Produktionssicherheit und Produktqualität mit Hilfe der Gentechnologie zu verbessern.[45] Die Enquete-Kommission »Chancen und Risiken der Gentechnologie« des 10. Deutschen Bundestages zählt in ihrem Bericht die folgenden Ansatzpunkte für diese Optimierungsstrategie auf:

- Erhöhung der Produktivität: Die Produktion eines bestimmten Stoffes pro Zelle und Zeiteinheit zu erhöhen, bedeutet ein Eingriff in den Gesamtorganismus, der die Steuerung eines komplexen Zusammenhangs verlangt. Die betroffenen Mechanismen sind bis heute nicht vollständig bekannt.
- Erhöhung der Toleranz gegenüber hohen Produktkonzentrationen: Die Hemmung durch das Endprodukt als biologischer Regulationsvorgang soll zur Steigerung der Gesamtproduktion aufgehoben werden.
- Verminderung unerwünschter Nebenprodukte: Von vielen Biosynthesewegen gehen Verzweigungen ab, die auf gentechnische Weise »verstopft« werden sollen.
- Entwicklung von Sekretionssystemen: Um die Aufarbeitung eines bestimmten Produkts einfacher zu gestalten, soll es nicht in den Zellen gespeichert, sondern ins Umgebungsmedium abgegeben werden.
- Veränderung des Flockungsverhaltens: Um den Verlust von Mikroorganismen bei der Produktion zu vermindern, sollen diese sich zusammenlagern (flockulieren), um so zu Boden zu sinken und im Reaktionsgefäß zu verbleiben, während die Produkte abgeschöpft werden können.
- Veränderungen der Produktzusammensetzung: Mit Hilfe der Gentechnologie soll z. B. die Produktion von pflanzlichen Ölen und

Fetten so verändert werden, daß bei der Aufarbeitung nur noch eine, und zwar die gewünschte, Fettsorte entsteht.

- Übertragung einer bestimmten Stoffwechselleistung in einen anderen Organismus: Sowohl um industriell verwertbare Syntheseleistungen aus nicht großtechnisch handhabbaren Organismen verwertbar zu machen als auch zur Erzeugung von bisher importierten Stoffen durch heimische Pflanzen (z. B. Palmöl aus Raps) dient die Übertragung der Erbinformation für bestimmte Stoffwechselleistungen; dazu kommt die Hoffnung, Umwandlungsprozesse, die bisher in nacheinandergeschalteten Schritten von mehreren Organismen durchgeführt wurden, jetzt von einem Organismus ausführen zu lassen, in dem das gesammelte Erbmaterial für alle Schritte enthalten ist.
- Veränderungen der Temperatur- und pH-Optima: z. B. soll die Temperatur-Toleranzgrenze der Hefe zu höheren Werten hin verschoben werden, um so die Produktionstemperatur erhöhen und die Intensität der Stoffwechselleistung steigern zu können. In diesem speziellen Falle könnte dann sogar der Alkohol schon während der Fermentation abdestilliert werden.
- Die Herstellung synthetischer Enzyme für eine Vielzahl von Anwendungen.

Illustriert wird dieses Spektrum durch einige mögliche Anwendungsbeispiele:

- Kosteneinsparung durch biotechnologische Herstellung von sonst nur aus Pflanzenkulturen (Plantagen) zu gewinnenden pflanzlichen Wirkstoffen für Medikamente (20 % aller rezeptpflichtigen Medikamente enthalten pflanzliche Substanzen, weitere 30 % davon abgeleitete Syntheseprodukte).
- Lebensmittelzusatzstoffe (Süßstoffe, Geschmacksstoffe, Konservierungsmittel) können durch biotechnologisch erzeugte Produkte ersetzt werden.
- Bio-Polymere werden z. T. klassische Werkstoffe ersetzen können, evtl. auch im Bereich der Metallverarbeitung.
- Der Einsatz immobilisierter Enzyme oder Zellen wird für die Produktion von Feinchemikalien zunehmend wichtig werden, jedoch auf absehbare Zeit kaum für einfache chemische Prozesse und Massenprodukte. Die biotechnologische Produktion von organischen Massenmaterialien wird voraussichtlich noch lange unökonomisch bleiben.[46, 47]

Zwar kranken diese Hoffnungen z. Zt. noch daran, weitgehend außerhalb der derzeitigen technischen Machbarkeit zu liegen, trotzdem ist die Manipulierbarkeit auch komplexer, polygen (durch viele Gene) gesteuerter Stoffwechselprozesse keine prinzipielle Frage, sondern lediglich eine des notwendigen Aufwands. Deshalb ist auch ab Beginn der 90er Jahre die Realisierung der genannten Vorhaben (je komplexer der Stoffwechselprozeß gesteuert ist, desto später die Anwendung) zu erwarten.

Biotechnische Produktion mit gentechnisch veränderten Organismen rentiert sich zunächst vor allem in Bereichen mit hoher Wertschöpfung, d. h. eher bei Spezialpharmaka als bei Massenchemikalien. Deswegen ist der erste Anwendungsbereich die Pharma-Sparte. So beruht bereits heute rund ein Viertel des Umsatzes mit medizinischen Diagnostika auf biotechnischen Methoden.

Allerdings wird das enorme mögliche Rationalisierungspotential, vor allem bei der Umstellung von diskontinuierlichen auf kontinuierliche Produktionsprozesse, z. Zt. noch (?) von den zahlreichen (Rück-)Mutationen der eingesetzten Organismen begrenzt, die spontan immer wieder auftreten.[48] (Dabei sollen mehrere, bisher in getrennten Schritten nacheinander durchgeführte Umwandlungen nun durch die Kombination verschiedener Stoffwechselleistungen in einem Organismus, der das so entstandene Produkt ins Medium ausschleust, in einem einzigen, kontinuierlich laufenden Verfahren durchgeführt werden.)

Damit erweist sich die Frage der genetischen Stabilität als entscheidendes Hemmnis bei der großtechnischen Nutzung genetisch »maßgeschneiderter« Organismen. Instabilitäten ergeben sich bei Abwesenheit externer Mutagene (Chemikalien, Strahlung) durch »Fehler« bei der Replikation der DNA (Punktmutationen), durch »Fehler« bei der Mitose (Chromosomenmutationen, Crossing over) oder durch das Auftreten der seit 40 Jahren bekannten »springenden Gene«, die nach neueren Erkenntnissen bei fast allen Organismen zu vermuten sind.[49, 50]

Einen Ausweg aus dem z. Zt. (?) unlösbaren Dilemma der fehlenden genetischen Stabilität bieten die Versuche, auf sich teilende Zellen als Biokatalysatoren zu verzichten und statt dessen auf immobilisierte Zellen, Zellteile und Enzyme zu setzen. Die Verwendung von immobilisierten, nicht DNA-haltigen, damit u. a. nicht vermehrungsfähigen Zellbestandteilen böte zudem Sicherheitsvorteile im Einsatz (das Risiko würde auf die Herstellung der Katalysatoren verlagert). (Die analogen Probleme bei der Zucht von genetisch einheitlichen Hochleistungspflanzen aus Kalluskulturen[51] lassen sich so allerdings nicht lösen.)

Die durch biotechnologische (gleichgültig ob mit oder ohne genetisch veränderte Produktionsorganismen) im Vergleich zu klassisch-chemischen Produktionsverfahren bewirkte Einsparung von Energie und Rohstoffen ist ökologisch wie ökonomisch ebenso positiv zu bewerten wie die verringerte Wahrscheinlichkeit von Druck- und Staubexplosionen. Bei weitgehend gleichbleibenden Produkten ergeben sich allerdings veränderte Produktionsabfälle sowie ein immens erhöhter Wasserverbrauch.[52] Wie weit der Energieaufwand zur aus Sicherheitsgründen notwendigen Sterilisierung von Abwasser und Biomasse die obengenannten Energieeinsparungen überkompensiert und damit zumindest in Teilen die Rentabilität gentechnischer Produktionsverfahren in Frage stellt, ist heute noch nicht abschließend zu bewerten. Nach Auskunft der Bayer AG sind die Energiekosten für die Hitzeinaktivierung der Produktionsabfälle zwar bezogen auf den gesamten Produktionsprozeß unerheblich[53]; trotzdem sollte bei er von interessierter Seite immer wieder aufgegriffenen Diskussion um die Senkung sicherheitstechnischer Maßstäbe nicht aus den Augen gelassen werden, daß es den Betreibern hierbei wesentlich um die Senkung der Bau- und Betriebskosten geht (u. a. Desinfektion, Inaktivierung statt Sterilisierung).

Die erste biotechnologische Produktionsanlage (für tPA) mit genetisch manipulierten Mikroorganismen hat bereits im vorletzten Jahr (bei Thomae) den Betrieb aufgenommen; inzwischen wird für das Produkt in den einschlägigen Fachzeitschriften mit dem Prädikat »rekombiniert« geworben. Besonders im Bereich Pharmazeutika bestehen schon heute erhebliche biotechnologische Produktionskapazitäten. Auch hier soll die Gentechnik einerseits zur Effizienzsteigerung beitragen und andererseits die Herstellung völlig neuer Therapeutika ermöglichen (körpereigene Wirkstoffe, Impfstoffe auch gegen Parasiten, Veterinärimpfstoffe). Allerdings werden die eventuell möglichen, positiven Auswirkungen auf die Erweiterung des Spektrums heilbarer Krankheiten weitgehend auf die Industriestaaten beschränkt bleiben, da die Kaufkraft in den meisten Staaten der sog. Dritten Welt derart gering ist, daß wegen des fehlenden Marktes kein ökonomischer Anreiz zur Entwicklung von Therapeutika für die spezifischen Krankheiten der »Entwicklungsländer« besteht (außer vielleicht im Rahmen von fremdfinanzierten WHO-Aktionen etc.). Große Impfprogramme mit konventionell oder gentechnisch hergestellten Vakzinen (Impfstoffen) müssen darüber hinaus aufgrund der schnell auftretenden Resistenzen in ihrer Reichweite eingeschränkt bleiben, solange nicht Infrastrukturentwicklungsmaßnahmen zu einer grundlegenden Verbesserung der hygienischen und gesundheitlichen Situation geführt haben. In einem Zustand der Mangelernährung ist Gesundheit auch durch neue Impfstoffe nicht erreichbar.

Beide Einschränkungen gelten analog auch für die Vermarktung von Veterinärimpfstoffen, deren sinnvolle Anwendung zudem eine Organisationsform der Viehwirtschaft (proteinreiches Futter, hygienische Ställe...) voraussetzt, die in den Ländern der Dritten Welt in der Regel nicht gegeben ist.

Fazit: Bio- und Gentechnik in der chemischen Industrie dient den innovationsstarken Chemiekonzernen dazu, Kostenvorteile der Erdölförderländer im Energie- und Rohstoffbereich durch technologische Überlegenheit überzukompensieren und so gewinnträchtige Märkte vor unliebsamer Konkurrenz abzuschotten; die Nutzung gentechnischer Methoden in der pharmazeutischen Industrie bietet zwar theoretisch die Möglichkeit, bisher unbehandelbare Krankheiten, insbesondere der Dritten Welt, vorbeugend zu behandeln (Impfungen gegen Parasiten), aber fehlende Infrastruktur und mangelnde Kaufkraft (Devisen) lassen ohne internationale Hilfe derartige Anwendungen nicht erwarten. Darüber hinaus blieben wahrscheinlich auch Implikationen ohne einen grundlegenden Wandel der Verhältnisse in ihrer Reichweite begrenzt.

Einige weitere Anwendungsbereiche rund um die chemische Industrie sollen im folgenden kurz angerissen werden.

Genomanalyse an Arbeitnehmern

Die Vielzahl der in der chemischen Industrie verwandten Stoffe, Zwischen- und Endprodukte sowie deren synergistische Wirkungen stellen eine potentielle Gefährdung des Gesundheitszustands der Arbeiter/innen der chemischen Industrie dar. Da Gesundheit und Einsatz-Verfügbarkeit wichtige betriebliche Kostenfaktoren darstellen, ist es naheliegend, daß Verfahren der Genomanalyse genutzt werden, um schadstoffempfindliche Mitarbeiter/innen zu identifizieren und von belasteten Arbeitsplätzen fernzuhalten. Diese Selektion, diese Anpassung der Menschen an anthropogen überformte Umwelten ist nicht nur als soziale Diskriminierung zu verurteilen, sondern darüber hinaus in ihrer Aussage-Zuverlässigkeit und Interpretation überaus fragwürdig.

Dies betrifft erst in zweiter Linie die Unzuverlässigkeit und mangelnde Prognosekapazität der z. Zt. verfügbaren Tests, die dazu führte, daß die Ausbreitung in den USA weit hinter den Erwartungen zurückblieb, z. T. sogar rückläufig war – die Tests sind sozusagen »zur Nachbesserung« an die Gen-Werkstätten zurückverwiesen worden.

In erster Linie liegt das Problem in mangelndem Wissen über die Funktion der Vielfalt von verschiedenen genetischen Varianten (Allele) eines Enzyms. So stellt der Bericht der Enquete-Kommission »Chancen und Risiken der Gentechnologie« des 10. Dt. Bundestags[54] fest, daß eine derart bedingte Variation eines Enzyms* verschieden deutliche gesundheitliche Folgen hat: 96 % der Blasenkrebspatient/innen, die mit bestimmten krebserzeugenden Substanzen (in diesem Fall mit N-substituierten Arylsubstanzen) gearbeitet hatten, gehörten zu einem Alleltypus, der eine bestimmte chemische Umwandlung im Körper langsamer ablaufen läßt als ein anderer, gleichhäufiger Enzymtyp.

Diese Tatsache, die eigentlich gegen die genannten Chemikalien spricht, hat zur Folge, daß bei der Einstellung eine Bevorzugung der »gesundheitlich stärkeren« Schnell-Acetylierer stattfindet.

Allerdings – wenn diese Eigenschaften unterschiedlichen Nutzen haben, wie ist es dann evolutionär zu erklären, daß sie im Verhältnis 50:50 bei Europäern vorliegen? Und falls sie keinen Effekt haben sollten, warum liegt dann das Verhältnis in China und Japan bei 17:83? Es ist nicht auszuschließen, daß es sich hier um einen »balancierten Polymorphismus« handelt, bei dem sich Vor- und Nachteile die Waage halten. Nur ist nach den Vorteilen der Langsam-Acetylierern nie gesucht worden.

Zur Illustration das Beispiel Sichelzellen-Anämie: Der Mensch, der reinerbig positiv ist (++), hat verformte rote Blutkörperchen und stirbt vorzeitig. Bei Mischerbigkeit (+−) ist keine Blutplättchenverformung beobachtet worden. Diese negative Wirkung müßte

* Hier der N-Acetyl-Transferase-Polymorphismus, der zwischen »Schnell-« und »Langsam-Acetylierern« unterscheidet.

zur Verdrängung des (+)-Gens führen, wenn nicht Mischerbige im Vergleich zu Trägern der »normalen« Gene eine erhöhte Widerstandskraft gegen Malaria hätten. Resultat: in den Verbreitungsgebieten der Malaria beträgt die Allelverteilung ca. 50:50.

Zwar mögen neue gentechnologische Forschungsmethoden einen Beitrag zum besseren Verständnis der Humanphysiologie und damit zu besserem prophylaktischen Arbeits- und Gesundheitsschutz leisten können (Fundierung von z. B. Maximalen Arbeitsplatzkonzentrationen MAK und Technischen Richtlinienkonzentrationen TRK), aber Gefahren der Methoden, Unsicherheit der Ergebnisse und falsche Fragestellung lassen den Einsatz der Gentechnologie auch auf diesem Gebiet z. Zt. als überaus fragwürdig erscheinen.

Gentechnologie – die biologisch-dynamische Umweltsanierung?

Die chemische Industrie wirkt nicht nur durch Rohstoffbeschaffung, Produktion und Emissionen auf ihre Umgebung ein, sondern ebenso durch ihre Produkte und deren Anwendung (Stichwort: »Chemisierung der Technik«[55]) und in der Folge die flächendeckende Durchseuchung unserer Umwelt[56], die von einer Flut von Abfallprodukten der menschlichen Zivilisation geradezu überschwemmt wird. Über 100000 synthetisch hergestellte Chemikalien gibt es inzwischen, täglich kommen neue dazu, ohne daß die Umweltverträglichkeit oder gar die Wechselwirkungen und synergistischen Effekte der einzelnen Chemikalien untereinander auch nur für einige 1000 erforscht wäre. Halogenierte Kohlenwasserstoffe akkumulieren in der Umwelt, erzeugen in kalten Wintern Fischsterben in Kanada oder Vogelsterben in der Nordsee, wenn die Tiere gezwungen sind, von ihrem Fett zu leben: Die körpereigenen Reserven sind zum tödlichen Giftdepot geworden. DDT findet sich im Eis der Arktis, Schwermetalle in Vögeln, Tieren und Pflanzen. Pestizide tragen zur Schwächung der Ost- und Nordseerobben bei. Es wird kaum versucht, die zu erwartenden ökologischen Folgen zu vermeiden oder im vorhinein abzuschätzen, sondern unsere Ökosphäre wird mißbraucht als schlecht geführtes ökotoxikologisches Großlabor mit den Menschen als Versuchsobjekt.[57, 58]

Die drei theoretisch möglichen Anwendungsbereiche der *Biotechnik* in der Umweltsanierung sind in der Behandlung heute entstehender Emissionen, in der Sanierung von Altlasten und in der Vernichtung ubiquitär verteilter Schadstoffe zu sehen (zu den speziellen Anwendungen der *Gentechnik* s. u.).

Pro Jahr fallen in der Bundesrepublik rund 90 Millionen Kubikmeter Abwässer an, 32 Millionen Tonnen Müll häufen sich zu stetig wachsenden Abfallbergen. Der Erfolg des verstärkten Ausbaus biologischer Kläranlagen ist offensichtlich: Jede neue Gewässergütekarte weist aus, daß die Belastung unserer Flüsse und Seen von Jahr zu Jahr geringer wird.

Dieses erfreuliche Bild trübt sich allerdings, wenn man darauf achtet, welche Stoffe für die Ermittlung der amtlich festgestellten Gewässergüte entscheidend sind: Es handelt sich weitgehend um die biologisch leicht abbaubaren Substanzen, die eben in biologischen Kläranlagen abgebaut werden können. Weniger positiv wird das Bild, betrachtet man schwer abbaubare Substanzen, Pflanzenbehandlungsmittel, chlorierte Kohlenwasserstoffe. Hier sind nicht nur biologische Kläranlagen der bisherigen Form überfordert, sondern ein Großteil der Chemikalien gelangt direkt aus der Landwirtschaft in die Gewässer: Rund jeder zweite Hektar bundesdeutschen Bodens ist landwirtschaftliche Nutzfläche, hier werden systematisch und planvoll die Stoffe eingesetzt, deren Freiwerden bei Chemieunfällen so große Besorgnis erregt. Beim Sandoz-Störfall gelangten 400 kg Atrazin in den Rhein; die »normale« tägliche Fracht beträgt 45 kg. Die umweltverträgliche Umgestaltung der Landnutzung ist eine vordringliche Aufgabe; trotzdem bleibt die Effizienzsteigerung biologischer Kläranlagen erstrebenswert.

Bio-Filter zur Luftreinhaltung, insbesondere zum Abbau organischer Abluftbestandteile haben sich in der Praxis bewährt; hier besteht noch ein großes Anwendungsfeld für die klassische Biotechnologie. Rund ein Drittel unseres Hausmülls besteht aus organischen Abfällen – Stoffe, die im Prinzip durch Kompostierung verwertet werden können und so die Deponien entlasten würden. Auch hier ist die Entgiftung der Hausabfälle als vordringliche Aufgabe zu sehen; trotzdem bleibt die Verbesserung der Komposttechniken eine Herausforderung für die Biotechnologie.

Der Einsatz von Mikroorganismen im Rahmen der Altlastensanierung ist bisher nur in Einzelfällen erprobt; er verspricht enorme Kostenvorteile durch eine in-situ-Sanierung, d. h. einen mikrobiellen Abbau, der ohne große Erdbewegungen die Gefahrenquellen entschärft. Allerdings handelt es sich bei dieser Art des Schadstoffabbaus nie um eine vollständige Beseitigung, sondern lediglich um eine Reduzierung der aufgetretenen Konzentrationen an toxischen Substanzen, da unterhalb einer gewissen Schadstoffkonzentration bei gegebener Organismenzahl und Durchseuchungsgrad Mikroorganismus und Substrat nicht mehr aufeinandertreffen und somit ein Abbau nicht erfolgen kann. Darüber hinaus sind Abbauprodukte und Nebenwirkungen des Einsatzes von Mikroorganismen weitgehend unbekannt, die ökologischen Wechselwirkungen bisher nicht untersucht. Außerdem müßte gewährleistet werden, daß die zum Schadstoffabbau eingesetzten Mikroorganismen nicht aufgrund eines Selektionsvorteils andere, notwendige Bakterien verdrängen, was zur Zerstörung wichtiger bakterieller Mechanismen im Boden und damit zur Instabilisierung des Lokalökosystems führen könnte.

Diese Randbedingung kann zur Zeit nicht sicher erfüllt werden; eine Untersuchung über die prinzipielle Realisierungschance ist dringend notwendig, bevor in großem Umfange Biotechnologie zur Altlastensanierung angewandt wird. Aufgrund der Vielzahl der z. T. auch mutagenen, also Gen-Veränderungen auslösenden Umweltgifte in Deponien und Altlasten besteht die Möglichkeit, daß der enzymatische Abbaumechanismus blockiert und/oder verändert wird, wodurch nicht erwartete, giftige Abbauprodukte entstehen können (so bekannt beim bakteriellen Chlorbenzoabbau). Damit ist die Frage der genetischen und biochemischen Stabilität der Abbauwege zu untersuchen, auch beim Einsatz »konventioneller« Mikroorganismen, die zwar nicht genetisch verändert wurden, wohl aber durch gezielte Zucht unter extremen Bedingungen auf ein verändertes genetisches Inventar hin selektioniert wurden. Derartige Verfahren dürfen bis heute ohne Kontrolle und Genehmigungsverfahren angewandt werden; die Umweltverträglichkeit der Umweltsanierungsmaßnahmen wird nicht überprüft.

Die Chancen des Einsatzes von Mikroorganismen bei der Sanierung von Altlasten sind also im wesentlichen beschränkt auf das konzentrierte Vorkommen möglichst homogener Verschmutzungen in räumlich fest umrissenen Flächen unter auch sonst günstigen Bedingungen, sofern vor Ort bereits Mikroorganismen vorkommen, die in der Lage sind, die betroffenen Schadstoffe abzubauen. Ob dieser Abbau umweltverträglich erfolgt, oder ob Zwischen- oder Folgeprodukte mit gegenüber dem Ausgangsstoff erhöhtem Gefahrenpotential entstehen, ist in jedem Einzelfall vor der technischen Anwendung zu prüfen.

Zum Abbau ubiquitär vorkommender Verunreinigungen erweist sich Biotechnologie somit als weitgehend ungeeignet: Einerseits entstehen die oben genannten Verdünnungsprobleme, andererseits ergeben sich neue ökologische Risiken durch die dann ebenfalls ubiquitär erfolgende Freisetzung von spezialisierten Mikroorganismen.

Gentechnik als Optimierungsstrategie

Potentielle Anwendungsbereiche der Gentechnik zum Schadstoffabbau ergeben sich immer dann, wenn die Hoffnung besteht, natürlich vorkommende Abbauleistungen optimieren zu können. Die Enquete-Kommission »Chancen und Risiken der Gentechnologie« des Deutschen Bundestages nennt in ihrem Abschlußbericht als Einsatzmöglichkeiten der Gentechnik

- Abbau von Schadstoffen, die von Mikroorganismen bisher wenig oder gar nicht angegriffen wurden (z. B. Kunststoffabfälle auf Mülldeponien, Chlorkohlenwasserstoffe in Kläranlagen).
- Beschleunigung des Abbaus von Schadstoffen (z. B. Erdölverschmutzungen bei Tankerhavarien, beschleunigter Abbau in biologischen Kläranlagen, um so deren Dimensionierung zu verkleinern und Kosten zu sparen).
- Anreicherung und Entfernung von Schwermetallen (aus dem Boden oder aus Abwässern).

In allen diesen Fällen handelt es sich um die Freisetzung von genetisch manipulierten Mikroorganismen, bei der implizit vorausgesetzt wird, daß die »biologische Sicherheit« gegeben ist und die Mikroorganismen in ihrem Ökosystem beherrschbar bleiben. So ist es z. B. nicht wünschenswert, daß die auf Mülldeponien abzubauenden Kunststoffe auch dort zerstört werden, wo sie im alltäglichen Leben benutzt werden, oder daß schwermetallbindende Mikroorganismen die im Sediment des Rheins akkumulierten Schwermetalle wieder in den Nahrungskreislauf einbringen.[68] Da das potentielle Risiko der Freisetzung genetisch manipulierter Organismen erheblich, entsprechende Sicherheitsmaßnahmen auf absehbare Zeit nicht möglich und eine vollständige Erforschung der potentiellen Risiken im Labor wegen der Vielfalt der möglichen Umwelten nicht realisierbar ist, ist die Freisetzung von gentechnisch programmierten Mikroorganismen zum Schadstoffabbau auf absehbare Zeit absolut verantwortungslos. Dies gilt analog für den Schadstoffabbau in geschlossenen Anlagen (Fermentern), da diese nie 100%ig dicht und der Unterschied zwischen unbeabsichtigt aus Produktionsstätten freigesetzten Organismen und solchen, die gezielt für den landwirtschaftlichen oder umwelttechnischen Einsatz entwickelt und ins Freiland entlassen werden sollen, nur quantitativer Natur ist: Biologische wie technische Sicherheitsmaßnahmen verringern zwar die Wahrscheinlichkeit, können aber letztlich nicht verhindern, daß sich die Organismen selbst oder ihr Erbmaterial in der Umwelt etablieren können.

Fazit: Der Einsatz gentechnisch manipulierter Mikroorganismen zum Schadstoffabbau ist auf absehbare Zeit nicht zu verantworten. Die Möglichkeiten der Biotechnologie zur Umweltsanierung werden oft überschätzt, die Umweltverträglichkeit biotechnologischer Maßnahmen ist bis heute weitgehend unüberprüft. Es mögen sich hier zwar Chancen ergeben, die eine weitere Erforschung rechtfertigen (z. B. die Möglichkeit eines verbesserten Ölabbaus im Boden oder Wasser durch Unterstützung von natürlichen mikrobiellen Prozessen); trotzdem ist ganz offensichtlich, daß auch bei bester Ausnutzung aller Chancen der Biotechnologie diese keinerlei Alternative zu einer umweltverträglichen Umgestaltung der Produktion darstellen kann. Wichtiger als die Entwicklung von spezialisierten Mikroorganismen, die auch hartnäckigste chemische Substanzen abbauen können, scheint die Umstellung der chemischen Produktion auf umweltverträgliche, biologisch abbaubare Produkte.

Daß dies nicht selbstverständlich ist, sondern daß ganz im Gegenteil die Umweltsanierung von einigen Wissenschaftlern als Wachstumsfeld par excellence gesehen wird, belegen die Äußerungen des US-Wissenschaftlers Dr. Chakrabarty. Er begründet das industrielle Desinteresse an biologisch abbaubaren, umweltverträglichen Pflanzenbehandlungsmitteln, die ebenfalls biotechnologisch hergestellt werden könnten, so: »Es gibt keinen Anreiz, so zu verfahren (...). Die Persistenz von Chemikalien in der Umwelt ist erwünscht, sowohl wegen der verminderten Auftragshäufigkeit als auch wegen der verminderten Kosten für die Schädlingskontrolle.« Chakrabarty sieht im Gegenteil eine breite Akzeptanz der Industrie und der

Verbraucher für den Einsatz schadstoffabbauender Mikroorganismen.

Die Grundlagen dieser »umwelt- und verbraucherfreundlichen« Akzeptanz beschreibt er folgendermaßen: »Wenn Sie Bakterien zur Degradierung von 2,4,5-T benutzen, dann wird offensichtlich das nächste Mal, wenn Sie 2,4,5-T anwenden, einiges des Pestizids durch Bakterien abgebaut; und jedesmal müßten Sie mehr anwenden. Aber das heißt, daß die chemische Industrie fähig wird, mehr zu verkaufen. Gerade wie wir mehr bezahlen für Automobile mit Katalysatoren, würde ich lieber mehr 2,4,5-T kaufen, in der Hoffnung, daß – wenn die chemische Industrie mehr verkauft – die Preise heruntergehen, und vielleicht würde dadurch eine bessere Balance in der Umwelt erreicht.«[59, 69]

Dr. Chakrabarty, einer der Initiatoren der Konferenz von Asilomar, war im übrigen der erste Wissenschaftler, der sich einen Mikroorganismus (1983) patentieren ließ. Im Frühjahr 1987 hat er ein weiteres Patent für einen TCDD – Seveso-Dioxin – abbauenden, gentechnisch programmierten Mikroorganismus beantragt.

4. Weltmarktperspektiven

Der Weltmarkt der biotechnischen Produktion betrug 1983, d. h. vor der Vermarktung jedweder gentechnischer Produkte, insgesamt 14 Mrd. US-Dollar (andere Quellen sprechen von 60 Mrd. DM[60] gegenüber 800 Mrd. DM Weltmarktwert der chemischen Produktion), er teilt sich wie folgt auf (nach[31] ergänzt):

Sparte	Milliarden US-Dollar	Prozentanteil am Biotech-Markt	Erwartetes Wachstum (%)
Landwirtschaft	0,447	3	8
Industrie	0,588	4	6
Energie	2,131	15	8
Lebensmittel (ohne »alte«: Bier, Essig, Hefe)	2,301	16	7
Pharmazeutika	8,753	62	9
Insgesamt	14,220	100	8

Demnach machen die pharmazeutischen Produkte fast zwei Drittel des Weltmarktes biotechnisch erzeugter Produkte aus; allein 47 % entfallen auf die Antibiotika. Dazu hat dieser Sektor auch noch die höchste erwartete Wachstumsrate mit 9 % – vor allem durch den absehbaren Rekordanstieg semi-synthetischer Steroide von 20 % pro Jahr. Hoffnungen auf eine neue und dauerhafte Konjunkturwelle durch die Nutzung der Bio- und Gentechnologie werden scheinbar gestützt von Marktprognosen, die für das Jahr 2000 für neue Bio- und Genprodukte in den Bereichen Gesundheit, Chemie, Nahrungs- und Futtermittel sowie in der Landwirtschaft Umsätze zwischen 25 und 67,5 Mrd. US-Dollar vorhersagen. Dies entspricht dem 300- bis 840fachen des Gesamtumsatzes von 80 Mio. US-Dollar der rund 200 neuen amerikanischen Bio- und Genunternehmen im Jahre 1984. Andere Prognosen, die darüber hinaus die Anwendung bio- und gentechnologischer Verfahren zur Energiegewinnung mit einbeziehen, veranschlagen das Marktpotential neuer Produkte und Erzeugnisse im Jahre 2000 sogar auf 142,5 Mrd. US-Dollar.

Es scheint allerdings angebracht, diese vorliegenden Marktprognosen mit Zurückhaltung zu bewerten. Einerseits ist ein Teil der veröffentlichten Voraussetzungen im Auftrag von neugegründeten Bio- und Genunternehmen erstellt worden, die sich in ihrer Startphase mit Risikopotential finanzieren; dieses zu beschaffen ist bei günstigen Marktvorhersagen wesentlich erleichtert. Andererseits stehen die vorliegenden Marktschätzungen in einem merkwürdigen Gegensatz zu den Prognosen, die Voraussagen über Zeitpunkte machen, zu denen die Umsetzung neuer bio- und gentechnologischer Erkenntnisse in industrielle Produktionsverfahren auf einer breiten Grundlage erfolgen soll. Danach kann lediglich die frühzeitige und umfassende industrielle Erzeugung von Produkten für den Bereich der Medizin und Gesundheit erwartet werden, und zwar von 1990 an. Die Zeitpunkte anderer, im Hinblick auf die Marktprognosen ebenfalls bedeutsamer industrieller Anwendung werden jedoch erst für 1995 (Landwirtschaft, Lebensmittelindustrie) und die Jahre danach (Rohstoffchemie, Umweltschutz) erwartet – unter der Voraussetzung unbeschränkter Zulassungen und weiterlaufender Förderung der öffentlichen Hand. Dies stützen auch Publikationen des BPI, die den Anteil der Gentechnik-Produkte am Pharmamarkt i. J. 2000 auf 2–3 % schätzen.[70]

Somit reduzieren sich die Versprechungen der Gentechnik für die chemische Industrie bei näherem Hinsehen auf die Möglichkeit, die bestehende Anzahl von Feinchemikalien und Pharmazeutika zu erweitern und neue Produktionsprozesse anzubieten, deren erster relevanter Beitrag frühestens in 5–7 Jahren zu erwarten ist. Darüber hinaus erweisen sich die weitaus meisten Anwendungen der Biotechnologien nicht als Produkt-, sondern als Prozeßinnovationen, und das heißt, es werden nicht neue Produkte hergestellt (verbunden mit Produktionsausweitungen und eventuell Arbeitsplatzschaffung), sondern Produktionsprozesse modernisiert: Biotechnologie erweist sich zu einem nicht zu unterschätzenden Teil als Rationalisierungstechnologie. Dies gilt ebenfalls, wenn hochspezifische, biotechnologisch erzeugte Wirkstoffe klassische Chemikalien substituieren.[61]

Kritisch zu bewerten ist einerseits das Rationalisierungspotential und andererseits die Problematik der Freisetzung genetisch manipulierter Mikroorganismen aus Produktion oder Produktionsabfällen. Versuche, die die Freisetzung gentechnisch manipulierter Mikroorganismen einschließen, sind in den meisten Industriestaaten (noch!) aus guten Gründen verboten; Ausnahmegenehmigungen erfordern umfangreiche – obwohl nie vollständige – Prüfungen. Die Erfahrung der letzten Jahre lehrt, daß die in den Staaten der Dritten Welt geringeren Chancen, gentechnologische Versuche zu kontrollieren, gerne genutzt werden, um europäische und amerikanische Sicherheitsvorschriften zu umgehen. So wurden Impfstofftests durch europäische und US-Firmen und Hochschulen in Afrika und Argentinien ohne Information der betroffenen Regierungen wie der Bevölkerung durchgeführt; im letzteren Fall sind Antikörper gegen die in Rinder ausgeimpften Vaccinia-Viren, denen ein Gen des Tollwuterregers eingebaut worden war, inzwischen im Menschen nachgewiesen worden.[62] Wie weit derartige Versuche nicht nur (wegen mangelnder Sicherheitsvorkehrungen) in den Staaten der Dritten Welt, sondern auch (wegen mangelnden Sicherheitsbewußtseins und unter Konkurrenzdruck) in Osteuropa durchgeführt werden können, bleibt abzuwarten.

5. Gentechnik und Dritte Welt

Die Länder des ökonomischen Südens sind nicht nur von der Entwicklung neuer Bio- und Gentechnologien in den Industriestaaten betroffen, sie bemühen sich auch, bio- und gentechnische Forschung oder Entwicklung selbst durchzuführen. Allerdings ergeben sich dabei meist Probleme durch eine unzureichende Forschungs-Infrastruktur.

Laut UNESCO beträgt der Anteil der Entwicklungsländer an den insgesamt auf der Welt ausgegebenen Mitteln für Wissenschaft und Technologie etwa 3 %, sie verfügen über lediglich 13 % der Wissenschaftler und Ingenieure. Die Forschungs- und Entwicklungsaufwendungen machen in den Entwicklungsländern ca. 0,1 % des Bruttosozialproduktes aus, in den Industrieländern dagegen rund 3 %.[71] Dabei wird bei der Mittelvergabe in den nicht industrialisierten Staaten anwendungsbezogene Forschung und Entwicklung bevorzugt, Grundlagenforschung spielt aufgrund der beschränkten Möglichkeiten keine relevante Rolle. Durch diese mangelnde Infrastruktur verfestigt sich die »technologische Lücke«, auch im Bereich konventioneller Biotechnik, zwischen Nord und Süd.

Ein weiteres Problem ist das der Abwanderung von Fachkräften und Ausbildungspersonal, der »brain-drain«. Das verbleibende Personal ist einerseits so überlastet, daß die notwendige Fortbildung häufig darunter leidet; andererseits leiden Forschung und Lehre an fehlenden Finanzmitteln (Devisen) und resultieren in mangelhafter Ausstattung von Bibliotheken, Zeitschriftensammlungen und Laboratorien. Dazu kommt, daß in den meisten Staaten die »kritische Masse« an Wissenschaftlern nicht zusammenkommt, die notwendig ist, um sich durch Austausch von Ideen und Arbeiten gegenseitig zu befruchten.

Für die Umsetzung wissenschaftlicher Ergebnisse in die technische Anwendung sind außer einem funktionsfähigen Wissenschaftssystem aber auch Institutionen erforderlich, die die Produkte testen, in großen Mengen produzieren und anwenden können, sowie ein Innovations-Informations-Netzwerk. Diese Voraussetzungen sind jedoch in den Ländern der sog. Dritten Welt (mit wenigen sektoralen Ausnahmen) nicht vorhanden.[63]

Insofern bilden die neuen Bio- und Gentechnologien eine besondere Gefahr für die eigenständige Entwicklung und die angestrebte höhere Autonomie der Entwicklungsländer, sowohl im Bereich der Forschungsinfrastruktur als auch – wegen ihrer Weltmarktrelevanz – im ökonomischen Sektor.

6. Arbeitsplätze

Aufgrund der geringen Erfahrungen mit dem Einsatz gentechnologischer Produktionsverfahren ist eine genaue Prognose bisher nicht möglich. Für eine Übergangszeit ist eine steigende Anzahl von Arbeitsplätzen zu erwarten[32], da die neuen Produktionsverfahren parallel zu den alten installiert werden dürften, um so eine gleitende Umstellung möglich zu machen. Langfristig ist mit einem erheblichen Rationalisierungsschub insbesondere dann zu rechnen, wenn die beschriebene Umstellung von mehrstufigen auf einstufige bzw. von diskontinuierlichen auf kontinuierliche Produktionsprozesse gelingt. Dann ergeben sich erhebliche Rationalisierungsmöglichkeiten sowohl durch das Wegfallen von Zwischenschritten als auch durch eine Kombination von gentechnischen Produktionsorganismen, modernen Fermentationstechnologien und mikroelektronisch gesteuerter Prozeßführung.

Dabei sind an dieser Stelle noch keine Aussagen getroffen, die die Qualität der verbleibenden oder entstehenden Arbeitsplätze betreffen. Allerdings ist zu vermuten, daß das Arbeiten unter höchsten Sterilitäts- und Reinheitsanforderungen mit speziellen Anforderungen an die Beschäftigten verbunden ist, ähnlich der Reinraumtechnik in der Prozessorfertigung. Prozeßbedingte Isolation, Kommunikationsmangel bei sterilem Arbeiten etc. sind zu befürchten. Die in den »anerkannten sicherheitstechnischen Regeln im Bereich Biotechnologie«[64] angeführten Maßnahmen des aktiven Gesundheitsschutzes und/oder der arbeitshygienischen Vorsorge (z. B. Gesundheitsüberwachung, Hygienemaßnahmen) können Belastungen registrieren, aber nicht verhindern. Und die (bisher freiwillige) Schutzimpfung, eine direkte Konfrontation mit biologischen Agentien, könnte sich zur Zwangsmedikation bisher ungekannten Ausmaßes auswachsen. Hier sind die Gewerkschaften besonders gefordert. Auch die Qualifikationsanforderungen werden sich ändern, vorhandenes Erfahrungswissen wird enteignet (Automatisierung) oder entwertet (andere Prozeßführung durch Biologisierung chemischer Produktionsabläufe), einige Hochqualifizierte können den gesamten Produktionsablauf steuern, wenn die genannten Rationalisierungsschritte gelingen; die Mehrheit der Betroffenen dagegen würde vermutlich in ihrer realen Tätigkeit dequalifiziert. Dem steht die aus Sicherheitsgründen notwendige »Gewährleistung der Fachkunde«[65] für die Beschäftigten nur scheinbar diametral gegenüber: hohe Fachkunde für den Fall des (Zwischen-)Falles, verbunden mit einer Reduzierung der realen Tätigkeit in Richtung auf eine reine Kontrollfunktion kann trotz formaler Qualifikation zur arbeitspsychologischen Entwertung des Arbeitsplatzes führen; steigender Streß bei sinkender Betätigungsmöglichkeit sind dafür wichtige Symptome.[66] Die Kontrollmöglichkeiten für Arbeitnehmer und Gewerkschaften – aufgrund von Betriebsstruktur, Gesetzeslage und internationalen Verflechtungen sowieso schon gering – schrumpfen noch weiter.

7. Fazit

Zusammenfassend bleibt festzuhalten: Biotechnologie revolutioniert Produktionstechnik und entwertet altes Produktionskapital, da eine einfache Umrüstung der vorhandenen Produktionsanlagen unmöglich ist. Biotechnologie zeichnet sich durch relativ hohe Anfangsinvestitionen (Forschung und Entwicklung) sowie durch reduzierte Betriebskosten/Stückkosten in der Produktion aus und fördert so die Konzentration und Monopolbildung. Auch Kleinfirmen in Technologieparks (bzw. Wirtschaftsfreizonen der 3. Welt) und von ehemaligen Industrieforschern gegründete Kleinfirmen (sog. Spin-off-Firmengründungen) stellen voraussichtlich nur einen Zwischenschritt dar. Global wird damit die Dominanz der Industrienationen in den betroffenen Märkten gestärkt, die (neue) Chemieindustrie der Schwellenländer wird entwertet. Wichtige Märkte besetzen andere: die weltweit operierenden Chemiekonzerne. Sowohl die ökologischen wie auch die gesellschaftlichen Folgen der weiteren Entwicklung der (bio-)chemischen Industrie sind mit bisher unkalkulierbaren Risiken verbunden; sie machen eine neue Chemiepolitik zur Tagesaufgabe, die sich nicht nur dem betriebswirtschaftlichen Gewinnkalkül verpflichtet weiß, sondern von der (zum Teil öffentlich finanzierten) Forschung bis hin zur Anwendung auch die Frage nach Sinn, Notwendigkeit und ggf. Alternativen zur chemischen Produktion stellt.

Anmerkungen

1 Die chemische Industrie in NRW, Ausgabe 4 der Reihe Die chemische Industrie in der Bundesrepublik Deutschland, Sonderveröffentlichung der Zeitschrift *Chemische Industrie,* Chem. Ind. XXXVI/Okt. 1984, Handelsblatt-Verlag, Düsseldorf

2 *Kölner Stadt-Anzeiger,* 25. 11. 1987

3 VCI (Hg.) Chemie-Zahlen und Argumente, Frankfurt, Oktober 1987;VCI e. V., Jahresbericht 1987/88

4 Juso-Bundesvorstand (Hg.), Umwelt-Info 13a, Bonn 1987

5 M. Jones, Accidents, Hazards of Existing Chemicals, *OECD-Observer* No. 146, June/July 1987

6 A. Kasten (Geschäftsführer, Landesverband NW im VCI), Wirtschaftsfaktor Chemie: In Bund und Land an erster Stelle, aus (1)

7 Landesamt für Datenverarbeitung und Statistik NW, zitiert nach A. Kasten, Wirtschaftsfaktor Chemie: In Bund und Land an erster Stelle, aus (1)

8 Müller, Spangenberg, Für eine zukunftsfähige Chemie-Industrie, in: *WSI-Mitteilungen*, 8/89

9 G. Voss, J. Weber (EC-Erdölchemie GmbH, Köln), Petrochemische Industrie ist in NRW konzentriert, aus (1)

10 VCI e. V., Einsatz nachwachsender Rohstoffe in der chemischen Industrie, Studie, Frankfurt 1986

11 VCI 1987, a.a.O.

12 W. Vitt (Vorstand IG Chemie), Zukunftsperspektiven der chemischen Industrie, Referat auf dem Kongreß »Linke Positionen für die Zukunft«, Mainz, 10.–12. 1. 1986

13 *Innovation,* (Zeitschrift der ICI-Chemicals Ltd.), oder *research,* Bayer AG, Leverkusen 1987

14 D. H. Ambros (Zentralgeschäftsführung Henkel AG); Das Zentrum der fettchemischen Grundstoffindustrie liegt am Rhein, in (1), S. 657ff

15 G. Voss, J. Weber, a.a.O.

16 AK Chemische Industrie und Katalyse (Hg.), Gift, Macht, Geld, Volksblatt-Verlag, Köln 1986

17 Robert G. Muller, SRI International, Olefins: Any Prospects for Profitability, Studie, 1987, S. 5

18 R. Beger, Pressesprecher der Esso AG, zitiert nach KStA 10. 1. 86, Die ESSO baut wieder auf. Weitere Beispiele u. a. in *research,* Bayer AG, Leverkusen 1986

19 J. Spangenberg, Chemische Industrie, in: Reader zum Kongreß »Linke Positionen für die Zukunft«, Mainz 10./12. 1. 1986, SP-Verlag, Marburg 1986

20 Jutta vom Hofe, Auf die Kuh gekommen, in: *Wirtschaftswoche* Nr. 40, 25. 9. 1987, S. 101

21 Ward Morehouse, Biotechnology and the Third World: Panacea or Recipe for Social Desaster, University of Windsor, Toronto, Canada, 1986

22 Pat Mooney, Saatgutmultis und Welthunger, rororo 4731, 1981

23 Jost Herbig, Biotechnik, rororo 4724, 1981

24 VCI e. V., Vorstellungen der chemischen Industrie zum verstärkten Einsatz

von nachwachsenden Rohstoffen, Pressemitteilung, Frankfurt 2. 6. 1986
25 TÜV-Rheinland (Hrsg.). OECD-Studie Biotechnologie – Internationale Trends und Perspektiven, Köln 1984
26 Gisela Hollenberg, Die Finanzlast von Proalcool, in: Brasilien-Dialog 1/1986
27 BUND e. V. (Hrsg.), GLOBUS-Mappe 2/1986
28 M. Nitsch, Sonnenenergie oder Kernenergie? Biotreibstoff oder Ausstieg?, in: *Wechselwirkung* 30, August 1986
29 G. Hollenberg, a.a.O.
30 Claus Conrad, Brasiliens Alkohol-Probleme, in: *Spektrum der Wissenschaft* 9/1986, S. 16f
31 H. Harnisch, G. Wöhner (Hoechst AG, Frankfurt), The Importance of Biotechnology for Industrial Chemistry, German Chemical Engineering 3/1985, S. 139ff
32 Catenhusen, Neumeister (Hrsg.), Chancen und Risiken der Gentechnologie, Bericht der Enquetekommission des 10. Dt. Bundestags, Bonn 1987
33 W. Weischeit, Die ökologische Benachteiligung der Tropen, Verlag B.G. Teubner, Stuttgart 1980
34 UNCTAD, Trade and Development Board, Committee on Transfer of Technology, 5th Session, Geneve, 22. 10. 1986, Document TD/C6/120, New and energing technologies: some economic, commercial and developemental aspects
35 Weitere Beispiele siehe J. Spangenberg, Gentechnik und Dritte Welt, Sondernummer des Gen-ethischen Informationsdienstes, 25. Aug. 1988
36 C. Wiley Hinman, Neue Kulturpflanzen, in: *Spektrum der Wissenschaft* 9/1986, S. 90ff
37 G. Ruivenkamp, The Impact of Biotechnology on International Development: Competition between Sugar and New Sweeteners, in: Vierteljahresberichte Nr. 103, März 1986, S. 89ff
38 G. Junne, Univ. Amsterdam, Auswirkungen der Biotechnologie auf den Welthandel und die internationale Arbeitsteilung, Studie für die Friedrich-Ebert-Stiftung, Okt. 1984
39 Joel P. Clark, Merton C. Flemings, Moderne Werkstoffe und ihre wirtschaftliche Bedeutung, in: *Spektrum der Wissenschaft,* 12/86, S. 36ff
40 G. Junne, Univ. Amsterdam, Neue Technologien bedrohen die Exporte der Entwicklungsländer, in: *PROKLA* 60, Sept. 1985
41 Einige Beispiele finden sich bei F. Hirsinger, Henkel KGaA, Landwirtschaftliche Untersuchungen mit »New Crops« in den USA, in: Fette, Seifen, Anstrichmittel, 10/1985 sowie G. Hartmut Altenmüller, Zugriff auf nachwachsende Ressourcen, in: *Spektrum der Wissenschaft* 9/86, S. 15f
42 Konrad Melchers, Das Risiko des Scheiterns war zu groß, in epd-Entwicklungspolitik 14, 15/1987
43 Peter Bosse-Brekenfeld, Ausgewogen, dauerhaft und einvernehmlich, ebd.
44 M. Nitsch, a.a.O.
45 Catenhusen, Neumeister a.a.O.
46 TÜV Rheinland, a.a.O.
47 Harnisch, Wöhner, a.a.O.
48 Catenhusen, Neumeister, a.a.O.
49 Catenhusen, Neumeister, a.a.O.

50 Nina V. Federoff, Springende Gene beim Mais, in: *Spektrum der Wissenschaft,* August 1984, S. 36ff

51 Dr. Peter Brown, MPI für Züchtungsforschung, Köln, pers. Mitt., Sept. 1987

52 TÜV Rheinland, a.a.O.

53 Springer, Dr. Stolpa, Abteilung Öffentlichkeitsarbeit Konzernverwaltung Bayer AG, Pers. Mitt., Aug. 1987

54 Catenhusen, Neumeister, a.a.O.

55 Rudolf Richter, Chemisierung der Technik am Beispiel der Nutzung der Faserverbundwerkstofftechnologie, Wissenschaftszentrum Berlin, IIVG/dp 85–216

56 Barbara Maria Köhler, Rudolf Richter, Chemisierung der Technik als arbeitspolitisch relevanter Trend, Wissenschaftszentrum Berlin, IIVG/dp 85–214

57 Hermann H. Dieter, Verkommt die Ökosphäre zum ökotoxikologischen Großlabor? ifif-Schriftenreihe Nr. 3, Düsseldorf 1984

58 Zu dem unzureichenden gesetzlichen und politischen Handlungsinstrumentarium schon für die »klassische« Umweltproblematik vergleiche J. H. Spangenberg, Ökologie, Menschliche Umwelt und die Grenzen der Gestaltbarkeit, pds 4, 1/87, S. 11ff und
ders., Das Instrumentarium sozialdemokratischer Umweltpolitik, Versäumnisse, Chancen, Perspektion, in: Norbert W. Kunz (Hrsg.), Ökologie und Sozialismus, Perspektiven einer umweltfreundlichen Politik, BUND-Verlag, Köln 1986

59 G. S. Omenn, A. Hollaender (Hrsg.), Genetic control of environmental pollutants, Plenum Press, New York, London 1984, zitiert nach L. Müller, Mensch und Tier nach Maß? Überholt die Gentechnologie die Umweltforschung?, Institut für interdisziplinäre Forschung und Ökologie, Schriften Nr. 7, 2. Auflage, Düsseldorf 1985

60 Catenhusen, Neumeister, a.a.O.

61 M. Kollatz, M. Siebel, J. Spangenberg, Gentechnologie und Biotechnologie – das Paradies auf Erden?, in: Werkstattbuch Alternative Technologiepolitik, SP-Verlag, Marburg 1985

62 Gen-ethischer Informationsdienst 29, Januar 1988

63 Einige Beispiele finden sich bei Catenhusen, Neumeister, a.a.O., sowie in BUKO-Agro-Koordination (Hg.), Rundbrief Nov./Dez. 1986 und in Informationsstelle Lateinamerika (Hg.), ila-info 111, Dez. 1987

64 Ernst Wolff, IG Chemie, Papier, Keramik, Abt. Forschungspolitik, Anerkannte sicherheitstechnische Regeln im Bereich der Biotechnologie, Diskussionspapier, Hannover, Jan. 1987

65 E. Wolff, a.a.O.

66 Edward Yoxen, University of Manchester, The Impact of Biotechnology on living and working conditions, 1987

67 Joachim H. Spangenberg, Biotechnology an Third World Agriculture, Vortrag auf dem 7./IFOAM Scientific Congress, Ougadougou, Jan. 1989 (Dokumentation i. V.)

68 Weitere Beispiele in: Weidenbach/Tappesser (Hrsg.), Der achte Tag der Schöpfung, Kiepenheuer und Witsch, Köln 1989

69 ähnlich das Editorial, in: Trends in Biotechnology, 5, 1989
70 Pharma-Dialog 100, BPI e. V., Frankfurt 1989
71 Joachim H. Spangenberg, Umwelt und Entwicklung, Zenk Verlag, Jüchen-Wallrath 1989

Detlef Bartsch/Manuel Kiper/Martin Thurau

Wie die Gentechnik die Landwirtschaft durchkapitalisiert

Schon seit Jahrzehnten ist die landwirtschaftliche Produktion eine einträgliche Einnahmequelle transnationaler Chemiekonzerne. Allein der weltweite Verkaufsumsatz von Agrochemikalien im Pflanzenschutz betrug im Jahre 1985 fast 40 Milliarden US-Dollar.[1] Für die Bundesrepublik Deutschland ergeben sich folgende Zahlen:

Tab. 1: Umsätze der größten Pestizidproduzenten der BRD (1988)[2,3,4]

Konzern	Umsatz in der Sparte Landwirtschaft		Konzern-Umsatz
Bayer	Pestizide, Tiermedizin	5,2 Mrd. DM	40,5 Mrd. DM
BASF	Pestizide, Düngemittel, Tierfutter	4,8 Mrd. DM	43,9 Mrd. DM
Hoechst	Pestizide, Düngemittel, Tiermedizin	2,3 Mrd. DM	40,9 Mrd. DM

Weltweit zählen die drei größten bundesdeutschen Chemie-Konzerne zu den 12 umsatzstärksten Agrarchemieunternehmen. Zwischen 5,7 und 13 % der Gesamtumsätze erwirtschafteten die Belegschaften im Jahre 1988 in der Sparte Landwirtschaft. Das Leverkusener Bayer-Unternehmen hält in diesem Marktsegment gar die Spitzenposition, gefolgt von der Schweizer Ciba-Geigy.[5]

Im Gegensatz zu anderen klassischen Industrien (Stahl, Werften, Bergbau) hat die Chemiebranche Konjunktur: Umsatzsteigerungen von bis zu 10,8 % gegenüber dem Vorjahr 1987.

Damit sind die Unternehmen wieder aus der »Talsohle« heraus. Um das Jahr 1986 herum hatten sie Umsatzeinbußen einstecken müssen. Auch der Landwirtschaftssektor hatte zu kämpfen, mit der Konkurrenz und der Akzeptanz. Doch nun erwirtschafteten die Belegschaften wieder ein Umsatzplus mit den Agrochemikalien von 7,8 % (Bayer) und 6,1 % (Hoechst); lediglich die BASF machte ein leichtes Minus. Die Gewinne bzw. Ergebnisse fielen dagegen noch positiver aus.[2,3,4]

Die chemische Industrie versucht, den Akzeptanz- und Konkurrenzproblemen durch Innovationsstrategien zu begegnen.
Der Einsatz der Gentechnik bietet solche Ansätze. Der folgende Artikel soll einen Überblick geben, wie die Chemische Industrie mit Hilfe der Gentechnik ihre Marktposition im Landwirtschafts»geschäft« auszubauen versucht.

Pflanzenschutz

Prospektiv bemühte sich die Chemische Industrie um eine akademisch-industrielle Infrastruktur, die die nötigen Innovationsschübe einleiten sollte. Beispielsweise intensivierte der Bayer-Konzern, der traditionell stark im Pflanzenschutz engagiert ist, seine Kontakte zum Max-Planck-Institut für Züchtungsforschung durch die Mitfinanzierung des Kölner Genzentrums.[11]

War in der Anfangsphase noch die Rede von einer »partiellen Entchemisierung« des Agrarsektors, so zeichnet sich nach mehreren Jahren Anlaufzeit ein anderes Bild. Ursprünglich hatten Kulturpflanzen mit Bakteriengenen ausgestattet werden sollen, daß sie ihre Stickstoffversorgung über die Aufnahme von Luftstickstoff hätten decken können, der immerhin 80 % des Atmosphärengasgemisches ausmacht. Das hätte in der Konsequenz die kostspielige und umweltbelastende Düngung mit stickstoffhaltigen Substanzen einsparen sollen. Hochleistungssorten hätten gentechnisch resistent gegen ihre Schädlinge, gegen Trockenheit und Bodenversalzung gemacht werden sollen. Wenig ist geblieben von den Perspcktiven, mit denen die Konzerne die Akzeptanz ihrer Produkte hatten aufpolieren wollen. Was ansatzweise in der Grundlagenforschung versucht wurde, liegt nicht unbedingt im Interesse der Chemikalienproduzenten. Dr. Kraus, Leiter des Bayer-Biotechnologie-Zentrums in Köln-Monheim, spricht es offen aus:

»Für einen Pflanzenschutzmittelproduzenten wie Bayer kann es nicht darum gehen, ertragreichere Pflanzen zu konstruieren oder die Tomoffel, der gleichermaßen Kartoffeln und Tomaten wachsen. (...) Pflanzen sollen widerstandsfähig gemacht werden gegen Substanzen, die ihnen sonst schaden. Das wäre ein entscheidender Durchbruch im Pflanzenschutz – ein Schritt zu intelligenterem Einsatz der Chemie. (...) Das Problem: Ein Herbizid zeigt eine vernichtende Wirkung nicht nur beim Unkraut, sondern auch bei der Nutzpflanze. Das selektive Herbizid, das selbständig Unkraut von Nicht-Unkraut unterscheidet, kann von den Pflanzenschutzchemikern längst nicht für alle Fälle realisiert werden.«[12]

Eine Reihe solcher Totalherbizidresistenzen sind mittlerweile in Nutzpflanzen gentechnisch eingeführt worden oder stehen vor der Realisierung. So entwickelt die schweizerische Ciba Geigy schon seit Jahren herbizidresistente Pflanzen gegen ihre Atrazinpräparate.[13] Die Hoechst AG schnürt zusammen mit der kleinen Gentechnikfirma Plant Genetic Systems im belgischen Gent ein Paket aus ihrem Totalherbizid BASTA mit dem Wirkstoff Phosphinotricin und den entsprechend resistenten Nutzpflanzen. Die ersten »Prototypen« werden nach Firmenangaben schon in der Vegetationsperiode 1989 in einer breit angelegten Versuchsreihe europaweit im Freiland getestet werden und ab 1991 in den Handel gelangen.[14]

Tab. 2: Entwicklung gentechnisch erzeugter Herbizidresistenzen (eine Auswahl)

Nutzpflanze	Entwicklung von Resistenzen gegen die Herbizid(-wirkstoffe)
Baumwolle	Atrazin[17], Glyphosat[18]
Canola	Betanal[18]
Kartoffel	Glyphosat[18], Phosphinotricin[16]
Mais	Glyphosat[18], Phosphinotricin[16]
Soja	Atrazin[17], Glyphosat[18], Phosphinotricin[18]
Sonnenblume	Bromoxynil[15]
Tabak	Atrazin[18], Glyphosat[15], Phosphinotricin[16], Sulfonyharnstoffe (Glean, Oust)[16]
Tomate	Atrazin[17], Glyphosat[18], Phosphinotricin[16]
Weizen	Glyphosat[16]
Zuckerrübe	Phosphinotricin[16]

Breitbandherbizide helfen den Markt verbreitern. Selektive Pflanzenschutzmittel stellen umsatztechnisch für die Konzerne höchstens die zweitbeste Lösung dar. Mittelfristig sehen die Konzerne die Chance, sich im Agrarbereich stärker als bisher zu Doppelverdienern zu machen: an den Herbiziden und den chemikalienresistenten Nutzpflanzen. So arbeiten in den USA allein etwa 100 einzelne Wissenschaftler oder Arbeitsgruppen ausschließlich im Bereich der gentechnischen Erzeugung von Herbizidresistenz.

Verwunderlich ist es nicht, daß sich damit ein internationaler Trend der vertikalen Trustbildung bestätigt, den der Agrarexperte

Pat Mooney schon vor Jahren diagnostizierte. Die Chemiebranche sichert sich den Zugriff auf die (nur in der BRD bisher eher mittelständische) Saatgutproduktion. Bereits 1984 waren 80 % der geschützten Sorten in den Händen transnationaler Chemie-Konzerne.[19] Immerhin hatte der Saatgutweltmarkt einen Umsatz von mehr als 30 Milliarden US-Dollar.

In der Bundesrepublik machte die Hoechst AG 1986 Schlagzeilen: Sie erwarb 10 % der Anteile des größten bundesdeutschen Saatgutunternehmens, der Kleinwanzlebener Saatzucht (KWS) in Einbeck. Fast zeitgleich erwarb sie die niederländische Firma Nunza, die Holding-Gesellschaft der Nunhems Zaden BV, ein in Europa führendes Unternehmen auf dem Gebiet der Zucht und Veredelung von Gemüsesamen. Hansgeorg Gareis, Vorstandsmitglied der Hoechst AG, steckt die Ziele ab: »Wir wollen alles anbieten, was der Landwirt braucht. (...) Wir meinen, daß Saatgut ein integraler Bestandteil unseres Selbstverständnisses ist: Service-Lieferant für den Landwirt.«[20] Pflanzenschutz- und Saatgutmarkt werden in den nächsten Jahren »zusammenwachsen«. Diese Doppelstrategie soll langfristig den Absatz von Pestiziden stabilisieren.

Gentechnische Herbizidstrategie – pro und contra

»Partielle Entchemisierung« – kann die gentechnische Herbizidstrategie das leisten? Hilmar Mildenberger, Leiter der Pflanzenschutzforschung Chemie bei Hoechst, sieht ihre Vorteile so: »In den sechziger Jahren waren Aufwandmengen von einem bis fünf Kilogramm pro Hektar die Norm, in den 80er Jahren sind vor allem die Neuentwicklungen zwischen rund 100 Gramm und einem Kilogramm pro Hektar angesiedelt, aber es ist nicht zu übersehen, daß eine ganze Reihe von Entwicklungsprodukten bereits deutlich mit Aufwandmengen unter 100 Gramm Wirkstoff pro Hektar hervorragende Ergebnisse liefern.«[21] Damit könnte der immense Einsatz von Pflanzenschutzmitteln gedrosselt werden. In der BRD wurden 1983 allein 31380 t Pestizide ausgebracht, 19339 t davon waren Herbizide. Aber selbst wenn sich diese Einsparung auf Dauer bestätigen sollte, bleibt diese Argumentation ohne Betrachtung der Qualität der Belastung reine Tonnenideologie. Noch ist es lange nicht gesagt, daß nicht die geringeren Aufwandmengen mit hohen toxikologischen und ökologischen Folgewirkungen erkauft sind.

Stichwort Persistenz: Atrazin beispielsweise wird als Totalherbizid bereits auf 95 % aller Maisanbauflächen der BRD ausgebracht, ebenso im Zuckerrübenbau und im Rebbau. Die durchschnittliche Aufwandmenge beträgt im Maisanbau 1,3 kg pro Hektar und Jahr.[22] Galt das Präparat bislang als innerhalb weniger Monate abbaubar und zeigte angeblich geringe Verlagerungstendenz, so kamen einige neuere Untersuchungen zu einem ganz anderen Ergebnis: Bei radioaktiven Markierungsversuchen waren noch acht Jahre nach der Ausbringung 60 % der ursprünglichen Aktivität nachweisbar, sowohl in Spuren nichtmetabolisierten Atrazins als auch in einer Vielzahl von Abbauprodukten. Es erwies sich als mobil persistent. »Die Vermutung liegt nahe, daß ein großer Teil dieser Aktivität sich noch in einem aktiven Triazinring, (dem »Wirkstoff« des Präparats, d. Hg.) befindet.«[23] Das mutagene Potential der Triazine ist seit langem bekannt.

In anderen Fällen offenbart sich dieses krebsauslösende Potential der Pestizidabbauprodukte erst nach pflanzlicher Aktivierung, der Umsetzung im Stoffwechsel der Pflanze.[24] Experten beklagen denn auch, daß in den gängigen Mutagenitätstests für die Zulassung pflanzliche Aktivierungssysteme nicht berücksichtigt werden. Zudem werden Herbizide in Pflanzen durchaus unterschiedlich umgesetzt: Das Breitbandherbizid Chlorsulfuron wird in Gräsern zu anderen Metaboliten umgebaut als in manchen Nachtschattengewächsen. Die Resistenz beruht auf unterschiedlichen Stoffwechselwegen.[24a]

Das Wissen über die biologischen Folgen des Herbizideinsatzes ist schmal, zu groß ist die Zahl der Einzelsubstanzen, zu groß die Zahl möglicher Abbauprodukte und deren Gefährlichkeit, zu vielfältig die zu erwartenden Wechselwirkungen. »Auf den Acker gebrachte Herbizide gelangen nicht nur in dort anzutreffende Pflanzen, sondern werden auch von anderen Lebewesen, Mikroorganismen und Tieren aufgenommen. Das Herbizid kann nicht nur in den Nutzpflanzen, sondern auch in allen anderen, in dem Biotop vorhandenen Lebewesen umgewandelt werden. Diese Stoffwechselprodukte (Metaboliten) gelangen von einem Lebewesen in ein anderes und dienen dort erneut als Ausgangssubstanz für weitere Stoffwechselreaktionen. Es laufen also verzweigte Umwandlungsketten ab, deren Zwischenstufen oft nicht bekannt sind und an deren Ende oder zwischendurch ein für Mensch und/oder Tier toxisches Produkt entstehen kann. Hierbei handelt es sich auch um den Menschen direkt betreffende Vorgänge, weil Herbizide und ihre Metaboliten schließlich in unserer Nahrung auftauchen oder auch im Trinkwasser zu finden sind.«[25]

So zeigen Einzelmessungen von Herbiziden in den Umweltmedien Boden und Wasser höchstens die Spitze des Eisbergs, denn schließlich ist die Zahl ausgebrachter Einzelsubstanzen unüberschaubar groß. Über mögliche Kombinationswirkungen der Präparate ist so gut wie überhaupt nichts bekannt. Eine Grenzwertfestlegung für Einzelsubstanzen, wie sie beispielsweise die Trinkwasserverordnung vornimmt, erscheint daher eher als Augenwischerei, zumal die Grenzwertfestlegung als solche ohnehin umstritten ist. Ihre Logik setzt die Existenz von Schwellenwerten voraus, unterhalb deren eine Einzelsubstanz ungefährlich ist. Dies wird von Toxikologen jedoch zunehmend als unzutreffend zurückgewiesen. Doch selbst wenn einmal gemessen wird, sind diese Werte bereits überschritten. So an einem beliebigen Tag am Rhein-km 507,07 bei Wiesbaden: Die Konzentrationen von Atrazin lagen mit 0,27–1,5 µg/l, von Metolachlor mit 0,1–3,1 µg/l und die von Metazachlor mit 0,4–2,7 µg/l weit über dem von der EG festgelegten Grenzwert von 0,1 µg/l.[26] Die flächendeckende Verseuchung auch der bundesdeutschen Grundwasservorkommen mit Pestiziden wurde vor kurzer Zeit nachgewiesen.[27]

Stichwort Resistenz: Wahrscheinlich ist das weitere Vordringen herbizid-resistenter Wildkrautmutanten. Besonders bei den bisher verwendeten Totalherbiziden ist die gentechnische Konstruktion der widerstandsfähigen Nutzpflanzen nur die Vorderseite der Medaille. Ebenso leicht können spontan resistente Mutanten entstehen, besonders dann, wenn die Mutation einer einzelnen Nukleinsäure (Punktmutation) ausreicht. Beispielweise waren bereits zu Anfang der 80er Jahre 37 Wildkräuter gegen Atrazin resistent.[28] Doch kann sich die Resistenz auch durch sexuellen oder nicht-sexuellen Gentransfer mit den Nutzpflanzen herausbilden. Damit wird der fatale Wettlauf um immer neue, wirksamere Produkte fortgesetzt.

Daß die Entwicklung einer neuen dritten Generation[29] von Herbiziden, die direkt in grundlegende Stoffwechselwege der Pflanzen eingreifen, einen Ausweg bietet, ist nach bestehenden Erkenntnissen unwahrscheinlich. Das von Hoechst entwickelte BASTA zumindest, das 1984 auf drei Jahre befristet zugelassen wurde, kann ökologisch und toxikologisch nicht als unbedenklich eingestuft werden.

Phosphinotricin (Wirkstoff von BASTA) greift an zentraler Stelle in den Pflanzenstoffwechsel ein. Es hemmt die Glutaminsynthetase, ein Enzym, das im Verbund mit anderen Enzymen Stickstofftransport und -speicherung und die Entgiftung entstehenden Ammoniaks steuert. Das direkte Produkt, das unter dem Einfluß der Glutaminsynthetase entsteht, Glutamin, ist ein wichtiger Eiweißbaustein und unerläßlich für den Aufbau einiger anderer Protein- und DNA-Bestandteile. Die herbizide Wirkung beruht also hauptsächlich auf Glutaminmangel und Ammoniakanreicherung in der Pflanze.[30, 31] Ähnliche Wirkungen kann das Präparat jedoch in Mikroorganismen, Mensch und Tier hervorrufen. Denn bei allen Lebewesen übernimmt das gleiche Enzym, die Glutaminsynthetase, eine ähnlich zentrale Funktion im Stickstoffstoffwechsel.[32, 33] Eine Hemmung der Glutaminsynthetase schädigt das Nervensystem, da sowohl Glutamin als auch Glutaminsäure wichtige Funktionen im Hirnstoffwechsel übernehmen. Eine Ammoniakvergiftung äußert sich beim Menschen in Zittern, verwaschener Sprache, Sehstörungen, in schweren Fällen durch Koma und Tod. Ähnliche Phänomene stellten Hoechst-Mitarbeiter an Ratten und Mäusen fest – bei hohen Dosen.[31]

Phosphinotricin ist seit 1970 als Antibiotikum bekannt, das seine Wirkung an einer ganzen Reihe von weitverbreiteten Bodenbakterien und Pilzen entfaltet.[34, 35] Hier macht sich ein grundlegendes Dilemma der toxikologischen Bewertung fest. Zwar sind BASTA und ähnliche Präparate sicherlich weniger akut toxisch als schwermetallhaltige Herbizide der ersten Stunde. Damit mag nach herkömmlichen Bewertungskriterien BASTA vorteilhaft sein, doch haben derartige Studien wenig Aussagekraft über das weite Feld von Vergiftungserscheinungen unterhalb der akuten Toxizität. Das erscheint besonders erachtenswert, da diese neue Generation von Pflanzenschutzmittel auf sehr viel komplexere Weise in das Stoffwechselgeschehen eingreift und sich bisherige Untersuchungen gegenüber der Vielfältigkeit dieser Risiken als komplett hilflos erwiesen haben.

Auch der Parlamentarische Staatssekretär Dr. von Geldern führte hinsichtlich der ökologischen Bedenken am 5. 12. 1984 auf Anfrage aus: »Nach Aufnahme des Wirkstoffs durch und Verteilung in den Pflanzen erfolgt der Abbau von Glufosinat (Wirkstoff von BASTA) im Vergleich zu vielen anderen Herbiziden sehr langsam. (...) Abbauversuche mit Glufosinat (BASTA) im Labor zeigten Halbwertzeiten im Boden von ca. 20 bis 50 Tagen. Im Freiland erfolgt der

Abbau anscheinend schneller. Die Versickerungsneigung kann unter extremen Niederschlagsbedingungen recht ausgeprägt sein. (...) Hinzuweisen ist noch auf die sehr schwierige und zeitaufwendige Bestimmung der Glufosinatrückstände.«[36] Eine Kontrolle der Rückstände in Lebensmittel sei so nur schwer zu gewährleisten.

Damit wird die gentechnische Herbizidstrategie die negativen Folgewirkungen der Entwicklung von Hochleistungssorten und der gegenwärtigen Pestizidstrategie eher noch verstärken:

- die Vergiftung der Umweltmedien
- den Trend zur »totalen« Monokultur
- die Verarmung der genetischen Reserven
- die Verstärkung des »Nord-Süd-Gefälles«, des Ausbeutungsverhältnisses zwischen erster und sogenannter Dritter bzw. Vierter Welt.

Demgegenüber erweisen sich die Versprechungen der Agrargentechnologen, Höchstleistungssorten zu entwickeln, die sich einerseits durch gesteigerte Hektarerträge, andererseits durch verstärkte Widerstandskraft gegen Insekten, Pilze, Krankheiten, Hitze und Frost, Wind und Überflutung auszeichnen, zunehmend als unrealistisch.

»Die hier geweckte Hoffnung (des Siegs über den Welthunger, d. Hg.) ist in dreifacher Weise trügerisch: Erstens, weil in vielen Ländern der Welt Nahrungsmitteldefizite nicht aus einem Mengen-, sondern aus einem Verteilungsproblem resultieren. (...) Zweitens, weil all die genannten Versprechungen bis heute noch sehr weit von der Realisierung entfernt sind. Heute ist es der Gentechnik möglich, solche Eigenschaften gezielt zu verändern, die von einem einzigen Gen gesteuert werden. Die genannten Eigenschaften wie Trockenresistenz, Widerstandsfähigkeit gegen Bodenversalzung oder die Stickstoffixierung sind derartig komplex, daß bis heute nicht absehbar ist, wann und wie (und ob überhaupt, d. Hg.) hier eine Optimierung durchgeführt werden kann. (...) Drittens, weil das gentechnisch manipulierte Hochleistungssaatgut nicht in den landwirtschaftlichen Subsistenzproduktionen der Entwicklungsländer einsetzbar ist. Vielmehr setzt es eine agroindustrielle Produktionsform mit Einsatz von Pflanzenbehandlungsmitteln, Düngemitteln, Wachstumsregulatoren und einem hohen Mechanisierungsgrad der Landwirtschaft voraus.«[37]

»Biologischer Pflanzenschutz« – industriegemacht

Wenn die chemische Industrie zunehmend Interesse an »biologischen« Formen des Pflanzenschutzes zeigt, so ist das nur vordergründig ein Widerspruch. Die ökologischen und toxikologischen Folgewirkungen des herkömmlichen (intensiven) Pflanzenschutzes stellen die Konzerne zunehmend vor Akzeptanzprobleme. Begrifflich führt allerdings »biologischer« Pflanzenschutz in die Irre, denn es gibt zwei grundsätzlich verschiedene Anwendungskonzepte:

Ein von der chemischen Industrie abhängiger *biotechnischer* Pflanzenschutz (im Sinne des sog. Integrierten Pflanzenschutzes) soll chemische Verfahren in der konventionellen Landwirtschaft unterstützen, während das Prinzip des *ökologischen* Pflanzenschutzes auf einer grundsätzlichen anderen Landwirtschaftsweise (im Öko-Landbau) beruht.

In den Verfahren des biotechnischen Pflanzenschutzes werden Parasiten oder Räuber künstlich eingesetzt, um die Lebensgemeinschaften bestimmter schädlicher Tiere oder Pflanzen zu begrenzen. Aber auch der in jüngerer Zeit angewandte Schutz der Pflanze vor Mikroorganismen als Krankheitserregern wie auch der Schutz gegen abiotische Belastungen durch gezielten Einsatz nützlicher Organismen gehören im weiteren Sinne dazu.[38] Der ökologische Pflanzenschutz braucht diesen künstlichen Einsatz nicht, da im ökologischen Landbau, im Gegensatz zur intensiven Landwirtschaft, das Gleichgewicht zwischen Schädling und Nützling im Idealfall (kostenlos) erhalten bleibt. Eine ausführliche Darstellung dieser Pflanzenschutzverfahren würde an dieser Stelle zu weit führen.[39] Beschränken wir uns daher auf zwei Beispiele, die zeigen, welcher Art der Anteil der Gentechnik am biotechnischen Pflanzenschutz – industriegemacht – ist.

Bacillus thuringiensis ist das wohl bekannteste und am meisten eingesetzte Präparat im biotechnischen Pflanzenschutz. Es ist gegen ein großes Spektrum von Insekten wirksam, wobei die bislang bekannten über zwanzig unterschiedenen Varietäten ein sehr spezielles Wirtsspektrum besitzen.[40] Die Wirkung von B. thuringiensis beruht auf mehreren biologisch aktiven Stoffwechselprodukten (Toxinen und Enzymen), die durch Fraß-Aufnahme in den Darmtrakt der Wirtsinsekten gelangen. Besonderes Augenmerk gilt dem sogenannten delta-Endotoxin, das als einziges nicht gegen Wirbeltiere wirkt.

In den meisten gentechnischen Optimierungsarbeiten ist das delta-

Endotoxin der Ansatzpunkt. Es kann in andere Organismen übertragen und dort zur Expression gebracht werden.[41] Das Resultat sind neue bzw. in ihrer Aktivität gesteigerte Insektenpathogene, die als Pflanzenschutzmittel eingesetzt werden können. Der US-Chemiekonzern Monsanto hat in Zusammenarbeit mit der Genfirma Microgenes natürliche Bodenbakterien mit dem delta-Endotoxin aus B. thuringiensis versehen, um sie als »Insektenkiller« einzusetzen.[42] Die US-Firma ECOGEN (Pennsylvania) will genetisch veränderte Stämme von B. thuringiensis gegen den Baumwoll-Schädling *Heliolothus* einsetzen.[43] Auch dem alternativen Verfahren, der Einführung des Gens für das delta-Endotoxin in die Nutzpflanze direkt, wird nachgegangen. Derzeit laufen Versuche u.a. an Kartoffel und Tabak.[44] Dem Monsanto-Konzern ist dies bereits im Falle der Baumwolle gelungen.[45]

Insektenpathogene Viren sind hochspezifisch: Der Wirtsbereich bleibt meist auf eine Insektenordnung beschränkt. Die Technik der industriellen Virusproduktion ist weit entwickelt; die Viren werden in Massenzuchten oder Zellkulturen ihrer Wirtsorganismen vermehrt.[39,45] Für gentechnische Anwendungen kommen hauptsächlich die *Baculoviren* in Betracht. Unbekannt ist, ähnlich wie bei B. thuringiensis, weiterhin die genetische Grundlage der Wirtsspezifität. An der Texas A&M University soll ein Insekten-Neurohormongen, das die Schädlingsentwicklung stark beeinflussen kann, in *Baculoviren* eingebaut werden. Das Resultat wären Viren mit einem erweiterten Wirtsspektrum. An der University of Florida sollen fraßresistente Kulturpflanzensorten über den Einbau von schädlingspathogenen Viren ins Pflanzengenom konstruiert werden.[46]

In der intensiven Landwirtschaft spielt der biotechnische Pflanzenschutz eine noch untergeordnete Rolle. Das hat zunächst nichts mit der Wirksamkeit seiner Verfahren zu tun, sondern eher mit anderen Faktoren, bei denen die politischen Rahmenbedingungen sowie grundsätzliche Fragen der Kommerzialisierung einschließlich der Patentierbarkeit dieser Techniken eine entscheidende Rolle spielen.[48]

Die chemische Industrie wird dann in größerem Maßstab ihr Engagement für biotechnischen Pflanzenschutz zeigen, wenn folgende Kriterien erfüllt sind:

1. Aufgrund naturferner (intensiver) Landwirtschaft ist weiterhin ein hoher Bedarf an Pflanzenschutzmitteln erforderlich (Agrarpolitische Rahmenbedingung).

2. Die Patentierfähigkeit von biotechnischen Präparaten und Organismen – ähnlich wie für chemische Präparate – sichert den kommerziellen Erfolg (Ökonomische Rahmenbedingung).
3. Zunehmende Umweltgefährdung durch chemische Präparate zwingen die chemische Industrie zu verträglicheren Mitteln (Ökologische Rahmenbedingung).
4. Die nachlassende Wirkung herkömmlicher (chemischer) Mittel machen eine neue Generation von Präparaten erforderlich (Rahmenbedingung Resistenzfolgen).
5. Technischer Fortschritt ermöglicht die Kombination chemischer und biotechnischer Mittel (Technische Rahmenbedingung).

Ein Problem für die chemische Industrie liegt gerade in einem unbestrittenen Vorteil biotechnischer Mittel. So wünschenswert es ist, daß ein Pflanzenschutzmittel hochselektiv wirkt, so wenig ökonomisch und attraktiv wird es dadurch für die Industrie. Die biotechnischen Mittel können allgemein nur unter bestimmten Bedingungen gegen einen einzigen Schädling eingesetzt werden. Der Absatzmarkt für ein solches Mittel ist daher sehr klein.[49] Demgegenüber sind die breit wirkenden chemischen Pflanzenschutzmittel für die Chemiekonzerne ein einträgliches Geschäft. Allgemein zeichnet sich deshalb ein verstärktes Interesse der Industrie im biotechnischen Pflanzenschutz nur auf dem Sektor der Resistenzzüchtungen ab, da hier die obigen Rahmenbedingungen am ehesten erfüllt sind.[44]

Interessant für die chemische Industrie ist der Ersatz von chemischen Mitteln, die aufgrund zunehmender Resistenzentwicklungen von Schaderregern unwirksam geworden sind. Die Entwicklung einer neuen Generation von biotechnischen Mitteln zögert jedoch die Resistenzprobleme in der intensiven Landwirtschaft nur hinaus. Bislang sind bei Schaderregern gegen *jedes* gegen sie eingesetzte Bekämpfungsmittel Resistenzen aufgetreten. Deshalb sind nicht nur gegenüber neuen biotechnischen Präparaten Resistenzen bei Schadorganismen zu erwarten, sie sind sogar experimentell nachweisbar. Selbst neue Kulturpflanzen – etwa mit eingebauten Bacillus thuringiensis-Endotoxin – können schnell Resistenzentwicklungen bei Schadinsekten hervorrufen.[44] Die Resistenzen können sogar indirekt durch eine Vielzahl von Darmbakterien entwickelt werden, da ihr Überleben als natürlicher Darmbesiedler mit dem Überleben ihres Wirtes gesichert ist.[50] Möglicherweise entstehen deshalb in bestimmten Fällen Resistenzen viel schneller gegen biotechnische Pflanzenschutzmittel als gegen chemische Präparate.[44,51–53]

Eine neue Generation von biotechnischen Pflanzenschutzmitteln schließt zwangsläufig die Freisetzung von genetisch manipulierten Organismen mit ein. Unkontrollierte Vermehrung und Ausbreitung sowie Entwicklung pathogener Eigenschaften stellen wie für alle anderen Formen der Freisetzung ein hohes Risiko dar.[54]

Tiergesundheit

Auch im Bereich der Tierzucht sucht die chemische Industrie nach neuen Zugriffsmöglichkeiten auf die landwirtschaftliche Produktion. Denn die Hoechst AG mußte beispielsweise im Bereich »Tiergesundheit« 1986 Umsatzeinbußen von 17 % in Kauf nehmen.[3] Die gentechnische Manipulation von Nutztieren erweist sich nach wie vor als technisch schwierig. Darum gibt es bis heute in der praktischen Landwirtschaft keine Tiere, die durch den direkten Eingriff in das Erbgut »perfektioniert« wären.

Technisch machbar ist demgegenüber – wie wir gesehen haben – die Manipulation von Viren und Mikroorganismen. Hier zeigt sich der realistische Ansatz, über den die Gentechnik Einzug in die Massentierhaltung hält:

- über die gentechnische Herstellung von Veterinärimpfstoffen;
- über die gentechnische Herstellung von wachstumsregulierenden Pharmaka (Hormonpräparate);
- über die gentechnische Herstellung von Futtermitteln (sog. Single Cell Protein).

Beschränken wir uns in der Darstellung jedoch auf die beiden erstgenannten Bereiche.

Veterinärimpfstoffe

»Gentechnik wird in der Landwirtschaft bevorzugt zur Produktionssteigerung bei Nutztieren eingesetzt. Als Folge der industrialisierten Massentierhaltung hat sich die Infektionsanfälligkeit der Tiere erhöht. Eine nicht tiergerechte Haltung und Fütterung schwächen Konstitution und körpereigene Abwehr. Vor diesem Hintergrund gibt es für Impfstoffe einen festen Absatzmarkt. Darüber sind eine Reihe von Impfungen staatlich vorgeschrieben, beispielsweise gegen die Maul- und Klauenseuche. Seit Jahren forscht man deshalb intensiv an gentechnischen Impfstoffen.«[55]

Beispiel Pseudowut: Die Pseudowut ist eine Schweineseuche, die durch eine bestimmte Form von Herpesviren hervorgerufen wird und in der Regel tödlich verläuft. Die wirtschaftlichen Einbußen, die durch die Seuche drohen, sind hoch, denn etwa ein Sechstel der Erlöse in der Landwirtschaft in der BRD kommen aus der Schweinehaltung. Die Zahl der Neuausbrüche der Krankheit verdreifachte sich in den Jahren 1980–1986. Jeder Neuausbruch bedeutet Schlachtung des gesamten oder zumindest eines großen Teils des Schweinebestandes und hohe Verluste für den betroffenen Landwirt. Zur Impfung seuchenverdächtiger Tiere sind in der BRD nur Antikörperimpfstoffe zugelassen, die zu den Totimpfstoffen gehören. Im Gegensatz zu Lebendimpfstoffen enthalten die Präparate nur einige Eiweiße der Virusoberfläche, auf die der tierische Organismus mit der Antikörperbildung reagiert. Der so erreichte passive Impfschutz hält jedoch nur für einige Wochen vor. Lebendimpfstoffe auf der Basis von abgeschwächten Pseudowuterregern führen demgegenüber zu aktiver, längerandauernder Immunisierung.

Diesen Weg soll zukünftig auch die Gentechnik eröffnen. Die Firma Navagene in den USA stellte einen solchen Impfstoff aus Viren her, denen gentechnisch ein Gen entfernt wurde, so daß es zu keiner Vermehrung und Virusausscheidung vom geimpften Tier kommen sollte. Das Präparat mit dem Namen Omnivac war jedoch nur einige Wochen auf dem Markt, dann wurde die Zulassung zurückgenommen – wegen erheblicher Zweifel an der »Sicherheit« des Präparats. In Großbritannien, Schweden, Norwegen und Finnland sind Impfungen gegen Pseudowut generell untersagt. Doch ist die Auseinandersetzung um diesen Lebendimpfstoff und andere ähnliche Vorhaben noch nicht ausgestanden. Die Firma bemüht sich weiterhin um eine Zulassung.

Der Tierarzt Rolf Kamphausen faßt die Bedenken zusammen, die grundsätzlich gegenüber der Verwendung von Lebendimpfstoffen bestehen:

»Das Beispiel Pseudowut veranschaulicht, daß es nicht der Impfschutz ist, der Heilung bzw. Schutz vor Infektionen bringt. Gerade die Infektion mit Viren aus der Familie der Herpesviren macht deutlich, daß das Infektions- und Seuchengeschehen von der Art der Erreger, der Immunitätslage der Wirtstiere, der lebenden und toten Umwelt u.v.m. abhängt.

Die Immunitätslage der Wirtstiere wird durch viele Faktoren bestimmt. So machen sich Streß, bedingt durch hohe Produktionsleistung, Massentierhaltung u. a. stark bemerkbar und können zur Aktivierung des Krankheitsgeschehens beitragen – Impfungen geben aber nur Schutz bei optimaler Immunitätslage. Werden Antikörper gegen bestimmte Stämme gebildet, die aber die Vermehrung nicht stoppen und das Infektionsgeschehen nicht unterbrechen, wird dies zur Selektion anderer, möglicherweise pathogenerer Stämme beitragen.

Die heutige Praxis der Pseudowutimpfung zeigt, daß sie nicht schützt und die Infektionsausbreitung verschleiert. Die Umweltbedingungen sind bei dieser Übertragungsweise entscheidend für das Unterbrechen der Infektionskette. Deswegen muß auch hier die Seucheneindämmung einsetzen.«[56]

Wachstumsfördernde Veterinärpharmaka

Beispiel Rinderwachstumshormon: Wachstumshormone (Fachausdruck: Somatotropine) für die Rinder-, Schweine-, Schaf- und Ziegenzucht sind die ersten gentechnologisch erzeugten Massenprodukte, die die pharmazeutische Industrie auf den Markt bringen will. Sie sollen das Fleischwachstum der Tiere künstlich beschleunigen und bei Kühen die Milchproduktion steigern« – um bis zu 40 %.[57] Langzeituntersuchungen der Bundesforschungsanstalt für Landwirtschaft (FAL) in Braunschweig erbrachten allerdings nur Leistungssteigerungen um 8 %. Auf jeden Fall sind erhöhter Kraftfutterverbrauch und Fortpflanzungsstörungen die Kehrseite der Medaille.[58]

Das Rinderwachstumshormon wird gentechnisch in E.coli-Bakterien produziert, denen das entsprechende Rindergen eingebaut wurde. Vier US-Pharmakonzerne streiten sich gegenwärtig um die potentiellen Marktanteile ihres Produktes: Monsanto, Upjohn, Eli Lilly und Cyanamid.

Auch in der Bundesrepublik wird das Hormon bei der Bundesanstalt für Milchforschung in Kiel und bei der FAL in Braunschweig getestet. Doch die FAL könnte sich bereits eines Verstoßes gegen Lebensmittel- und Arzneimittelgesetz schuldig gemacht haben: der

Verbraucher mußte als Verbrauchsobjekt herhalten. Ohne entsprechende Kennzeichnung vermarkteten die Braunschweiger »Frischli«-Milchwerke die Milch der hormonbehandelten Versuchstiere und nahmen sie erst nach entsprechenden Presseberichten vom Markt.

Die Bundesregierung übt indes noch Zurückhaltung: Sie habe gegen die Anwendung von bGH – so die Abkürzung des Präparats – »erhebliche Vorbehalte«. Toxikologen des Bundesgesundheitsamtes fanden heraus, daß bGH in den Kühen die Bildung ähnlicher körpereigener Substanzen fördert.[59] Außerdem ist auch in diesem Fall nichts über die Abbauwege und die Gefährlichkeit der möglichen Umbauprodukte des Präparats bekannt. Doch eine Option hält sich die Bundesregierung nach wie vor offen: »Die Bundesregierung muß und wird darauf achten, daß der deutschen Landwirtschaft im Rahmen des biologisch-technischen Fortschritts keine unzumutbaren Wettbewerbsnachteile entstehen.«[60] Auch die EG hält sich den Weg offen. Seit Dezember 1986 gibt es eine Richtlinie des Ministerrates, derzufolge in Brüssel künftig Zulassung bio- und gentechnisch hergestellter Präparate beantragt werden können.

Neben den seit Jahren hinlänglich bekannten Auswirkungen von Hormongaben auf Tiergesundheit und Nahrungsmittelqualität birgt der sich abzeichnende Trend auch schwerwiegende soziale Implikationen in sich:

»Die Industrieländer, in denen der Einsatz von bGH möglich erscheint, leiden dagegen bereits seit Jahren unter einer gigantischen und kostspieligen Überproduktion von Milch. Da eine weitere Vergrößerung der europäischen und US-Milchseen und Butterberge schwer durchsetzbar erscheint, liegen die ökonomischen Folgen einer Vermarktung von bGH auf der Hand: Zwei Drittel aller amerikanischen Milchbetriebe werden, so eine Studie des Office of Technology Assessment (OTA) des US-Kongresses, bis zum Jahre 2000 verschwunden sein. Klein- und Mittelbetriebe werden aufgrund des immensen Rationalisierungsdrucks und der steigenden Investitionskosten verdrängt werden. Durchsetzen werden sich fabrikähnliche Großbetriebe. Für Europa sehen die Prognosen nicht besser aus. Die EG-Kommission sagt in einer Studie von 1985 eine Halbierung der Anzahl landwirtschaftlicher Betriebe bis zum Jahre 2000 voraus. Die Anzahl der Kühe in der Bundesrepublik werde von heute 5,6 Millionen auf 3,6 Millionen im Jahre 2000 zurückgehen.«[61]

»Seit Mai 1987 gibt es auch in der Bundesrepublik eine breite Koalition gegen die Zulassung des Rinderwachstumshormons.«[62]

Die beteiligten Gruppen, u. a. die AG bäuerliche Landwirtschaft, der Deutsche Tierschutzbund, das Gen-ethische Netzwerk und das Öko-Institut, verbinden ihre konkrete Forderung mit einer weitergehenden Kritik an Tierzucht und Nahrungsmittelproduktion. Der Deutsche Bauernverband lehnte in einer Stellungnahme zur Gentechnik vom April 1988 den Einsatz künstlicher Hormone in der Tierzucht ab.[63] Ob in dem Fall des Rinderwachstumshormons (BST) die Macht der Verbraucher (im Verein mit Erzeuger-Interessenvertretungen) einen endgültigen Sieg, nämlich ein Zulassungsverbot des Präparats, davontragen wird, ist weiterhin offen. Immerhin forderte im März 1988 der EG-Ausschuß für Energie, Forschung und Technologie ein solches Verbot[64], und die Bundestags-Enquete-Kommission für Technikfolgen-Abschätzung und -Bewertung veranstaltete im Juni 1988 eine kontroverse Anhörung eigens zu »BST und gesundheitlichen Folgen«. Mittlerweile legte diese Kommission ihren Endbericht vor. Sie befürchtet unerwünschte Folgen einer staatlichen Zulassung von BST, da sie keine Möglichkeit sieht, den Einsatz von Wachstumsförderern ausreichend zu kontrollieren.[65]

Schlußbemerkung

Die vorausgegangenen Betrachtungen haben gezeigt, daß die gegenwärtige Agrarpolitik nicht nur als bloßes Krisenmanagement gesehen werden kann, sondern eher als staatlich gezielt geförderte Umstrukturierungspolitik. Technisierung und Rationalisierung in der Landwirtschaft fördern und erfordern gleichzeitig einen tiefgreifenden Strukturwandel. Der Einbruch der Gentechnik modifiziert und zentralisiert die agrarische Versorgung. Sie soll durch erneute Technisierung negative Folgen bisheriger Industrialisierung abdämpfen. Die Abhängigkeit von Subventionstöpfen und das Höfesterben ebenso wie eine Technisierung von Pflanzenbau und Tierhaltung zerstören den letzten Rest bäuerlicher Identität und schmälern agrarische Ressourcen.

Die Agrarproduktion wird durchkapitalisiert.

Anmerkungen

1 Korfmacher, Hans: Mit Gentechnik gegen den Welthunger? In: *Ethnozid* 3, 1987
2 Bayer (Hrsg.): 1988 Geschäftsbericht, Leverkusen 1989
3 BASF (Hrsg.): Geschäftsjahr 1988, Ludwigshafen 1989
4 Hoechst (Hrsg.): Geschäftsjahr 1988, Frankfurt 1989
5 Fowler, C. et al.: The laws of life: Another development and the new biotechnologies; development dialogue 1988: 1–2, Uppsala 1988
6 *Frankfurter Rundschau*, 3. 4. 1987
7 *Frankfurter Allgemeine Zeitung*, 21. 3. 1987
8 *Frankfurter Rundschau*, 27. 3. 1987
9 *Ernährungsdienst*, 3. 11. 1986
10 *Frankfurter Rundschau*, 19. 3. 1987
11 Kraus, P.: Die Biotechnologie in der Pflanzenforschung, Forschungsschwerpunkte bei Bayer, Presseseminar 9.–11. 9. 1985, S. 29ff
12 Kraus, P.: a.a.O.
13 Der Deutsche Bundestag: Chancen und Risiken der Gentechnologie; Drucksache 10/6775, Bonn 1987, S. 64
14 Plant Genetic Systems: Presseerklärung vom 7. 6. 1988
15 Der Deutsche Bundestag: a.a.O., S. 64
16 Gen-ethisches Netzwerk, Öko-Institut (Hrsg.): Freisetzungsorientierte Forschungsprojekte in der Bundesrepublik; Eigenverlag, Berlin/Freiburg/Darmstadt 1988
17 Marx, J. D.: *Science 230,* 1148
18 Rural Advancement Fund International (RAFI) Communique, Pittsboro USA, November 1987
19 Korfmacher, H.: a.a.O.
20 Gareis, H.: Die Situation der Weltlandwirtschaft, Sonnenhofgespräche 3./4. 11. 1986; in: *Hoechst informiert*
21 Mildenberger, H.: Ziele der chemischen Pflanzenschutzforschung, Sonnehofgespräch 3./4. 11. 1986, in: *Hoechst informiert*
22 Deutscher Bundestag: Sondergutachten des Rates von Sachverständigen für Umweltfragen vom März 1985: »Umweltprobleme der Landwirtschaft«; Drucksache 10/3613, Bonn 1985
23 Capriel, P. und Haisch, A.: Persistenz von Atrazin und seiner Metaboliten im Boden auch nach einmaliger Herbizidanwendung; *Zeitschrift Pflanzenernährung Bodenkunde 146,* 81983, 474–480
24 Plewa, M. J.; Wagner, E. D.; Gentile, G. J.; Gentile, J. M.: An evaluation of herbicide following plant and animal activation; *Mutation Research 136* (1984) 233–245
24a Hutchison, J. M.; Shapiro, R.; Sweetser, P. B.: Metabolism of Chlorosulfuson by tolerant broadleaves; *Pesticide Biochemistry and Physiol. 22* (1984) 243–247; zitiert nach: Nass, G.: Ökologische und toxikologische Auswirkungen der Verwendung Herbizidresistenter Pflanzen. In: Kollek, R.; Tappeser, B.; Altner, G.: Die ungeklärten Gefahrenpotentiale der Gentechnologie; München 1986

25 Deutscher Bundestag: Drucksache 10/6775; S. 64
26 Oehmichen, U. und Haberer, K.: Stickstoffherbizide im Rhein. In: *Vom Wasser,* 66, Band 1986, S. 225–241
27 Schmitz, M.: Pflanzenschutzmittelbelastungen im Grund- und Trinkwasser der Bundesrepublik Deutschland in: *gwf-Wasser Abwasser* 129 (1988) S. 201–204
28 LeBaron, H. M.; Gressel, J. (Hrsg.): Herbicide resistance in plants, New York 1982
29 Im Gegensatz zur 1. Generation schwermetallhaltiger und der 2. hauptsächlich chlor- und phosphororganischer Verbindungen, die lediglich pflanzentoxisch wirken
30 Götz, W.; Leist, K. H.: Hoe399866, a new non selective herbicide. Chemical and toxicological properties, mode of action and metabolism. Asian Pacific Weed Science Soc., 9th Conference, Manila 1983, S. 401
31 Leist, K. H.: Zusammenfassende Darstellung der toxikologischen Untersuchung zu BASTA, April 1986
32 Schlegel, H. G.: Allgemeine Mikrobiologie, Stuttgart 1981
33 Budecke, E.: Grundriß der Biochemie, Berlin 1984
34 Bayer, E. et al.: Stoffwechselprodukte von Mikroorganismen, Phosphinotricin und Phosphinotricyl-Alanyl-Alanin; *Helvetia Chimica Acta 55* (1972) 224
35 Kondo, Y. et al.: Studies on a new antibiotic SF-1293; *Sci. Report of Maji Seika Kaisha 13,* 34
36 Deutscher Bundestag: Drucksache 10/2588, Antwort auf Frage 42
37 Spangenberg, J.: Gentechnik und Dritte Welt; G.ID Nr. 35, Berlin 1988
38 Heitefuss, R.: Pflanzenschutz – Grundlagen der praktischen Phytomedizin, Stuttgart 1987
39 Einen Überblick geben: Franz, J. M. & Krieg, A.: Biologische Schädlingsbekämpfung, Berlin 1982
40 Aronson, A. W.: Bacillus thuringiensis and related insect pathogens. *Microbiological Rev.* Vol. 50 (1986) 1–24
41 Andrews, R. E.; Faust, R. M.; Wabiko, H.; Raymond, K. C. & Bulla, Jr. L. A.: The biotechnology of Bacillus thuringiensis; *Crit. Rev. Biotechn.* (6) 1987, S. 163–232
42 Covello, V. T. í Fiksel, J. R. (Hrsg.): The suitability and applicability of risk assessment methods for environmental applications of biotechnology – Final report to the Office of Science and Technology Policy, Executive Office of the President, National Science Foundation, Washington D.C. 1985
43 in: *Agrow,* 1986: Nr. 18, S. 11
44 Tiedje, J. M.; Colwell, R. K.; Grossman, Y. L.; Hodson, R. E.; Lenski, R. E.; Mack, R. N. & Regal, P. J.: The planned introduction of genetically engineered organisms: Ecological considerations and Recommendations: Ecological considerations and Recommendations; *Ecology* 70 (2) 1989, S. 298–315
45 Biotechnology charges ahead into the crop field, *New Scientist,* 28. 1. 1989
46 Cameron, I. R.; Possee, R. D. & Bishop, D. H. L.: Insect cell culture technology in baculovirus expression systems; *Trends In Biotechnology* (7) 1989, S. 66–71
47 in: *Newswatch* – McGraw-Hills Biotechnology, Vol. 5, Nr. 23, 7–8

48 Klingauf, F.: Möglichkeiten und Grenzen einer biologischen Schädlingsbekämpfung. In: Aktuelle Probleme der Welternährungslage, hrsg. H. J. Elster. Schriften der Gesellschaft für Verantwortung in der Wissenschaft 3, Stuttgart 1985
49 Enquete-Kommission »Chancen und Risiken der Gentechnologie« des Deutschen Bundestages: Protokoll Nr. 19/1 und 21/1, Bonn 1985
50 Dillon, R. J. & Charnley, A. K.: Inhibition of Metharhizium anisopliae by the gut bacterial flora of the desert locust, Schistocerca gregaric: Evidence for an antifungal toxin. *J. of Invertebrate Pathology 47* (1986) 350–360
51 Chiang, A. S.; Yen, D. F. & Peng, W. K.: Defence reaction of midgut epithelial cells in the rice moth larva (Corcyra cephalonica) infected with Bacillus thuringiensis. *J. of Invertebrate Pathology 47* (1986) 333–339
52 Goldman, J. F.; Arnold, J. & Carlton, B. L.: Selection for resistance to Bacillus thuringiensis subspec, israelensis in field and laboratory populations of the mosquito Aedes aegypti. *J. of Invertebrate Pathology 47* (1986) 319–324
53 McGaughey, W. H.: Insect resistence to the biological Insecticide Bacillus thuringiensis. *Science* Vol. *229* (1985) 194–195
54 siehe Beitrag von A. R. Panesar und C. Knorr in diesem Band
55 Kamphausen, R.: Gentechnik und Tierimpfstoffe; G.ID 21, Febr. 1987, S. 5
56 Kamphausen, R.: Gentechnisch hergestellte Impfstoffe, Teil 2; G.ID 23, Juni 1987, S. 19
57 *Natur* 9/87, S. 55
58 Zell, Rolf-Andreas: Die Milchmädchen-Rechnung: Was bringt das Rinder-Wachstumshormon? in: *Bild der Wissenschaft* 2/1988
59 zitiert nach: Zell, R. A.: a.a.O.
60 zitiert nach: Idel, A.; Schwahlen, K. und Härlin, B.: Hormonschwemme aus dem Gen-Labor, G.ID 26, Sept. 1987, S. 5
61 Idel, A. et al.: a.a.O.
62 Idel, A.: Die Rinderwachstumshormon-Kampagne; *Öko-Mitteilungen* 5/87, Freiburg 1987, S. 11
63 G.ID vom Juni 1988
64 G.ID vom April 1988
65 FR, 2. 6. 1989

Ruben Scheller

Der Forscher und seine Forschung

Sind die forschungspolitischen Weichen in Wirtschaft und Politik erst einmal gestellt, findet sich unten alles wie von selbst. Die von Industrie und Bundesregierung vorangetriebene Vermarktung von Wissenschaft greift zunehmend auf die Universitäten über, wo sich ein neues Selbstverständnis entwickelt. So konnte man z. B. im Presseorgan der Universität Heidelberg, einem Schwerpunkt der bundesdeutschen Genforschung, im Vorfeld der 600-Jahr-Feier lesen: »Die Gesamtbilanz, so steht zu erwarten, dürfte doch ein deutliches Plus aufweisen. Ein Unternehmen, das sich 600 Jahre am Markt halten konnte, hat sicherlich nicht nur Flops produziert und sein Innovationspotential deutlich bewiesen. Im Sommersemester 1986 geht es um ›Innerbetriebliches‹. Die verschiedenen Wissenschaftsbereiche werden daraufhin überprüft, was sie bisher geleistet haben, wo sie heute stehen, wie es weitergehen soll. Wo stagniert der Umsatz, wo ist er rückläufig, wo lohnt es sich zu investieren.«[1]

Der geringe Widerstand, den die Geistes- und Gesellschaftswissenschaften in Heidelberg und anderswo der High-Tech-orientierten Wende in der Forschungspolitik entgegenbrachten, erstaunt. Teils aus gewohnter Loyalität gegenüber »ihren« Behörden und Ministerien, teils aus Glaubigkeit in die angeblichen wirtschaftlichen Sachzwänge (Wettbewerbsfähigkeit der Deutschen Wirtschaft), teils aus eigener Perspektiv- und Alternativlosigkeit stimmte diese traditionell konservative und staatstreue Wissenschaftselite in den wissenschaftlichen Verbänden und Selbstverwaltungsorganen ihrer eigenen Entmachtung zu.

Die Kinder der 68er Revolte aber, die jungen, dynamischen Aufsteiger und Aufsteigerinnen im Jeanslook und mit halblangen Haaren, zeigten die abverlangte Flexibilität und stiegen clever um. Statt ökologischer Studien über die Bedeutung von Stechmücken in Feuchtbiotopen schreiben sie Förderanträge über die gentechnische Vernichtung von Schadinsekten. Und selbst untergetauchte Linke vergessen nicht, ihrem Antrag nach der Suche eines bestimmten Gens oder Proteins nicht wenigstens am Ende hinzuzufügen, daß die Isolierung gerade dieses Proteins vielleicht einmal neue Möglichkeiten der Diagnose oder Therapie von Krebs, Herzinfarkt und Arteriosklerose eröffnen könnte, selbst wenn sie selbst nicht dran glauben. Hauptsache, es gibt Geld für die Forschung.

Es wird die ganze »Freiheit« sichtbar, die dem einzelnen Wissenschaftler und der einzelnen Wissenschaftlerin am Ende der Hierarchie vor Ort bleibt: Forschungsrichtungen zu wählen und Anträge zu schreiben, die Aussicht auf Förderung haben, sei es durch die DFG, das BMFT oder durch die Industrie direkt.

Die Abhängigkeit der Forscher/innen von ihren anwendungsorientierten Geldgebern schlägt sich auch in ihrer wissenschaftlichen Fragestellung, ihrem wissenschaftlichen Denken nieder. Es wird zunehmend reduktionistisch, monokausal. Gestandene Biologen/innen, die doch jeden Tag mit der Komplexität biologischer Zusammenhänge konfrontiert werden (nur wenige Experimente führen zu den gewünschten Ergebnissen), machen sich auf die Suche nach jenem einen Protein, das ALLE Krebskrankheiten besiegen kann, und werden so Opfer ihrer eigenen Euphorie und Spekulation – oder ihr Nutznießer.

Zum Beispiel Interferon: Am 16. 1. 77 luden die Biologen Charles Weissmann und Walter Gilbert, beide Universitätsprofessoren und beteiligt an der Forschungsverwertungsfirma BIOGEN, zu einer Pressekonferenz. Dort verkündeten sie, 2 Wochen bevor die Ergebnisse in einer Wissenschaftszeitschrift veröffentlicht wurden, die Konstruktion eines Interferon-erzeugenden Bakterienstammes und sprachen ihre hohen Erwartungen aus. Die Presse griff das Angebot bereitwillig auf und verbreitete, wie gewünscht, die Sensationsmeldung in alle Welt. Am nächsten Tag berichtete selbst die seriöse »Washington Post«: »Nach den Worten von Dr. Walter Gilbert, einem der führenden Molekularbiologen der Welt, könnte die Substanz sowohl wichtige Viruskrankheiten besiegen als auch den Krebs bekämpfen.« Börsendienste rechneten nach und schätzten das Marktpotential für das angebliche Wundermittel allein in den USA auf 2 Mrd. $. An der Wall Street trieb eine gewaltige Interferonspekulation den Börsenwert der an der BIOGEN beteiligten Firmen um Hunderte von Millionen Dollar hoch. Und auch der Wert der Anteile von Weissmann und Gilbert an der Firma BIOGEN selbst stieg.[2] Ernüchterung folgte. Die voreilig angeheizten Hoffnungen der Krebs-Kranken auf Hilfe konnten aufgrund der komplexen biologischen Vorgänge bei der Krebsentstehung von vornherein keine Chance auf Erfüllung haben. Das Prinzip »Kasse in den eigenen Beutel« beeinflußt offenbar zunehmend die Forschungsziele an der Hochschule. Die kapitalistische Vermarktung der Biologie untergräbt ihre Wissenschaftlichkeit und ihre Glaubwürdigkeit.

Da die regulären Wissenschafts- und Forschungsetats in den vergangenen Jahren immer mehr gekürzt wurden, sehen sich die meisten Forscher/innen gezwungen, andere Finanzierungsquellen, sog. Drittmittel, für ihre Arbeiten einzuwerben. Spricht man sie auf die Gefahr der Abhängigkeit der Forschungsinhalte von den Interessen ihrer Auftraggeber/innen an, so geben sich viele der Illusion hin, sie würden mit Raffinesse die Industrie für die Wissenschaft melken. Doch der Schwanz wedelt nicht mit dem Hund. Heute geraten immer mehr Molekularbiologen/innen in die Abhängigkeit von Geldgeber/innen aus der Chemieindustrie. Ein Konzern stiftet gerne mal für eine gewisse Zeit 1500 Mark im Monat, z. B. um von einem Forscher oder einer Forscherin einen Wirkstoff an Zellen testen zu lassen. Das erspart dem Konzern den Aufbau eigener Versuchssysteme, aber auch Kosten für eigenes Personal (Biologen/innen und Mediziner/innen verdienen in der Chemieindustrie besser als im öffentlichen Dienst). Entwicklungskosten können so kostengünstig in die öffentliche Forschung ausgelagert werden.

Als Gegenleistung müssen sich die Wissenschaftler/innen üblicherweise verpflichten

- auf dem betreffenden Arbeitsgebiet (sind) keine Zusammenarbeitsverträge mit Dritten abzuschließen
- die im Rahmen der Zusammenarbeit erarbeiteten Ergebnisse ausschließlich dem Auftraggeber zur Verfügung zu stellen
- Veröffentlichungen auf dem betreffenden Arbeitsgebiet rechtzeitig mit dem Auftraggeber »abzustimmen«, um eventuelle Patentmeldungen nicht zu gefährden.

Selbst Gespräche im Rahmen von externen Seminaren und Forschungsgesprächen müssen vertraulich bleiben. Welche Ergebnisse darf man auf einem Kongreß noch mitteilen, welche unterliegen schon der Vertraulichkeitsklausel? Forschung wird so noch mehr der öffentlichen Einsicht und Kontrolle entzogen.

Wenn aus den Zuwendungen der Industrie Personal finanziert wird, können diese Stellen nur gehalten werden, wenn auch (die erwarteten?) Ergebnisse erbracht werden. Die (Hilfs)wissenschaftlichen Arbeitsplatzbesitzer/innen geben ihr Bestes, um ihren Anspruch auf einen Arbeitsplatz immer wieder aufs neue zu erwerben.

Dies bleibt nicht ohne Folgen für die Qualität der Forschungsergebnisse. Der Ergebnisdruck in der Molekularbiologie ist hoch, die Fragestellung kurz und das Ergebnis oft geschönt. Mit der Kommerzialisierung der Molekularbiologie nimmt die Quantität von Forschungsergebnissen zu, ihre Qualität und Bedeutung hingegen ab. »Publish or perish« (Publiziere oder gehe zugrunde) lautet ein ungeschriebenes Gesetz in diesem Forschungszweig. Gerade an renommierten Forschungseinrichtungen häufen sich in den letzten Jahren wissenschaftskriminelle Praktiken. So wurde ein Forscher der renommierten amerikanischen Harvard Universität der Datenfälschung und freien Erfindung einer Substanz Interleukin 4a (die Interleukinforschung ist ein Gebiet mit größten wirtschaftlichen Interessen) überführt.[3,4] Einer der beteiligten Forscher gab gegenüber Journalisten an, der ungeheure Leistungsdruck im Institut, das von dem Nobelpreisträger Baruj Benacerraf geleitet wird, habe ihn zu den Fälschungen veranlaßt.[5]

Dabei dürfte es sich nur um die Spitze des Eisbergs handeln. Robert H. Ebert, ehemaliger Dekan der renommierten Harvard Medical School zur Verläßlichkeit wissenschaftlicher Ergebnisse: »Arbeiten, die im Grenzgebiet zwischen Wahrheit und Fälschung liegen, kommen öfter vor, als man weiß.«[6] Verflachungen und Verfälschungen molekularbiologischer Publikationen haben bereits ein solches Ausmaß erreicht, daß die renommierten Wissenschaftler Walter Stewart und Ned Feder vom National Institute of Health in Bethesda in der Wissenschaftszeitschrift »Nature« eine großangelegte, systematische Überprüfung von Fachpublikationen gefordert haben, um herauszufinden, wie viele biomedizinische Arbeiten nicht mit korrekten Daten belegt worden sind.[7] »Die systematische Untersuchung von wissenschaftlichen Praktiken kann das Vertrauen in die Wissenschaft schwächen, das für ihr Funktionieren unabdingbar ist«, meinen die beiden Wissenschaftler.[8] Braucht die Genforschung einen Publikations-TÜV zur Reinerhaltung ihrer wissenschaftlichen Wahrheiten?

Die Kommerzialisierung der Molekularbiologie behindert auch zunehmend den freien wissenschaftlichen Austausch. Bakterienstämme für Forschungszwecke und wissenschaftliche Methoden werden – wenn sie nicht ohnehin patentiert worden sind – nur dem weitergegeben, der bezahlen oder tauschen kann. Ja, sogar »Genklau« geht um.

Warum nicht gleich selbst ins Gengeschäft einsteigen? Unter der Überschrift »Vom Wissen zum Profit«[9] berichtete »Bild der Wissenschaft« von Professoren, die – oft in »Nebentätigkeit« – zu »Firmengründern« wurden. Ihre kleinen Unternehmen dienen vor allem dem Transfer gentechnologischer Innovationen aus dem Wissenschaftsbereich in die Industrie. Klassisches Beispiel für die Struktur einer solchen Transferfirma ist die Biotechnik Progen GmbH in Heidelberg. Als eine der ersten Firmen dieser Art wurde sie 1983 von Prof. Ekkehard Bautz zusammen mit 3 weiteren Wissenschaftlern, von denen jeder 20000 DM Stammkapital einbrachte, gegründet.[10] Die Firmenkontakte zu Instituten der Genforschung und zu Behörden (z. B. Stadtverwaltung, Landesregierung, BMFT) sind für Auftraggeber aus der Pharmaindustrie sowie für Kapitalanleger verlockend.

Unter »Personal-Ressourcen« führte die Firma damals als Firmengründer auf:

- Prof. Dr. Ekkehard K. F. Bautz, Inhaber des Lehrstuhls für molekulare Genetik an der Universität Heidelberg[11], Mitglied des Direktoriums des Heidelberger Genzentrums ZMBH[12], Mitglied der von Lothar Späth 1982 berufenen »Forschungskommission Baden-Württemberg«[13]
- Prof. Dr. Werner W. Franke, Geschäftsführender Direktor des Instituts für Zell- und Tumorbiologie des Deutschen Krebsforschungszentrums in Heidelberg[14], Mitglied der Senatskommission der Deutschen Forschungsgemeinschaft »Auswahlgremium für den Hinterzartener Gesprächskreis«[15]
- Prof. Dr. Günter Hämmerling, stellvertretender Direktor des Instituts für Immunologie und Genetik des Deutschen Krebsforschungszentrums. »Er ist Mitherausgeber wissenschaftlicher Fachzeitschriften und Mitglied in verschiedenen wissenschaftlichen Fachgesellschaften«[16]
- Dr. Peter Gruß, bis 1986 Arbeitsgruppenleiter im Heidelberger Genzentrum ZMBH[17]

Ins Management der Firma traten der ehemalige Geschäftsführer eines »bekannten Pharmaunternehmens« sowie »Bodo Spiekermann, einst im Bundesministerium für Forschung und Technologie tätig...« ein.[18]

Das Kapital für den Betrieb der Progen-Laboratorien kam als sog. Risikokapital hauptsächlich von Wagnisfinanzierungsgesellschaften, Banken und Konzernen. Engagiert haben sich (1987) v. a. Boehringer Mannheim, der Klosterfraukonzern in Köln/Berlin, Freudenberg, die zur Herbert-Quandt-Gruppe gehörende Gesellschaft für Industrieinteressen sowie die Citycorp Investors Europe in Delaware/USA.[19]

Diese Verbindung von Wissenschaft und Kapital wird vom Staat kräftig subventioniert. So erwartete die Progen von 1983 bis 1993 staatliche Zuschüsse in Höhe von 17 % der benötigten Gesamtmittel, die hauptsächlich vom Bundesforschungsministerium (BMFT) kommen sollen.[20] Ihre Laboratorien betreibt die Progen im städtisch unterstützten und mitgetragenen Technologiepark Heidelberg.

So findet der akademisch-industrielle Komplex der Genforschung auf Bundesebene (s. S. 133f.) seine lokalen Ergänzungen. Die Steuerzahler finanzieren (öffentliche Forschung, Firmensubventionen), die Konzerne kassieren (Steuereinsparungen, Einsparen eigener Entwicklungskosten, Aneignung von Forschungsergebnissen). Die Funktion derartiger Genverwertungsfirmen ist eine doppelte. Einerseits dienen sie als profitable Kapitalanlage. In seinem Prospekt rechnete Prof. Bautz vor, wie man bei ihm mit einer stillen Beteiligung von 100000 DM einen Gewinn von 264000 DM realisiert.[21] Andererseits verschaffen sie Auftraggebern die Möglichkeit, sich zum Preis geringer Eigenbeteiligung Weiterentwicklungen aus der öffentlich finanzierten Grundlagenforschung privat anzueignen. Zugleich besteht für die Industrie die Möglichkeit, über die mit ihr verbundenen Wissenschaftler in die öffentliche Genforschung hineinzuwirken. Durch ihre Eigenkapitalschwäche befinden sich die wissenschaftlichen Firmengründer tendenziell in Abhängigkeit von den Kapitalgebern und ihren Interessen und sind potentiell erpreßbar. So betrug das Stammkapital der Firma Progen Biotechnik 100000 DM, der Eigenkapitalbedarf aber schon in der ersten Stufe 13 Mio DM.[22]

Aber auch für die Wissenschaftler fällt etwas ab. So erwartete Prof. Bautz in seinem Firmenprospekt damit, daß die Gewinne seiner Firma bis zum Jahr 1992 auf 4,637 Mio DM steigen.[23] Für dieses hochgesteckte Ziel wird der ordentliche Hochschullehrer mit Nebentätigkeit seine Nachwuchswissenschaftler/innen mit geeigneten Mitteln (Klausuren, Praktika, Auswahlgesprächen) sehr sorgsam aus dem Heer der Studenten/innen auswählen.

Oft kommt es in der gentechnischen Forschung vor, daß die »Nachwuchselite« 60–70 Stunden pro Woche für ein Gehalt um 1300 DM (Hilfswissenschaftliche Kräfte auch darunter oder umsonst) in der vagen Hoffnung, später einmal einen (Zeit)arbeitsvertrag als Jungwissenschaftler/in zu ergattern, probearbeitet. Der Wissenschaftsbetrieb wird zunehmend gespalten in eine kleine Gruppe, die immer mehr mit der Kapitalseite verfilzt und verschmilzt und eine große Menge fremdbestimmter, lohnabhängiger, billiger Arbeitskräfte, die unter schlechteren Bedingungen arbeiten muß als die meisten Arbeiter/innen am Fließband von Daimler-Benz, wenn auch mit Aufstiegschancen. Das akademische Proletariat hat es bloß noch nicht gemerkt.

Ungezwungenheit und Teamgeist

Studenten/innen steigen in die wissenschaftliche Laufbahn dort ein, wo sie eine bezahlte Stelle als hilfswissenschaftliche Kraft bekommen, meist also in der Molekular- und Zellbiologie. Schließlich muß die Miete auch nach Ablauf der BaföG-Förderung gezahlt werden. Diplomierung und Promotion auf einem ökologischen oder klassischen Gebiet der Biologie (meist unbezahlt) sind oft zum Privileg für die Kinder reicher Eltern geworden. Nicht nur Heidelberger Jungwissenschaftler/innen sind durch Dutzende harter Ausleseklausuren, Blockseminare an Wochenenden und durch Seminare bis um 23 Uhr während ihrer Ausbildung dynamisch auf das Leben vorbereitet worden. Irgendwo im Hinterkopf weiß jeder: Die Alternative zur Wissenschaftlerkarriere heißt Arbeitslosigkeit. In diesem Klima kann durch die Verflechtung von Wissenschaft und Wirtschaft der knallharte Wettbewerb der Konzerne um die Gentechnologie auf dem Weltmarkt in knallharten wissenschaftlichen Wettbewerb umgesetzt werden: Ergebnisse publizieren oder untergehen (kein neuer Zeitarbeitsvertrag, Bankrott der Gründerfirma), das ist die Frage.

Die »Selbstbestimmung« der Arbeitszeit ist angesagt. Professor Werner Franke, Institutsdirektor am Deutschen Krebsforschungszentrum und Progen-Mitbegründer, in einem Interview der ÖTV-Zeitung Guckloch: »Ich glaube, es gibt im Hause keinen, der mich an Arbeitsleistung übertrifft. Ich komme auf 70 Stunden, d. h. das Doppelte der von der ÖTV angestrebten Leistung.« Zu den amerikanischen Technologietransferfirmen meint Prof. Franke in derselben Zeitung, »... daß in diesen jungen US-Firmen ein Geist herrscht, den ich mir manchmal im öffentlichen Dienst hier wünschen würde: Weil diese Mitarbeiter wissen, daß sie alle in einem Boot sitzen, sind sie bestrebt, Projekte wirklich ›full power‹ durchzuziehen.« Und weiter:

»Guckloch: Bakterien, wenn sie erst einmal da sind, wachsen von ganz alleine, kennen keinen Feierabend, keinen Urlaub und auch keine Gewerkschaft. Das sind die idealen Schaffer. Prof. Franke: Ich sage auch immer zu meinen Mitarbeitern: ›Die Bakterien kennen keine Ferien.‹«[24]

In den meisten Genlabors dürfte durchschnittlich 60 Stunden die Woche gearbeitet werden. Es wird erwartet, daß die Mitarbeiter auch an vielen Wochenenden im Labor sind. Wer in Heidelberg das Genzentrum sucht, der begibt sich am besten nachts oder an einem Feiertag auf das Gelände der neuen Universität. Das am hellsten erleuchtete Gebäude, vor dem die meisten Autos parken, ist das Genzentrum, dort trifft er die jungen, dynamischen Forscher/innen.

Die kommen meist gern und fühlen sich überhaupt nicht ausgebeutet, denn mit dem wirtschaftlichen und forschungspolitischen Genboom wurde im Studium und in den Genlabors auch eine Atmosphäre erzeugt, die sich mit dem Begriff »Genrausch« gut beschreiben läßt: Die totale Identifikation der jungen Leute mit ihrer Arbeit. Denn diese Arbeit ist nicht langweilig, sondern spannend. Ist es nicht aufregend, den Gesetzen des Lebens auf die Spur zu kommen? Engagierte Molekularbiologen/innen erwarten von der Gentechnologie in zweierlei Hinsicht neuen Erkenntnisgewinn für die Biologie. Erstens können jetzt Gene entschlüsselt und in eine fremde Umgebung gebracht werden. Man erhofft sich davon die Aufdeckung der Bewegungsgesetze der Gene, um daraus Erkenntnisgewinn für das Verständnis der Regulation der Gene selbst, des Stoffwechsels, der Entwicklung von Lebewesen und der Evolution abzuleiten. Ein erheblicher Teil dieser Erkenntnisse könnte auch ohne Gentechnologie ermittelt werden, dann aber viel langsamer.

Zweitens dienen gentechnische Methoden als »Katalysatoren« des Erkenntnisfortschritts in Biochemie, Physiologie und Teilbereichen der Medizin. Und wird der nicht dringend als Bestandteil der Auseinandersetzung mit AIDS, Krebs und anderen Krankheiten gebraucht? Gearbeitet wird oft in dem Bewußtsein der guten Tat. Muß es einen jungen Menschen nicht motivieren, wenn er das Glück hat, nicht als einer von Zehntausenden arbeitsloser Akademiker/innen zum überflüssigen Drittel der »Zweidrittelgesellschaft« zu gehören, sondern die Möglichkeit erhält, einen Impfstoff zu entwikkeln, an dem vielleicht Gesundheit und Leben von Millionen Malariakranken hängen – an seiner Arbeit. Zudem ist diese Arbeit keine monotone Fließbandarbeit, sondern erfordert den »ganzen« Menschen. Erst den Kopf für das Wissen und die Versuchsplanung, dann geschickte Hände für die Entwicklung der empfindlichen Methoden (hier geht es auch um Handwerk neuen Typs) und schließlich Kommunikation, das sprachliche Ausdrücken, mündlich und schriftlich – am Computer und in der Fachdiskussion. Und bei allem geht es international zu. Man liest (und spricht) Englisch, verkehrt mit Leuten von Welt, fliegt mal kurz mit dem Jet zu einem Kongreß nach San Francisco. Und auch für das leibliche Wohl ist gesorgt: Im Unishop kann man zwischen den Experimenten schnell einkaufen gehen.

So wird die Faszination der Arbeit geschickt eingesetzt zur Identifikation der Wissenschaftler/innen mit »ihrer« Forschung. Sie schafft die für eine solche Arbeit unabdingbare hohe Motivation im Übermaß und macht die Selbsttäuschung über das Ausgeliefertsein an den vorhandenen Wissenschaftsbetrieb, seine Hierarchie und Fremdbestimmung durch Politik und Wirtschaft leicht. Der Genrausch wird zur Arbeitssucht, der gesellschaftlich angesehensten Suchtkrankheit. Das BAYER-Forschungsmagazin verkündet unter der Überschrift »Ungezwungenheit und Teamgeist« die neuen Wissenschaftler/innen-Ideale: »Die Faszination ihrer Tätigkeit macht viele von ihnen, wie sie denn auch offen zugeben, zu ›Workaholics‹, zu Arbeitssüchtigen. 60–80 Stunden die Woche sind die Regel, und auch an den Wochenenden sind stets einige in den Labors zu finden. Wolf-Dieter Busse kann die Wochenenden, die er völlig seiner Familie widmen kann, an einer Hand abzählen... Oft bringen sogar die Stunden am Wochenende besonders fruchtbare Ergebnisse, weil die Wissenschaftler ungestört arbeiten können. Da fragt am Telefon allenfalls mal die Ehefrau nach, wann denn mit der Rückkehr ins Familienleben zu rechnen ist. ... Hemdsärmeligkeit und Ungezwungenheit, Teamgeist und die Begeisterung für die Aufgabe – das sind seine Tugenden. Dazu ein gerütteltes Maß an Pioniergeist...«[25]

Wer 60–70 Stunden die Woche als Spezialist/in im Labor verbringt, verliert bald den Bezug zur Realität und vereinsamt. Die Oberflächlichkeit des Laborlebens wird zum Ersatz für Freunde und Familie. Ich habe viele Forscher kennengelernt – alle Männer –, die schon »länger dabei waren« und über etwas anderes als über ihre Arbeit gar nicht mehr reden konnten. Auf ihren Geburtstagsfeiern im Labor (eine halbe Stunde Kaffeetrinken auf einem Labortisch) haben sie mir mit fahlem Gesicht vorgeschwärmt, wie sie in den USA 3 Monate lang nur 4 Stunden die Nacht zwischen den Experimenten auf einer Holzbank im Warteraum des Labors geschlafen haben. Unter den freiwillig-gezwungenen Gefangenen hinter den hohen Mauern der High-Tech-Zentren und Technologieparks breitet sich soziale und kulturelle Verkümmerung aus.

Auch dem schönsten Rausch folgt der Kater. Dies gilt auch für den Genrausch der Gründerphase. Die Gründereuphorie ist noch nicht abgeklungen, da kündigen sich schon die Vorboten einer ersten Pleitewelle an. Reinhold Sommer, 1983 wagemutiger Gründer der Heidelberger Genfirma »Gen-Biotech«, wurde noch 1984 vom »Journal« des Bundesministeriums für Forschung und Technologie (BMFT) mit einem Porträt (»Sohn eines Straßenbahners aus Bottrop«) zur Nachahmung empfohlen und mit 900000 DM aus Steuermitteln subventioniert.[26] Drei Jahre später, 1986, mußten das Heidelberger Renommierunternehmen und seine 20 Beschäftigten durch ein umstrittenes Darlehen der Stadtverwaltung Heidelberg in Höhe von 565000 DM per Eilentscheid des Oberbürgermeisters über den Gemeinderat hinweg vor der Pleite gerettet werden (Originalton des OB: »Die Sache duldete keinen Aufschub so kurz vor Weihnachten«).[27]

Beispiele aus anderen High-Tech-Bereichen warnen. Im legendären High-Tech-Zentrum der USA, Silicon Valley, lebten 1983 26000 promovierte Wissenschaftler/innen. Die Krankheitshäufigkeit ist dort viermal so hoch wie in der übrigen Industrie, und die Ehescheidungsraten sowie der Alkoholismus sind selbst für amerikanische Verhältnisse einmalig.[28,29]

Die Situation ist verzweifelt. In den Hörsälen der Universitäten und vor den Toren der Arbeitsämter warten Zehntausende billiger Arbeitskräfte, die schon von ihrer Studienzeit her oft keine höheren Ansprüche als das Existenzminimum mitbringen. Sie haben keine Stechuhr kennengelernt und meist auch keine Gewerkschaft, mit denen sie für höhere Löhne und bessere Arbeitsbedingungen kämpfen könnten. Mir sind Biologen/innen bekannt, die nach Ablauf ihres Zeitarbeitsvertrags ohne Entlohnung weitergearbeitet haben, um »in Übung« zu bleiben und ihre Chancen für weitere Bewerbungen zu verbessern.

Zuerst auf der Strecke bleiben Frauen und Kinder. Frauen sehen sich im High-Tech-Bereich noch härter als anderswo vor die menschenverachtende Alternative »Karriere oder Familie« gestellt. Im männlich verhärteten Klima von Konkurrenz und Karriere ist der Anteil der Frauen, denen es gerade in Biologie und Medizin gelungen ist, ihre Verbannung aus Naturwissenschaft und Technik auf breiter Front zu durchbrechen, wieder rückläufig und nimmt vor allem von unten nach oben rasch ab. Von Teilnehmern eines Seminars für Spitzennachwuchs (Kölner Genschule, 1985) war zu hören, daß ein Industrievertreter vor der versammelten Nachwuchselite erklärte, warum die Industrie auch künftig ein großes Problem darin sieht, Wissenschaftlerinnen in leitenden Positionen zu beschäftigen. Es löste damit insbes. bei den Genforscherinnen, von denen viele der Industrie in 10- bis 12stündiger Arbeit täglich wissenschaftliche Ergebnisse heranschaffen, empörte Diskussionen aus.

Gefährliche Genforschung

Im durchkommerzialisierten Wissenschaftsbetrieb der Genforschung gehen Geschäftemacherei, soziale Isolation und reduktionistisches Denken eine unglückselige Verbindung ein, die die ganze Gesellschaft bedroht. Völlig losgelöst von der realen Welt, vermögen viele Genforscher kaum mehr über den Rand ihres Reagenzglases hinauszuschauen. Ihre von der Realität losgelöste, beschränkte (reduzierte) Lebensweise spiegelt sich in ebensolchem Denken wider: Tieferliegende gesellschaftliche Ursachen von Krankheiten und Umweltverschmutzung können nicht mehr wahrgenommen werden, erfahren wird nur noch die stofflich – molekulare Ebene, gerechtfertigt wird eine die eigenen Interessen (Geld und Lorbeeren) fördernde Reparaturmedizin und -ökologie.

So wurden z. B. unter Umgehung der zuständigen Behörden genmanipulierte Bakterien freigesetzt.[30] Unter dem Begriff »Genefarming« werden u. a. Kühe verheißen, die als lebendige Bioreaktoren »in der Milch, im Blut, in der Leber oder in anderen Geweben« Pharmaka für den Menschen produzieren.[31] Unter dem Titel »Prädiktive Medizin« hat die EG ein Förderprogramm zur Kartierung des menschlichen Erbguts vorgeschlagen, unter Verwendung eugenischer Argumente (s. S. 47).[33] Ja, auf einem von Ciba-Geigy gesponserten Symposion »Die Zukunft des Menschen« wurden auch schon Vorschläge für eine genetische Zuchtwahl des Menschen gemacht.[34] So würden diejenigen, für die das Labor die Welt bedeutet, am liebsten aus der Welt ein einziges grenzenloses Großlabor der Genforschung machen.

Im »wertfreien« Wissenschaftsbetrieb der Genforschung ist ein ethischer Gebrauch der Gentechnologie schwer möglich. Am Bericht der Enquete-Kommission Gentechnologie des Deutschen Bundestages hat eine von der DFG eilends gebildete Kommission deutliche Kritik geübt.[35] Darin wehrt sich die DFG u. a. gegen ein Verbot der Manipulation menschlicher Geschlechtszellen, die sie nur »zum gegenwärtigen Zeitpunkt« ablehnt.[36] Eine Stellungnahme der DFG zur Selbstverantwortung der Biologen/innen bei den Verbrechen des Hitler-Faschismus (Rassentheorie, Eugenik) steht dagegen bis heute noch aus. Bundesforschungsminister Heinz Riesenhuber zu Forderungen nach gesetzlichen Regelungen für die Genforschung: »Ich gehe heute (1984, d. Verf.) davon aus, daß ein Gesetz nicht erforderlich ist. Dabei setze ich voraus, daß der Wissenschaftler weiß, wo in seiner Verantwortung die Grenzen sind.«[37] Nur langsam beugt sich die Bundesregierung den Forderungen der Öffentlichkeit nach einer gesetzlichen Regelung für die Genforschung.

Doch noch aus einem anderen Grunde ist ein solcher Wissenschaftsbetrieb lebensgefährlich. Der harte Ergebnisdruck kapitalistischer Verwertungsinteressen und die von ihm erzeugte Genrauschmentalität führen nicht nur zu Kritiklosigkeit, ja Blindheit gegenüber den eigenen Forschungsinhalten, sondern auch gegenüber dem Gefahrenpotential der angewandten Techniken. Der bekannte Molekularbiologe Robert Sinsheimer hat das spezifische Verhältnis von Wissenschaftlern zu Forschungsinhalten und Sicherheitsproblemen einmal treffend so charakterisiert: »Wissenschaftler können zudem sehr engstirnig sein, oft ist das gut so. Man braucht schon ein ungeheures Maß an Engagement, um ein guter Wissenschaftler zu sein. Eine weitere Grundbedingung ist der Glaube, das Erforschte sei gut und nützlich. Eine solche geistige Disposition erschwert den Zugang zu anderen Standpunkten natürlich ungemein.«[38]

Zu dieser Geisteshaltung kommt hinzu, daß der vorsichtige Umgang mit Arbeitsmaterialien erst einmal nur die wissenschaftliche Arbeit aufhält und damit die Produktion von Forschungsergebnissen im Rahmen des internationalen wissenschaftlichen Wettbewerbs verlangsamt. Schließlich gibt es durch den täglichen Umgang mit biologisch aktivem Material, das ja »nur« potentiell gefährlich ist, einen Gewöhnungsprozeß. Zusammen ergibt sich damit eine aus der wissenschaftlichen Arbeit selbst entspringende Tendenz zur Unterschätzung von Gefahrenpotentialen, die nach gesellschaftlicher Gegensteuerung verlangt. Deshalb ist gerade im Wissenschaftsbereich eine von eigennützigen Betreiberinteressen freie Gefahren- und Sicherheitsforschung/-lehre geboten – in West und Ost.

Die Enquete-Kommission Gentechnologie lud 1985 zu einer Anhörung über das brisante Thema »Ökologische Aspekte der Freisetzung von lebendem Material«.[39] Jeder der anwesenden Molekularbiologen/innen wußte fachlich-sachlich genau zu begründen, warum zumindest sein Projekt keinerlei Gefahr darstelle, wobei er solche Gefahren bei anderen natürlich nicht ausschließen wollte, doch dies zu beurteilen, falle nicht in seine Kompetenz. Eine Krähe hackt der anderen eben kein Auge aus, und schnell kommt es zum Schulterschluß gegenüber Einmischungen der Öffentlichkeit und des Staates in die als »innere Angelegenheiten« betrachteten Forschungsinteressen. Dem gesunden Menschenverstand wird der Sachverstand abgesprochen und beschränktem Fachdenken allein die Beurteilungskompetenz zugesprochen. Umgekehrt allerdings lassen sich die hochkarätigen Experten aus der Biologie nicht davon abhalten, platte Erklärungen zu ökonomischen Fragen, z. B. zur Konkurrenzfähigkeit der Industrienation Deutschland, abzugeben. Diese Methode der Herrschaftslegitimation ist alt! Unter dem Mantel des »Sachverstandes« beanspruchen nicht nur die molekularbiologische Fachgemeinde und die Kernphysiker das Monopol auf Entscheidungen, die alle betreffen.

Nach den Anhörungen und diversen Sitzungen in Kommissionen und Gremien kehren dann die Genspezialisten in die Hörsäle und Laboratorien zurück und bilden die Studentenschaft im Geiste der Ungefährlichkeit der Gentechnologie aus. Während meines gesamten Studiums in Heidelberg, einem Zentrum gentechnischer Forschung, wurde – außer in meinem mühsam durchgesetzten Tutorium – keine einzige Lehrveranstaltung über mögliche Risiken der Gentechnik angeboten. Die angehenden Genforscher/innen erfahren meist erst durch die öffentliche Diskussion, daß das einmal anders war.

1974 stellten 11 weltbekannte amerikanische Molekularbiologen unter dem Titel »Potentielle Biogefahren neukombinierter DNA-Moleküle« einen vorläufigen Stopp ihrer eigenen Forschung zur Diskussion und verlangten die Ausarbeitung von Sicherheitsrichtlinien.[40] Auf der Konferenz von Asilomar kam es 1975 zwischen den Genetikern zu einem leidenschaftlichen Streit um die Beherrschbarkeit der Gentechnik. Besorgte Konferenzteilnehmer fragten immer wieder nach der Haftung im Falle einer Genkatastrophe. Am härtesten hielten schon damals die (noch wenigen) Abgesandten der Industrie dagegen: Merck, Hoffmann La-Roche und General Electric. Einem Journalisten berichtete der führende britische Molekularbiologe Sidney Brenner nach der Konferenz, der Wettbewerb innerhalb der Biologie habe ihn schockiert. Brenner: »Die Leute dort werden hart vorangetrieben. Ich habe immer wieder das Wort Geschäft gehört, etwa: ›Mit diesen Richtlinien werden sie mich aus dem Geschäft bringen.‹«[41]

Heute treiben ungleich größere Geschäftsinteressen die Molekularbiologen/innen voran. Die Bundesregierung hatte die im Ergebnis und im Anschluß an die Konferenz von Asilomar erarbeiteten Sicherheitsrichtlinien der USA im wesentlichen für die BRD übernommen. Heute stehen den Betreibern von Gentechnik, den Unternehmen und beteiligten Wissenschaftlern, die eigenen Richtlinien im Wege, obwohl sie in den vergangenen acht Jahren viermal gelockert wurden.

In der BRD ist die Zentrale Kommission für Biologische Sicherheit (ZKBS) für Sicherheitsfragen in der Gentechnologie zuständig. Schon die Zusammensetzung dieses nicht gewählten, sondern vom Bundesforschungsministerium berufenen Gremiums macht es für die Aufgabe der Erarbeitung und Überwachung eines sicheren Umgangs mit Gentechnologie völlig ungeeignet. In diesem Gremium sind fast durchweg renommierte Betreiber von Gentechnologie aus Industrie und Wissenschaft versammelt. 3 Mitglieder kamen (1988) aus der Industrie (Bundesverband der Pharmazeutischen Industrie, Hoechst AG, Boehringer Mannheim), die meisten aber sind »unabhängig«. Evtl. Kooperationen, Beraterverträge und Patentbeteiligungen mit der Industrie sind nicht auszuschließen. Welche Position wird wohl ein Wissenschaftler, der wie z. B. Prof. Sukatsch in der Pharmaforschung der Hoechst AG beschäftigt ist[42], in den staatlich geschaffenen Gremien und gegenüber der Öffentlichkeit zu Sicherheitsfragen beziehen? 1986 beantragte die Hoechst AG eine Genehmigung für ihre erste gentechnische Produktionsanlage. Im selben Jahr hob die ZKBS das Verbot des großtechnischen Einsatzes von Gentechnologie auf.

Anfang 1987 hatte die Enquete-Kommission Gentechnologie u. a. zahlreiche Empfehlungen zur Verbesserung der Sicherheitsrichtlinien der ZKBS sowie ein 5jähriges Moratorium für die Freisetzung gentechnischer Organismen erarbeitet. Eine vom Senat der DFG gebildete (erweiterte) Senatskommission aus Molekularbiologen, darunter viele alte Bekannte aus anderen Kommissionen und Beratungsgremien der Bundesregierung[43], hat zum Bericht der Enquete-Kommission eine Stellungnahme ausgearbeitet. Darin heißt es: »Vor allem die Einschätzung der biologischen Sicherheitsrisiken und die Empfehlungen, die zu gesetzlichen Regelungen führen könnten«, hält die Senatskommission »teilweise für bedenklich«[44], für eine »unbegründete Behinderung der Forschung«.[45] Die Stellungnahme gipfelt in dem Vorwurf opportunistischen Verhaltens gegenüber der Öffentlichkeit: »Der Bericht drückt bezüglich der Risiken eher die Besorgnisse und die skeptische Stimmung aus, die zur Zeit in der Öffentlichkeit vorhanden ist.«[46] Ausdrücklich hingewiesen wird unter dem Stichwort Forschungsverbote auf die »zentrale Bedeutung der Forschungsfreiheit, wie sie im Grundgesetz verankert ist«.[47]

Bedeutet dieser dezente Hinweis, daß die DFG notfalls das Bundesverfassungsgericht anrufen will, wenn den Empfehlungen Konsequenzen folgen sollten? Dem Bericht entgegengestellt wird die eigenverantwortliche Selbstkontrolle der Forscher/innen. Welche Gefahren sehen nun aber die Betreiber von Gentechnologie überhaupt? »Nach allen bisherigen Erfahrungen stellen gentechnologische Experimente als solche keine Gefahr dar, die über das Gefährdungspotential der Ausgangsorganismen hinausgeht und spezifisch der Neukombination zuzuschreiben wäre.«[48] Wozu dann überhaupt noch »Richtlinien zum Schutz vor Gefahren durch *in-vitro neukombinierte* Nukleinsäuren«? Hier hat man tatsächlich den Bock zum Gärtner gemacht. Viele Molekularbiologen halten Sicherheitsvorkehrungen in der Gentechnologie längst für überflüssig. Die vorhandenen Sicherheitsrichtlinien sind für sie eine taktische Formalität, die nicht weh tut und die Öffentlichkeit beruhigt.

Dies zeigt auch die molekularbiologische Alltagspraxis in den Labors, die die Öffentlichkeit leider nicht kennt. Teils aus mangelndem Sicherheitsbewußtsein, teils aus Arbeitshetze wird in den deutschen Genlabors oft fahrlässig gearbeitet, obwohl es bei keiner Technologie so sehr auf den sog. subjektiven Faktor, den Menschen selbst ankommt, wie bei dieser tückischen dezentralen Kleinsttechnologie. Denn vor Bakterien und Viren schützen keine Metallgitter und auch keine Berstmauern, sondern – wenn überhaupt – nur das ruhige, sorgfältige, sterile Arbeiten. Ein eiliges, unleserliches Beschriften der Bakterienzuchtgefäße und ein übermüdeter Kollege reichen aus für den Transport von gefährlichem biologischem Material in die falsche Sicherheitsstufe. Hektik, Streß und Übermüdung sind fehl am Platz, also auch die gnadenlosen Konkurrenzbedingungen, der tägliche 10- bis 12stündige Kampf um die Verlängerung des Zeitarbeitsvertrages. Unter diesem Druck werden gentechnisch veränderte Bakterien und Zellkulturen, die Antibiotika und Virusmaterial enthalten (können), vielfach in den Ausguß gekippt. Biologisch aktives Material wird meist nicht im Autoklaven abgetötet, bestenfalls wird es durch Zusatz bestimmter Chemikalien teilsterilisiert. Und auch die räumlichen Verhältnisse sind so eng, daß nicht selten in Laborräumen gegessen wird, da Pausenräume nicht vorhanden sind. Statt die Labors geeigneten Sicherheitsstandards anzupassen, werden die Sicherheitsrichtlinien an die vorhandenen Laborbedingungen angepaßt.

Die Entdemokratisierung der Genforschung

Wie oben erwähnt, war Mitte der siebziger Jahre eine offene Debatte unter den Molekularbiologen über die Risiken der Gentechnologie noch möglich. Damals ging es um Gefahren bei der Übertragung von Genen mit Hilfe von Plasmiden in Bakterien im Labormaßstab. Mit dem Übergang zur großtechnischen Nutzung von Gentechnologie und der Entdeckung neuer Gefahrenpotentiale im Bereich der Virologie (Retroviren) ist eine Neuauflage der Sicherheitsdiskussion mehr als überfällig. Warum wird sie nicht geführt, wer unterdrückt sie? Nicht nur in wissenschaftlichen Gremien, auch in Fachzeitschriften bestimmt eine kleine Fachelite darüber, welche Publikationen angenommen werden. Sie hat auch eine offene wissenschaftliche Diskussion um die Entstehung von AIDS bisher verhindert. Obwohl sie selbst keinen widerspruchsfreien Mechanismus einer natürlichen AIDS-Entstehung vorschlagen können, grenzen sie wissenschaftliche Argumente für eine Entstehung des AIDS-Virus als Laborunfall aus der Diskussion kategorisch aus. Warum?

Jahrelang haben die renommierten Molekularbiologen in der Öffentlichkeit behauptet, Gentechnik sei ungefährlich, die von ihnen ausgearbeiteten Sicherheitsrichtlinien seien mehr als hinreichend. Nun fürchten sie mit Recht einen Verlust an Glaubwürdigkeit und verhindern eine nur dem Auffinden der Wahrheit verpflichtete wissenschaftliche Diskussion. Die Logik ist entlarvend: Die Ungefährlichkeit der Gentechnologie wurde von vielen Molekularbiologen/innen damit begründet, daß sie ja nichts anderes machen als die Natur auch. Nun beharren sie auf einem natürlichen Ursprung von AIDS. Wer aber die natürlichen und technischen Möglichkeiten der Rekombination gleichsetzt, muß auch den Umkehrschluß zulassen: Alles Gefährliche, was die natürliche DNA-Rekombination hervorbringt, könnte auch im Labor entstehen, logisch oder? Dies um so mehr, da in den Laboratorien verschiedenste Viren aus den verschiedensten Wirten und Lebensräumen auf engstem Raum zusammengeführt werden und Bedingungen ausgesetzt sind, die ihre Mutation beschleunigen.

Die unkritische Haltung der Biologen/innen »an der Basis« ergibt sich schon aus ihrem Alltag selbst. Wer pausenlos im Labor arbeiten muß, ist froh, wenn er am Feierabend noch zur Entspannung kommt. Wer es aber nach getaner Arbeit trotzdem noch fertigbringt, sich mit Kritik zum Fenster rauszuhängen, ist schnell weg von demselben. Denn es ist ein kleiner Kreis etablierter Wissenschaftler, der in den wissenschaftlichen Gremien oder durch Kontakte zur Industrie über die Forschungsanträge entscheidet, von denen die Masse der Molekularbiologen lebt. Deshalb scheuen selbst alternative und linke Insider Kritik in der Öffentlichkeit. Kritische Biologen/innen werden gezwungen, unter Pseudonymen in alternativen Wissenschaftszeitschriften und Tageszeitungen zu schreiben.[49] Offene Kritik kommt vornehmlich von Aussteigern.[50]

Hinter vorgehaltener Hand wird inzwischen auch unter den Molekularbiologen/innen über Gefahren mit Retroviren diskutiert. Ich kenne sogar Professoren, die Experimente mit Retroviren, die ein weites Wirtsspektrum aufweisen, als zu gefährlich fallengelassen haben. »Aber dann macht sie ein anderer.« Die Verantwortbarkeit solcher Experimente kann nicht auf der wissenschaftsinternen oder gar individuellen, sondern nur auf der gesellschaftlichen Ebene entschieden werden. Doch größer als die Angst der Molekularbiologen/innen vor den Risiken der Gentechnologie ist ihre Angst vor der Öffentlichkeit. Wenigstens die eigenen Reihen sollen geschlossen gehalten werden.

Mit allen Mitteln soll verhindert werden, daß Kritiker/innen des Gengeschäfts aus dem Forschungsbetrieb selbst heraus dubiose Forschungsziele, ihre Geldgeber und Verstöße gegen Sicherheitsbestimmungen an die Öffentlichkeit bringen. Ein ganzer Wissenschaftszweig ist von den Interessen weniger Großunternehmen und der mit ihnen verbundenen Politiker und Wissenschaftler vereinnahmt und ruhiggestellt worden. Man kann diesen Sachverhalt auch mit den etwas feineren Worten der Wissenschaftssprache fassen: »Die fortschreitende Privatisierung und Elitebildung sorgen für die Abnabelung sozialer Bewegungen und Forderungen vom Wissenschaftssystem.«[51]

Damit aber wächst das Mißtrauen der Öffentlichkeit in die Genforschung. Eine Wissenschafts- und Technologiepolitik, die von der Bevölkerung abgelehnt wird, kann nur noch mit Gewalt aufrechterhalten werden, wie das Beispiel Kernenergie zeigt. Die ersten Brandsätze gegen Genzentren sind bereits geschleudert und die ersten Kritikerinnen der Gentechnologie verhaftet worden. Seitdem gelten kritische Veranstaltungen zur Gentechnologie als »anschlagsrelevante Veranstaltungen«. Zwar werden um Einrichtungen der Genforschung (noch) keine Stacheldrahtzäune gezogen, wohl aber wird z. B. in Heidelberg erwogen, den bisher offenen Zutritt zum zentralen Forschungsbereich des Zentralen Krebsforschungszentrums durch die Vergabe von Magnetkarten zu kontrollieren.

Die Orientierung der Biologie an der profitablen Ausbeutung und Unterdrückung von Mensch und Natur bietet der Menschheit keine Perspektive. Angesichts der existenziellen, globalen Probleme, vor denen die Menschheit steht, müssen auch die Biologen/innen heute daran gemessen werden, inwieweit ihre Forschung zur Lösung oder zur Verschärfung dieser Probleme beiträgt. Um dieses neue Denken durchzusetzen, ist es notwendig, dem industriell-akademischen Komplex, dem Bündnis von Konzernvertreter/innen und Wissenschaftler/innen von oben, das Bündnis von Arbeitnehmer/innen und kritischen Wissenschaftler/innen von unten zur Durchsetzung einer anderen Wissenschafts- und Forschungspolitik entgegenzusetzen. Es geht um eine Perestroika des Wissenschaftsbetriebes, einen Umbruch, der durch Überwindung von Kapitalverwertungs- und Herrschaftsinteressen wissenschaftlich-technischen und sozialen Fortschritt endlich zusammenbringt, statt ihn immer weiter zu entzweien. Der Hebel heißt Glasnost, Demokratisierung.

P. S. 1985 drohte die Stuttgarter Landesregierung mein vom Fakultätsrat Biologie der Universität Heidelberg beschlossenes Tutorium »Chancen und Risiken der Biotechnologie«, die erste Lehrveranstaltung über die ökologischen und sozialen Risiken der Gentechnologie an der Universität Heidelberg, durch ein Berufsverbotsverfahren zu verhindern. Vorgeworfen wurde mir insbes. ein Artikel »In den Fängen der BASF«. Eine dort meinem Buch »Das Gengeschäft« entnommene

Charakterisierung des Heidelberger Genzentrums als »öffentliche Profitsubventionierung der BASF« sollte zu Zweifeln an meiner Verfassungstreue Anlaß geben, da dies eine »grundsätzliche Kritik am bestehenden Wirtschaftssystem« sei. Zu den Grundwerten gehöre angeblich auch die bestehende Wirtschaftsordnung, die einem Unternehmer die Freiheit läßt, sich an einem öffentlichen Forschungsvorhaben zu beteiligen. Ich danke an dieser Stelle allen, die durch ihren Protest das Berufs- und Lehrveranstaltungsverbot abgewehrt haben. Sie haben damit zugleich verhindert, daß grundsätzliche Kritik an der Vermarktung der Molekularbiologie im »Musterländle« Baden-Württemberg als »verfassungsfeindlich« abgestempelt werden konnte.

Anmerkungen

1 *Unispiegel,* Presseorgan der Universitätsleitung, Dez. 1984
2 Jost Herbig, Der Bioboom, Gruner und Jahr, 1982, S. 260
3 *Science,* Vol. 215 (1987), S. 478ff
4 *Nature,* Vol. 325 (1987), S. 478
5 *Frankfurter Allgemeine Zeitung,* 7. 1. 87
6 *Science,* a.a.O.
7 *Nature,* a.a.O.
8 *Süddeutsche Zeitung,* 2. 3. 87
9 Rolf Andreas Zell, Thorwald Ewe, Vom Wissen zum Profit, in: *Bild der Wissenschaft* 4/1984, S. 95
10 Werbeprospekt der Firma Biotechnik Progen GmbH, 1983, S. 10f
11 a.a.O.
12 Zentrum für Molekulare Biologie Heidelberg, Annual Report (1986), Heidelberg, S. 121
13 Forschungskommission Baden-Württemberg (Hg.), Abschlußbericht
14 Werbeprospekt der Firma Biotechnik Progen GmbH, 1983, a.a.O.
15 Deutsche Forschungsgemeinschaft (Hg.), DFG Tätigkeitsbericht 1986, S. 305
16 Werbeprospekt der Firma Biotechnik Progen GmbH, 1983, a.a.O.
17 Zentrum für Molekulare Biologie Heidelberg, Annual Report (1986), a.a.O.
18 Eric Gujer und Gert Goebel, Ich hab' mein Gen in Heidelberg, in: *Mannheimer Morgen,* 15. 1. 87, S. 7
19 a.a.O.
20 Werbeprospekt der Firma Biotechnik Progen GmbH, 1983, S. 30
21 a.a.O., S. 34ff
22 a.a.O., S. 20ff
23 a.a.O., S. 23ff
24 *Guckloch* (Zeitung der ÖTV am Deutschen Krebsforschungszentrum) Juni 1984
25 Bayer AG (Hg.), research – Das Bayer Forschungsmagazin, Ausgabe 1986, S. 54
26 *Spiegel* Nr. 34 vom 19. 8. 85
27 *Rhein-Neckar-Zeitung* vom 12. 3. 87

28 *Frankfurter Rundschau* vom 4. 8. 84
29 Rügemer, Werner, Neue Technik – Alte Gesellschaft, Silicon Valley, Köln 1985
30 *Genethischer Informationsdienst,* 26/1987, S. 16
31 Kalm, E., Institut für Tierzucht und Tierhaltung der Christian-Albrechts-Universität Kiel, in: »Konzept für das interdisziplinäre Institut für Biotechnologie in der Landwirtschaft«, 1987, S. 5
32 a.a.O. S. 5
33 *Genethischer Informationsdienst,* 10/1988, S. 3
34 *Der Spiegel,* 47/83, S. 212ff
35 Deutsche Forschungsgemeinschaft, Stellungnahme zum Bericht der Enquete-Kommission »Chancen und Risiken der Gentechnologie« des 10. Deutschen Bundestages vom 8. 5. 1987
36 a.a.O., S. 5
37 Heinz Riesenhuber, in: »Ethische und rechtliche Probleme der Anwendung zellbiologischer und gentechnischer Methoden am Menschen, Dokumentation eines Fachgesprächs im BMFT, München 1984, S. 50
38 Nicholas Wade, Gefahren der Genmanipulation, Westberlin 1979, S. 52
39 Öffentliche Anhörung der Enquete-Kommission Chancen und Risiken der Gentechnologie, »Freisetzung von lebendem Material«, Bonn, 21. 10. 85
40 Jost Herbig, a.a.O., S. 45
41 Nicholas Wade, a.a.O., S. 105
42 ZKBS-Mitgliederliste (Stand 25. 10. 88) nach Weidenbach/Tappeser, a.a.O.
43 Der Bundesminister für Forschung und Technologie (Hg.), Beratungsübersicht 1985/86 des BMFT
44 Deutsche Forschungsgemeinschaft, a.a.O., S. 2
45 a.a.O., S. 4
46 a.a.O., S. 2
47 a.a.O., S. 5
48 a.a.O., S. 2
49 Bobby Hatch, AIDS-Unfall, Zufall oder unzufällig? *Wechselwirkungen* 23, Nov. 1984
50 Regine Kollek, Sicherheitsaspekte der experimentellen Arbeit mit Retroviren, in: R. Kollek, B. Tappeser, G. Altner (Hg.), Die ungeklärten Gefahrenpotentiale der Gentechnologie, München 1986
51 Georg Ahrweiler, Aktuelle Tendenzen in der Forschungs- und Wissenschaftspolitik, in: Bund demokratischer Wissenschaftler und Wissenschaftlerinnen (Hg.), *Forum Wissenschaft, Studienhefte* 1 – Gentechnologie, Marburg 1986

Ruben Scheller
Wie frei ist die Genforschung?

Wirtschaftsinteressen und Forschungsorganisation

Im Mittelpunkt der kritischen Diskussion über die Gentechnologie stehen die ökologischen und ethischen Risiken »DER« Gentechnologie für »DIE« Gesellschaft. Dabei bleibt am Rande, wer eigentlich konkret entscheidet, ob, was und wie mit der Gentechnologie erforscht und entwickelt wird. Unabhängig davon, ob man den Ausstieg aus der Gentechnologie fordert oder sie sozial und umweltgerecht gestalten will, gegen welche ökonomischen, politischen, sozialen und psychologischen Machtstrukturen muß eine andere Forschungs- und Industriepolitik durchgesetzt werden? Der vorliegende Beitrag beschreibt, wie gentechnische Forschungspolitik in unserem Lande gemacht wird.

Bevor ein Wissenschaftler oder eine Wissenschaftlerin das erste von zahllosen Reagenzgläsern in die Hand nehmen kann, die für die erfolgreiche Übertragung eines Wachstumshormongens oder die Manipulation künstlich befruchteter Eizellen notwendig sind, braucht er erst das Geld dafür. Viel Geld! Im Heidelberger Genzentrum z. B. verbrauchten alleine 1986 120 Wissenschaftler/innen ca. 17,9 Mio DM, also rund 150000 DM pro Kopf.[1] In der BRD wurden bei der Zentralen Kommission für biologische Sicherheit (ZKBS) von 1978 bis Juni 1986 1271 gentechnische Forschungsvorhaben registriert, die an 85 wissenschaftlichen Einrichtungen, darunter 38 Universitäten, durchgeführt wurden.[2] Die Zahl der mit Gentechnik befaßten Wissenschaftler/innen und Laboranten/innen geht inzwischen in die Tausende und wächst weiter sprunghaft. Woher kommt das Geld dafür, und was muß ein Wissenschaftler oder eine Wissenschaftlerin tun, um in dessen Genuß zu kommen?

Es ist noch keine 10 Jahre her, da mußte das kleine Häuflein bundesdeutscher Molekular- und Mikrobiologen/innen um Forschungsgelder betteln gehen, wie Ökologen/innen und Orientalisten/innen heute noch. Wiederholt wurden sie dabei auch von den Vertretern der Industrie »in die Wüste geschickt«. Noch 1978 förderte das Bundesforschungsministerium (BMFT) die Biotechnologie der gesamten BRD mit knapp dem doppelten Betrag, den heute das Heidelberger Genzentrum alleine verbraucht. Der »Leistungsplan Biotechnologie 1979–1983« des BMFT verstand die öffentliche Förderung der Biotechnologie noch als »langfristige Zukunftsvorsorge«.[3] Die Wende kam im Herbst 1981 urplötzlich. Vertreter der Bundesregierung und der Länder, die eben noch unter Hinweis auf unerträgliche Haushaltsdefizite drastische Sparmaßnahmen auch im Wissenschaftsbereich vorgenommen hatten, beschlossen über Nacht den sofortigen Aufbau von gleich 4 Genzentren und vervielfachten die Mittel für Biotechnologie. Was war geschehen?

Ende der 70er Jahre signalisierten die Produktion und Markteinführung von gentechnisch gewonnenem Humaninsulin, daß die Gentechnik reif für die industrielle Nutzung geworden war. Für den Kampf um die Neuaufteilung der Märkte in den Bereichen Pharma, Landwirtschaft, Nahrungsmittel, Chemie und Energie wurde die Bio- und Gentechnologie als innovative Schlüsseltechnologie von strategischer Bedeutung (40 % aller Marktprodukte bestehen aus organischen Verbindungen) eingeschätzt.

Als im Oktober 1980 die Genfirma Genentech als erstes Genunternehmen an die Börse ging, sprang ihr Kurs innerhalb von 60 Sekunden von 35 auf 80 Dollar pro Aktie, bevor er wieder zurückfiel.[4] Immer höhere Erwartungen wurden in den Markt für biotechnische Produkte gesetzt. Die Zeitschrift »Biotechnology News« schätzte nach einer Befragung von Fachleuten den Markt für Biotechnologie im Jahr 2000 auf 144,5 Mrd. $.[5] Die Marktprognosen für im Bioreaktor hergestellte Produkte im Jahre 2000 schwanken allerdings zwischen 25 und 200 Mrd. $.[6] Diese enorme Schwankungsbreite verrät eine erhebliche Unsicherheit der Industrie über den wirklichen Stellenwert biotechnischer Innovationspotentiale.

Die Milliardeninvestitionen in die Gentechnologie spiegeln also nicht eine wissenschaftlich-rationale Abschätzung gentechnischer Nutzanwendungen für die Gesellschaft wider, sondern sie sind in erster Linie Ausdruck von Erwartungen, die von den Konzernen selbst, den Ökonomen/innen und den Naturwissenschaftler/innen produziert werden. Sie sind maßgeblich beeinflußt von z. T. völlig vagen Kapitalspekulationen und Kettenreaktionen. Wie Pilze schossen in den USA kleine Genverwertungsfirmen – meist unter Beteiligung großer Konzerne und Banken – aus dem Boden, die oft von Hochschullehrer/innen und Wissenschaftler/innen öffentlicher Forschungseinrichtungen gegründet wurden.

»Verschlafen« hatte diese Entwicklung nicht wie damals behauptet wurde die SPD-geführte Forschungspolitik oder der »unflexible deutsche Wissenschaftsbetrieb«, sondern die bundesdeutschen Chemiemonopole selbst. So hatte z. B. die Hoechst AG 1982 1,56 Mrd. DM für Forschung und Entwicklung aufgewendet, davon 66 Mio DM (= 4,23 %) für die Bio- und Gentechnologie.[7] 1982 investierten die weniger kapitalkräftigen Chemiekonzerne der USA dagegen bereits zwischen 60 und 120 Mio US $ in die Gentechnologie.[8] Der Schweizer Chemiekonzern Hoffmann-La Roche gab 1982 nur gut halb so viel für Forschung und Entwicklung insgesamt aus wie die Hoechst AG, davon mit 143 Mio DM allerdings mehr als doppelt so viel für Bio- und Gentechnologie.[8a]

Mit leichter Verzögerung stiegen 1982 die bundesdeutschen Chemiekonzerne ins Gengeschäft ein. Dabei befanden sie sich in einer schwierigen Lage, die aus ihrer Sicht nach einer sofortigen forschungspolitischen Wende verlangte.

1. Biotechnologische Anwendungen entspringen oft unmittelbar einer interdisziplinären Grundlagenforschung, die auf den neuesten Erkenntnissen und Methoden der Physik, Chemie, Biologie und Mikroelektronik aufbaut. Das macht sie selbst für die kapitalstärksten Konzerne teuer und risikoreich.[9] Konsequenz: Gefordert wird mehr Staat. Durch einen sprunghaften Anstieg der staatlichen Forschungsförderung sollen die Steuerzahler/innen zunächst die Hauptlast und das Hauptrisiko beim Einstieg in der Gentechnologie tragen. So ist es auch zu erklären, daß von 1978 bis Juni 1986 nur 135 von 1271 gentechnischen Experimenten von privaten Unternehmen durchgeführt wurden.[10]
2. Das notwendige Know-how für Biotechnologie befindet sich größtenteils in den öffentlichen Forschungseinrichtungen. Generalstabsmäßig kaufen sich die großen Chemieunternehmen in die materielle und personelle Infrastruktur geeigneter Forschungseinrichtungen hinein, und zwar weltweit.[11]
3. Der Weg von der Grundlagenforschung zur angewandten Forschung beträgt in der Biotechnologie oft nur wenige Jahre. Die wissenschaftlich-technische Revolution macht die immer raschere Einführung neuer Produktionsverfahren und Produkte möglich; die verschärften internationalen Konkurrenzbedingungen machen sie notwendig. Die klassische Verzahnung von angewandter Grundlagenforschung (Aufgabe des Staates) und angewandter Forschung (Aufgabe der Industrie) durch Drittmittelvergabe,

Beraterverträge, Patentnutzungsrechte usw. genügt nicht mehr den Erfordernissen eines beschleunigten Technologietransfers.[12] Konsequenz: Gefordert wird mehr staatliche Koordination und Planung. Die Späth-Konzeption[13] bringt die neue Rolle der öffentlichen Forschungseinrichtungen als »Technologieanbieter«, die den schnellstmöglichen »Technologietransfer« zu den »Technologieempfängern«, in der Regel die Industrie, leistet, ungeschminkt zum Ausdruck.

4. Die Auseinandersetzungen um die Kernenergie haben gezeigt, daß Technologie-Akzeptanz zum Standortfaktor von Investitionen werden kann. Konsequenz: Wissenschaft und Politik sollen nicht nur Forschung und Entwicklung, sondern auch die Akzeptanz neuer Technologien durchsetzen.

Bei ihrer Hinwendung zu den öffentlichen Forschungseinrichtungen trafen die Konzerne auf:

- Universitäten, die von Selbstverwaltungsgremien mit weitgehender Entscheidungskompetenz über Forschungsfragen geleitet werden. Mittelvergabe und Stellenbesetzungen erfolgten dort meist entsprechend dem Machtproporz der Institutshierarchien.
- Universitäten, in denen eine im Vergleich zu heute größere soziale Sicherheit die Doktoranden/innen und Jungwissenschaftler/innen nicht zum Verkauf ihrer Arbeitskraft um jeden Preis zwang.
- Universitäten, in denen die Geistes- und Gesellschaftswissenschaften sich entweder mit sich selbst oder gesellschaftskritisch beschäftigten, nicht aber mit der Produktion von Technologieakzeptanz.[14]

Die Hoechst AG zweifelte an der Fähigkeit der staatlichen Forschungspolitik, das bundesdeutsche Forschungswesen rasch genug an die neuen Kapitalverwertungsbedingungen anpassen zu können, und »emigrierte« 1981 »unter Protest« in das privatisierte US-Forschungswesen. Die Wirtschaftsredaktionen der Medien griffen den angeblich drohenden Rückfall der Industrienation Deutschlands in die Zweitklassigkeit plakativ auf und propagierten den marktwirtschaftlichen Ausweg. Besonders treffend brachte es »Die Zeit« auf den Punkt: »Das Erfolgsrezept der amerikanischen Gentechnik-Industrie ist die unkomplizierte ökonomische Verbindung von hochqualifizierten Universitätsforschern und Kapitalgebern. Professoren und Wagnisfinanziers, hinter denen oft die Großindustrie steckt, verbünden sich in kleinen Laborfirmen und setzen Grundlagenwissen in Produktion um. In der Bundesrepublik fehlt fast alles dazu: Risikokapital, eine ausreichend große Zahl von Top-Wissenschaftlern und die ungehemmte Kooperation zwischen Universität und Industrie.«[15] So schuf – sicher nicht zufällig – das US-Engagement der Hoechst AG eine günstige Atmosphäre für das Aufbrechen forschungspolitischer Strukturen in der BRD und ihre Annäherung an das »US-Modell gentechnologischer Forschungsorganisation«.[16]

Die Forschungspolitik wendet sich

Schon im September 1981 kam es hinter verschlossenen Türen zu einem Gespräch der Forschungsleiter der chemischen Industrie mit Vertretern des noch SPD-geführten BMFT.[17] Dieses vertrauliche Gespräch im »kleinen Kreise« leitete eine mit atemberaubender Geschwindigkeit betriebene Neuorganisation der bundesdeutschen Biowissenschaften nach amerikanischem Vorbild ein. Als Sofortmaßnahme in Angriff genommen wurde der Aufbau von Genzentren durch eine konzertierte Aktion von Wissenschaft, Staat und je einem beigeordneten Chemiekonzern. In der Folge wurden vier Genforschungszentren errichtet: in Heidelberg (Industriepartner BASF, später auch MERCK), Köln (Industriepartner BAYER), München (Industriepartner HOECHST und WACKER) und Berlin (Industriepartner SCHERING)[18] (s. Tab. 1). Die Funktion der Genzentren besteht im Transfer von Know-how, also von wissenschaftlichen Spitzenkadern, neuesten Ergebnissen der Grundlagenforschung sowie molekularbiologischen Methoden, zu den Konzernen. Im Mittelpunkt steht also die Nutzung der öffentlich finanzierten Infrastruktur öffentlicher Forschungseinrichtungen durch die Industrie. Als Gegenleistung beteiligten sich die Chemiekonzerne mit einem Taschengeld an der Finanzierung, die BASF z. B. mit weniger als $^1/_{1000}$ ihres offiziell ausgewiesenen Jahresgewinns.[19]
Parallel kam es in Hamburg und Heidelberg zur Gründung der ersten Genverwertungsfirmen (Biosyntech, Organogen).[20] Dabei handelt es sich um kleine, von Wissenschaftlern gegründete, aber von Banken und Konzernen finanzierte Laborfirmen, welche die Rolle des Transfers von Genprodukten aus der Forschung zur Groß-

Tab. 1: Neue integrative Forschungsinstitute (Genzentren) auf den Gebieten Molekularbiologie, Zellbiologie, molekulare Genetik (Stand 1985)

Forschungs-institute (allgem. Daten)	*Heidelberg* Zentrum für molekulare Biologie Heidelberg ZMBH	*Köln* Molekulare Gen- und Zell-Technologie	*Berlin* Institut für Zellbiologie GmbH	*München* Laboratorium für molekulare Biologie – GEN-ZENTRUM
Gründung	April 1982	Mai 1982	September 1982	Mai 1984
Forschungs-schwerpunkte	»rote« Genforschung (Umsetzung der Gene in höhere Zellen) Gen-Regulationssystem; Medizinische Grundlagenforschung	»grüne« Gentechnologie (Pflanzengenetik) Immunologie, Virologie	(zunächst unbestimmt: Mikrobiologie, Biochemie, molekulare Genetik)	»rote« Genforschung (Umsetzung der Gene in höhere Zellen) Tumor-, Pflanzenforschung, Immunologie, Biochemie
Beschäftigte (Ziel)				
– insgesamt	200	38 (50)	35	50 (+ 100*)
– davon Wissenschaftler	80			20 +
Erstausstattung: Bauten Apparate, Einrtg.	31 Mio DM Land B-W 17,5 Mio DM BMFT	15,4 Mio DM Land NRW	20 Mio DM Land Bln.	Freistaat Bayern
Laufende Kosten:	17,9 Mio. DM		6 Mio. DM	6 Mio. DM
dav.: BMFT	ca. 16 Mio.	15,4 Mio. DM (1982–86)		4,4 Mio. DM (25 Mio. bis 1986)
Industrie	1 Mio. DM (10 Jahre lang) BASF	1 Mio. DM (3 Jahre lang) Bayer	4 Mio. DM (10 Jahre lang) Schering	1,0 Mio. DM Hoechst 0,2 Mio. DM Wacker (jew. bis 1988)
Land			Bln: 2 Mio. DM (10 Jahre lang)	0,25 Mio. DM Land Bayern (jährl.)
MPG	MPI f. Medizin. Forschung	MPI f. Züchtungsforschung	MPI f. Molekulare Genetik	MPI f. Biochemie MPI f. Psychiatrie
Universitäten		Institut f. Genetik		Inst. f. Biochemie

Quelle: Anm. 3

* 100 zusätzliche Planstellen an der Universität München und den beiden Max-Planck-Instituten

industrie übernehmen. In der BRD wurden von 1981 bis 1986 ca. 30 derartiger Firmen gegründet.[21]

Die neue Bundesregierung unter Helmut Kohl (dem ehemaligen Syndikus beim Verband der Chemischen Industrie Ludwigshafen, der später als rheinland-pfälzischer Ministerpräsident gemeinsame Kabinettssitzungen mit der BASF einführte[22]), goß die hektischen Einzelaktivitäten in ein Gesamtkonzept. 1984 berief sie sechs Experten in einen »Sachverständigenarbeitskreis Biotechnologie« und beauftragte sie mit der Ausarbeitung und Fortschreibung eines langfristig angelegten Biotechnologieprogramms für die BRD. Von den 6 Wissenschaftlern kamen drei Vertreter der Chemieindustrie (Boehringer Mannheim GmbH, Degussa AG, Schering AG), zwei waren Vertreter von »Genzentren«, die mit den Firmen BASF bzw. Bayer einen Kooperationsvertrag abgeschlossen haben.[23] Im Oktober 1985 stellte Bundesforschungsminister Riesenhuber als Ergebnis das Förderprogramm »Angewandte Biologie und Biotechnologie 1985–1988« des BMFT vor. Sein erklärtes Ziel ist es, den »Rahmen für eine erfolgreiche biologische Forschung in der Bundesrepublik Deutschland und für einen entsprechend kräftigen Innovationsschub in den Unternehmen zu schaffen«.[24]

Zum ersten Mal in der Geschichte der deutschen Wissenschaften wird damit ein ganzer Wissenschaftszweig von Anfang an durch ein staatliches Programm gelenkt, wird durch staatliche Vermittlung ausgerechnet in der hochsensiblen Genforschung ein streng an Kapitalverwertungsinteressen orientierter neuer Wissenschaftstyp installiert.

Die Kernpunkte des Biotechnologie-Programms der Bundesregierung sind:

1. Zweistellige Zuwachsraten der Fördermittel für Biotechnologie
Erhöhung der Fördermittel für Biotechnologie um zweistellige Zuwachsraten trotz stagnierendem Gesamtetat. Insgesamt sollen von 1985–1989 1,14 Mrd. DM aus diesem Programm für die Biotechnologie ausgegeben werden.[25] Dieser Betrag nimmt sich zwar gegenüber der Förderung von Großtechniken wie der Kernenergie und Weltraumtechnik bescheiden aus, doch ist ein solcher Vergleich irreführend, weil Biotechnologie erstens oft auf den bereits getätigten Forschungsaufwendungen der Physik, Chemie und des Apparatebaus aufbaut und zweitens Biotechnologie mit vergleichsweise einfachen Mitteln (Chemikalien, Arbeitsbänke, Zentrifugen, Brutschrank) hohe Wirkungen erzielen kann.

2. Festlegung des Rahmens und der Schwerpunkte der geförderten Forschungsinhalte

»Aus heutiger Sicht liegen die Schwerpunkte der Förderung in absehbarer Zukunft insbesondere in der
- mikrobiologischen und mikrobengenetischen Technik
- Zellkultur- und Zellfusionstechnik
- Enzymtechnologie
- Bioverfahrenstechnik (einschl. Lebensmitteltechnologie)
- Forschung an Pflanzen und Tieren (Züchtungsforschung, Pflanzenschutz, Tiergesundheit, Alternativen zum Tierversuch
- Sicherheitsforschung.«[26]

Im weiteren werden die allgemeinen Ziele und vordringlichen Themen der einzelnen Punkte *grob* umrissen. Das konkrete Ausfüllen des (von Wirtschaft und Staat) abgesteckten Rahmens bleibt den Wissenschaftlern überlassen, die aus ihrer Fachkompetenz heraus alleine die Bedeutung von Forschungsvorhaben der Grundlagenforschung für zukünftige Anwendungen beurteilen können und davon bei der Antragstellung auch nach Kräften Gebrauch machen.

3. Umstrukturierung des Forschungsbereiches Biologie durch Konzentration und Koordinierung der Forschungsmittel

Durch Konzentration und Koordination von Forschungsmitteln wird die Genforschung umstrukturiert. Sie erhält eine »Marktverfassung«. Tragende Säulen der neuen Forschungsstruktur, des »BRD-Modells gentechnologischer Forschungsorganisation«[27] sind:
a) die Großforschungseinrichtungen,
b) die Genzentren,
c) themenbezogene Verbundforschung.

a) Großforschungseinrichtungen

Großforschungseinrichtungen konzentrieren unter einem Dach gewaltige materielle und personelle Mittel verschiedenster Disziplinen (Kernphysik, Chemie, Mikroelektronik, Apparatebau) und erlauben fachübergreifende Projekte an einem Ort, von der Grundlagenforschung bis zum industriellen Prototyp. Die Vergabe von Fördermitteln erfolgt meist themenunabhängig (institutionelle Forschungsförderung). Der Bund hat aber durch seine Rolle als Hauptfinanzier (90 % aller Mittel) und durch seine unmittelbare Vertretung in den Aufsichtsgremien entscheidenden Einfluß auf die inhaltliche und organisatorische Ausgestaltung der wissenschaftlichen Arbeit in den Großforschungseinrichtungen und wirkt von dieser Bastion aus in die gesamte öffentlich finanzierte Genforschung hinein. Denn die Arbeitsgemeinschaft der Großforschungseinrichtungen (AGF) schloß 1986 nicht weniger als 13 Großforschungseinrichtungen mit ca. 20000 Mitarbeitern und einem Jahresetat von 2,5 Mrd. DM zusammen.[28] Die AGF bildet damit die bedeutendste Forschungskonzentration der BRD und auch das Rückgrat der Forschungsförderung in der Biotechnologie. Rund ein Drittel der gesamten Biotechnologieförderung wendet das BMFT alleine drei Großforschungseinrichtungen zu: der Gesellschaft für Biotechnologische Forschung Braunschweig (GBF), der Kernforschungsanstalt Jülich und dem Deutschen Krebsforschungszentrum (DKFZ) in Heidelberg.[29]

b) Genzentren und Schwerpunktprojekte

Fast 10 % der Bundesmittel für Biotechnologie investiert der Bund in die vier regional gleichmäßig über die BRD verteilten Genzentren. Genzentren sind Verbundforschungseinrichtungen von Bund, Ländern, Universitäten, Wissenschaftsverbänden und Chemiekonzernen. Die Genzentren sollen den Transfer von Erkenntnissen der Grundlagenforschung in die industrielle Innovation beschleunigen, die Zusammenarbeit zwischen öffentlichen und privaten Forschungseinrichtungen intensivieren und schließlich die Nachwuchskräfte für die anwendungsorientierte Grundlagenforschung stärken.

c) Themenbezogene Verbundforschung

Bei der themenbezogenen Verbundforschung werden die Mittel themenbezogen für einzelne Forschungsprojekte vergeben, die vom BMFT forschungsstrategisch nach übergeordneten Gesichtspunkten an einem gemeinsamen (wirtschaftlichen) Ziel ausgerichtet und miteinander koordiniert werden, »um eine enge Zusammenarbeit zwischen Wissenschaft und Wirtschaft anzuregen«.[30] Beispiel: 1985 förderte die Bundesregierung im Förderbereich K 18 Verbundprojekte aus insgesamt 84 Teilthemen. Alleine in drei Projekten werden 30 universitäre Forschungsthemen unter einheitlichen Zielstellungen zusammengeführt: »Pflanzliche und tierische Schutzstoffe« (Führung BASF), »Produktion neuer biologischer Stoffe aus Zellkulturen« (Führung Bayer) sowie »Arzneimittelentwicklung und -testung für die Krebschemotherapie« (Führung Boehringer MA, Degussa).[31]

4. Förderung der biotechnologischen Industrie und Unternehmensneugründungen

Materielle Anreize für die Beschleunigung des Transfers biotechnischer Verfahren in die industrielle Anwendung schaffen die Teilprogramme »Förderung der biotechnologischen Industrie« und »Förderung technologieorientierter Unternehmensgründungen (TOU)«. Vorgesehen sind Beratungshilfen, Zuwendungen zu den Entwicklungskosten sowie bis zu 80%ige Risikobeteiligung des BMFT für Bankkredite.[32] Diese Art der Förderung zielt vor allem darauf ab, die Schwelle für die Gründung wissenschaftsunternehmerischer Genverwertungsfirmen zu senken.

5. Forschungsstipendien

Vergeben werden Forschungsstipendien zur Beseitigung des Engpasses an Nachwuchswissenschaftler/innen sowie ihrer Anbindung an die Industrie. Von besonderer Bedeutung für die Ausbildung einer industriefreundlichen wissenschaftlichen Elite ist der »Fonds für Biologische Chemie«: »Um in der Biologischen Chemie Spitzenkräfte aus dem wissenschaftlichen Nachwuchs zu unterstützen und den Personaltransfer aus öffentlichen Forschungsstellen, namentlich auch aus Großforschungseinrichtungen in die Industrie und umgekehrt, zu intensivieren, fördert das BMFT gemeinsam mit der Chemischen Industrie seit 1983 einen Fonds für Biologische Chemie.«[33]

6. Technologiefolgenabschätzung im Dienste der Akzeptanzförderung

Das BMFT formuliert das Ziel, »Risikoängste abzubauen und ein forschungsfreundliches Klima auch im Bereich der Biotechnologie zu schaffen«.[34] Entsprechende Programme liegen inzwischen vor. Mit dem Programm »Technikfolgenabschätzung« des BMFT verfügt die Bundesregierung nun über ein geschlossenes Konzept und ein differenziertes Instrumentarium zur Durchsetzung von Technikfolgenbewertung im Sinne der Schaffung von Technologieakzeptanz. Verbal greift es Forderungen der kritischen Öffentlichkeit nach Technologiefolgenabschätzung und Alternativen auf und formuliert wie folgt: »Aufgabe ist es, an den wichtigen Entscheidungspunkten des technischen Fortschritts hinsichtlich der Entwicklung, des Einsatzes und der Verbreitung neuer Techniken vor allem die damit verbundenen indirekten und längerfristigen Chancen und Risiken abzuschätzen, vorhandene Alternativen zu untersuchen, Gestaltungsspielräume aufzuzeigen und auf die möglichen Konsequenzen hinzuweisen. Dabei kommt es darauf an, den Abschätzungsprozeß möglichst frühzeitig zu initiieren und nicht erst im nachhinein auf festgestellte Mängel und Defizite neuer Technologien zu reagieren.«[35] Organisiert werden soll der »Dialog« zwischen den »mit Technologie Befaßten und denen, die von ihr betroffen sind«, den »Vertretern gesellschaftlicher Gruppen«, z. B. in Beratungs- und Diskussionskreisen sowie Projektbegleitausschüssen.[36] In der Praxis allerdings scheitert dieser Anspruch an den gesellschaftlichen Rahmenbedingungen: an der spontanen Entwicklung von Wissenschaft und Technologie entsprechend den Bedürfnissen frei konkurrierender Konzerne um den Weltmarkt und einer konservativen Technologiepolitik.

Dies zeigt z. B. auch das »Forschungsförderungskonzept zur Biologischen Sicherheitsforschung« des BMFT.[37] Vorgeschlagen wird eine Sicherheitsforschung, die von vornherein auf die Inkaufnahme und spätere Legitimation von Risiken hinausläuft. Unter dem Hinweis auf die »Sicherheitsforschung« dieses Programms scheinen Freisetzungsexperimente mit gentechnisch veränderten Organismen in die Umwelt vorbereitet zu werden. Das BMFT-Konzept schreibt allerdings nicht nur die Möglichkeiten, sondern auch die Grenzen der offiziellen biologischen Sicherheitsforschung in der BRD vor. Nichtmolekularbiologische Forschungsansätze wie ökologische, evolutionsbiologische und sicherheitsphilosophische Projekte zur Bewertung der Risiken der Gentechnologie sind nur in Ausnahmefällen als förderungswürdig vorgesehen. Statt dessen wird an die Adresse der Antragsteller die Warnung gerichtet: »Bei der Formulierung der Fragestellung muß aber auch immer daran gedacht werden, daß diese nicht in die Irrationalität abgleiten oder Scheinprobleme formuliert werden.«[38]

Damit werden die engen Grenzen der offiziellen Technikfolgenabschätzung sichtbar. Vor dem Industrie-Club in Düsseldorf zerstreute Bundesforschungsminister Riesenhuber schon 1983 die Befürchtung der Industriellen, ein »Technologieassessment« (Technologiefolgenabschätzung) könne in ein »Technologiearrestment« (Technologiebegrenzung) überschwappen wie folgt: »Drittens müssen wir mögliche Risiken neuer Technologien definieren, um dieses Risiko in die Entwicklung neuer Technik so einzubinden, daß wir bei ihrer Anwendung nicht ständig von Irrationalitäten und Akzeptanzproblemen in einer unsachgerechten Weise behindert werden.«[39] »Genängste im öffentlichen Dialog abbauen!«[40] forderte Riesenhuber an anderer Stelle. Schon ein Blick auf den Etat für »Fragen der Technikfolgenabschätzung« verweist auf den Alibi- und Feigenblattcharakter der Technikfolgenabschätzung der Bundesregierung im Rahmen der Sicherung des neuen wirtschaftlichen Standortfaktors »Akzeptanz«. Der Etat des BMFT betrug 1987 7,56 Mrd. DM.[41] Davon entfielen etwa 100 Mio DM[42] das sind 1,3 % auf Fragen der Technikfolgenabschätzung.

Zusammenfassend betrachtet ist das Biotechnologieprogramm der Bundesregierung Ausdruck eines neuen, strategisch angelegten Wissenschaftskonzepts von Staat und Industrie, das einerseits auf die Verwissenschaftlichung der Industrie, andererseits auf die Kommerzialisierung der Wissenschaft zielt. Indem es der biologischen Forschung eine ausgesprochene Marktverfassung verleiht, leitet das Biotechnologieprogramm der Bundesregierung zu einem neuen Wissenschaftstyp in den Biowissenschaften über.

Zur Rolle der Wissenschaftsverbände

Staatliche Forschungsplanung kann allerdings nur den Rahmen wissenschaftlicher Schwerpunkte abstecken. Bezüglich der konkreten Ausfüllung dieses Rahmens ist staatliche Forschungspolitik auf die Fachkompetenz der Wissenschaftler angewiesen. Die Wissenschaftler sind in der Bundesrepublik vor allem in zwei großen Wissenschaftsinstitutionen organisiert: der Deutschen Forschungsgemeinschaft (DFG) und in der Max-Planck-Gesellschaft (MPG).

Die DFG ist die größte Wissenschaftsorganisation der BRD. In ihr sind alle bedeutenden Wissenschaftlichen Hochschulen, Akademien der Wissenschaften, Forschungseinrichtungen und Wissenschaftliche Verbände zusammengeschlossen. Die DFG wird im wesentlichen von Bund und Ländern (60:40) finanziert. Als ihre Aufgaben sieht die DFG:

1. »die finanzielle Unterstützung von Grundlagen-Forschungsvorhaben und ihre Koordination sowohl untereinander als auch mit der staatlichen Forschungspolitik«
2. »die Beratung von Parlamenten und Regierungen in wissenschaftlichen Fragen«
3. sie »pflegt die Verbindung zwischen Wissenschaft und Wirtschaft«.[43]

1986 stellten Bund und Länder der DFG erstmals mehr als eine Mrd. DM zur Verteilung an die Forscher zur Verfügung. Die nachfolgenden Tabellen und Ergebnisse wurden von mir in Auswertung der DFG-Berichte 1986[44, 45] zusammengestellt. Sie zeigen eine »merkwürdige Übereinstimmung« zwischen der Forschungsförderung der DFG und der staatlichen Wirtschafts- und Forschungspolitik.

1. Degradierung der Geistes- und Gesellschaftswissenschaften zu Restwissenschaften

Die Vernachlässigung der Geistes- und Sozialwissenschaften gegenüber den Naturwissenschaften wird auch 1986 von der DFG fortgeschrieben. 1985 stand die Fachrichtung Biologie (ohne Medizin) mit 175 Mio DM erstmals an der Spitze aller geförderten Fachrichtungen und erhielt damit alleine mehr Fördermittel als alle Geistes-, Sozial- und Gesellschaftswissenschaften zusammengenommen. 1986 erhielten die Biologie und Medizin zusammen mehr als doppelt so viele Fördermittel von der DFG wie alle Geistes- und Sozialwissenschaften zusammen (s. *Tab. 2*).

Tab. 2: Gesamtförderung (Bewilligungen) der DFG nach Wissenschaftszweigen, 1986:

Biowissenschaften (Bio- und Medizin ca. 50:50)	361	Mio
Mathematik, Physik, Chemie, Geowissensch.	247,7	Mio
Ingenieurwissenschaften	232	Mio
Geistes- und Sozialwissenschaften	157,6	Mio

2. Reduktion von Biologie und Medizin auf den molekularen/ biochemischen Forschungsansatz

Nicht nur zwischen den Natur- und Gesellschaftswissenschaften, auch innerhalb der Biologie und Medizin kommt es zu einer unorganischen Forschungsentwicklung durch Aufblähung und Vernachlässigung. Lebensvorgänge werden von der DFG hauptsächlich auf der Ebene von Zellen und Molekülen untersucht (s. *Tab. 3* und *Tab. 4*). »Rund ein Viertel der für die Biowissenschaften insgesamt bewilligten Mittel fließen in Projekte, bei denen gentechnische Methoden eingesetzt werden.«[46]

Tab. 3: Sonderforschungsbereiche Biologie der DFG, 1986

Zellbiologie	9
Biochemie	5
Physiologie	5
Mol. Genetik	2
Industrielle Mikrobiol.	2
Neurologie	2
Verhaltensforschung	1
Ökologie	1
Klassische Zoologie	0
Klassische Botanik	0

Innerhalb der Biologie werden Lebensvorgänge hauptsächlich auf der Zell- und Molekülebene untersucht (s. *Tab. 3*). In 16 von 27 Sonderforschungsbereichen der DFG finden gentechnische Verfahren Verwendung. Gleichzeitig werden Ökologie, Botanik und Zoologie zu Randdisziplinen. Eine ähnliche Gewichtung zeigt ein Blick auf die übrigen Förderbereiche.

Auch die medizinische Forschung wird zunehmend auf die biologische Komponente reduziert. Von den 35 medizinischen Sonderforschungsbereichen sind 15 % klassisch klinisch, 25 % gemischt und 60 % biotechnisch (Biochemie, Molekularbiologie, Immunologie) orientiert (s. *Tab. 4*). In 21 von 35 Sonderforschungsbereichen finden gentechnische Verfahren Verwendung.

Tab. 4: Sonderforschungsbereiche Medizin der DFG, 1986

klassisch klinisch	5
gemischt	9
v. a. biochemisch, molekul.-biol., immunologisch	21

Dabei werden in der Forschung von heute die Weichen für die medizinische Praxis von morgen gestellt: die Behandlung des Menschen als Molekülmaschine.

3. Staatliche Forschungslenkung statt Förderung wissenschaftlicher Eigeninitiative

1986 vergab die DFG im Durchschnitt rund die Hälfte der Mittel für vorgeplanten, mit staatlichen Institutionen abgestimmte Programme und Projekte (Schwerpunktprogramme, Sonderforschungsbereiche). Im Bereich Biotechnologie dagegen sind es fast zwei Drittel. Auch in diesen Zahlen drückt sich die überdurchschnittliche enge Anbindung der DFG-geförderten Genforschung an die staatliche Forschungspolitik aus.

Der akademisch-industrielle Komplex in der Genforschung

Eigentlich sollte man erwarten, daß die Spitzen der DFG den Eigeninteressen von Wissenschaft und Wissenschaftlern, das Humboldtsche Bildungsideal, sowie wenigstens ein gewisses Maß von Unabhängigkeit der Wissenschaften gegenüber konjunkturellen wirtschaftlichen und staatlichen Interessen verteidigen würden. Statt dessen läßt die oben aufgeführte Analyse der DFG-Forschungspolitik nur das harte Urteil zu, daß sich die DFG mit der Forschungs- und Biotechnologiepolitik der Bundesregierung angeschlossen hat. Wie kommt das? Wie unabhängig sind die Wissenschaftsverbände, ist die Wissenschaft in der BRD heute überhaupt noch?

Schon in ihrer Satzung stellt die DFG fest: »Sie (die DFG) pflegt die Verbindung zwischen Wissenschaft und Wirtschaft.«[47] »Die Abstimmung zwischen den staatlichen Förderaktivitäten, insbesondere der Bundesressorts und der DFG hat zunehmend an Bedeutung gewonnen; sie vollzieht sich sowohl auf der Referentenebene durch informelle gegenseitige Unterrichtung als auch institutionalisiert im Hauptausschuß und in besonderen regierungsseitigen Beratungs- und Koordinierungsausschüssen... Zum Auswärtigen Amt, zu den Bundesministerien für Bildung und Wissenschaft, für Forschung und Technologie und für Wirtschaftliche Zusammenarbeit und zum Bundesministerium des Innern sowie zur Ständigen Konferenz der Kultusminister bestehen enge Beziehungen.«[48]

Die Vorherrschaft der traditionell konservativen wissenschaftlichen Elite wird in der DFG konserviert durch hierarchische Organisationsstrukturen, die statt zu einer demokratischen Selbstverwaltung de facto zur weitgehenden Ausschaltung des wissenschaftlichen Mittelbaus und von Minderheiten (z.B. Frauen, Wissenschaftler-Vereinigungen) in den Organen der DFG führen. 1986 wurde keine einzige Wissenschaftlerin in die obersten Organe der DFG (Senat, Kuratorium, Hauptausschuß) gewählt, ein einsamer Rekord in unserer Gesellschaft! Im 29-köpfigen Hauptausschuß der DFG, in dem über die Forschungsförderung entschieden wird, standen 1986 4 Geistes- und Gesellschaftswissenschaftler 11 Natur- und Ingenieurwissenschaftlern, 12 Ministerialbeamten und 2 Industrievertretern gegenüber. In letzter Instanz entscheiden auf der Mitgliederversammlung der DFG 72 Repräsentanten der wissenschaftlichen Institutionen alleine darüber, was rund 50000 ihrer Kolleg/innen an den Universitäten unmittelbar und knapp 60 Millionen Bundesbürger mittelbar betreffen wird: die praktische Entwicklung von Wissenschaft, Forschung und Technologie.

Der Bedeutung der DFG für die Entwicklung der Grundlagenforschung insbes. an den Hochschulen entspricht die Max-Planck-Gesellschaft (MPG) für den Bereich der Spitzen- und anwendungsnahen Forschung. Auch der MPG stellten Bund und Länder 1986 rund 1 Mrd. DM insbesondere für die 52 Max-Planck-Institute zur Verfügung. Wie unabhängig ist die MPG?

1987 kamen drei der acht Vorstandsmitglieder der MPG aus der Wirtschaft (der Vorstandssprecher der Deutschen Bank, der Aufsichtsratsvorsitzende der Bayer AG und der Vorstandsvorsitzende der Allianz AG).[50] 1987 setzte sich der 57köpfige Senat der MPG aus 23 Wissenschaftlern, deren evtl. Berater- und Kooperationsverträge mit der Industrie sowie Patentinteressen hier nicht erörtert werden sollen, 16 Mitgliedern aus Politik und Gesellschaft und 18 Mitgliedern aus der Wirtschaft zusammen.[51] Letztere sind fast alle im »Stifterverband für die Deutsche Wissenschaft« organisiert.

Im »Stifterverband für die Deutsche Wissenschaft e. V.«[52] finden hauptsächlich Aufsichtsrats- und Vorstandsmitglieder aus fast allen namhaften deutschen Unternehmen zusammen. Ihr Ziel ist es, »Wissenschaft und Technik in Forschung und Lehre zu fördern«.[53] Die Fördermittel des Stifterverbandes sind gemessen an der Kapitalstärke seiner Mitglieder verschwindend gering. 1986 betrug der Haushalt des Stifterverbandes 15,85 Mio DM.[54] Davon erhielt die DFG Zuwendungen in Höhe von 3 Mio DM. Für die DFG sind dies 0,3 % ihrer Gesamteinnahmen.[55] Dieser Alibibetrag kann keinen wirklichen relevanten Beitrag zur Förderung der öffentlichen Forschung liefern, wohl aber dient er dem Stifterverband als eine Legitimation dafür, die Geschicke des DFG und damit der öffentlichen Forschungspolitik mitzuentscheiden. Denn die DFG räumt dem Stifterverband im Gegenzug das satzungsmäßige (!) Recht ein, bis zu fünf Mitglieder in das Kuratorium der DFG zu entsenden.[56] 1986 stellte der Stifterverband zwei Mitglieder im 33köpfigen DFG-

Tab. 5: Akademisch-Industrieller Komplex 1987

Konzern Wissensch.	DFG K	 S	MPG V	 SA	 S	SV V	 K	Wiss. rat	ZKBS	SBio	Enqu. GT
Deutsche Bank	●		●		●	●	○				
BASF				●		●	○	●			○
Bayer			●	●	●	○	●				
Hoechst					○		○		○	○	
Boehringer MA									○		
Schering						○				○	
Degussa	●					●				○	
Merck		○									
Nixdorf Comp.	●	●			○						
Siemens					●	●	○				
Allianz			●		●	○					
u. a.											
Stifterverband	○										
Präs./GSek. DFG	●	●			◇	●	○		○		
Präs. MPG	●	●			●	●					
BMFT	○				○			○			
Präs. WRK	●	●			◇		●				
Vors. Wiss.rat		○			◇						

○ vertreten in
● vertreten durch ein und dieselbe Person (Ämterhäufung)
◇ ständiger Gast

BMFT, Bundesministerium für Forschung und Technologie; *DFG,* Deutsche Forschungsgemeinschaft (Stand Dez. 1986); *GSek.*, Generalsekretär; *Enqu. GT,* Enquetekommission Gentechnologie des Deutschen Bundestages; *K,* Kuratorium; *MPG,* Max-Planck-Gesellschaft (Stand 1. 8. 87); *Präs.*, Präsident; *S,* Senat; *SA,* Senatsausschuß für Forschungspolitik und Forschungsplanung; *SBio,* Sachverständigenkreis Biotechnologie des BMFT (Stand Dez. 1986); *SV,* Stifterverband für die Deutsche Wissenschaft (Stand Ende 1986); *V,* Vorstand; *Vors.*, Vorsitzender; *Wiss.rat,* Wissenschaftsrat; *WRK,* Westdeutsche Rektoren-Konferenz (Stand Nov. 1987); *ZKBS,* Zentrale Kommission für Biologische Sicherheit (Stand 30. 9. 88).

Senat und fünf Mitglieder im 55köpfigen DFG-Kuratorium.[57] Dabei geht der reale Einfluß der Kapitalvertreter in der DFG über ihren Proporz in den DFG-Organen weit hinaus.

Das Verhältnis zwischen den Spitzen aus Wirtschaft und Wissenschaft ist aber keine Einbahnstraße. Es locken Aufstiegschancen nach ganz oben. So kann zum Beispiel ein Spitzenrepräsentant nach seinen Verdiensten um die oben beschriebene DFG-Politik in den Aufsichtsrat einer namhaften Chemiefirma gewählt werden, wo er wohl auch besser verdient. Der akademisch-industrielle Komplex ist nach oben hin offen.

Im Gegenzug für die Vertretung des Stifterverbandes in DFG und MPG sitzen die Präsidenten von DFG und MPG »kraft Amtes« zusammen mit dem Präsidenten des Bundesverbandes der Deutschen Industrie, dem Präsident des Deutschen Industrie- und Handelstages und anderen Finanzmagnaten im Vorstand des Stifterverbandes.[58] Und auch wechselseitig sitzen die Repräsentanten von DFG und MPG in ihren Führungsorganen – zusammen mit Vertretern des BMFT, dem Präsidenten der Westdeutschen Rektorenkonferenz und dem Vorsitzenden des Wissenschaftsrats.[59,60] Nicht »die Wissenschaftler/innen« oder gar »die Bürger/innen«, sondern eine kleine, aber mächtige Minderheit, der akademisch-industrielle Komplex (s. *Tab. 5*), kontrolliert die Genforschung.

Die Wissenschaftsfreiheit in der BRD bedeutet anscheinend zum Beispiel die Freiheit der Deutschen Bank, ohne deren Mitsprache kaum eine wesentliche wissenschaftspolitische Entscheidung gefällt werden kann. Was aber ist aus der Sicht der Kapitalverwertung die eigentliche Aufgabe der Forschung? Dr. Hans Jürgen Rosenkranz, Leiter des Bereichs Koordination Forschung und Entwicklung der Bayer AG: »Es ist eigentlich sogar die Aufgabe der Forschung, den Unternehmen Monopole zu schaffen und zu sichern.«[61] Die Ausarbeitung und Durchsetzung einer »Marktverfassung« der Biologie und anderer Wissenschaften durch den akademisch-industriellen Komplex unter Federführung der Bundesregierung stellt Wissenschaft so auch in den Dienst dieser Aufgabe.

Anmerkungen

1 Zentrum für Molekulare Biologie Heidelberg (Hg.), Jan. 1987
2 Der Bundesminister für Forschung und Technologie (Hg.), Zwischenbilanz »Angewandte Biologie und Biotechnologie«, Bonn, Mai 1987, S. 17
3 Angelika Becker, Gen- und Biotechnologie, in: Bund demokratischer Wissenschaftler und Wissenschaftlerinnen, in: Forum Wissenschaft, Studienhefte Nr. 3 – Forschungs- und Technologiepolitik, Kritik und Alternativen, Bonn 1987, S. 15ff
4 Jost Herbig, Der Bioboom, Gruner & Jahr, Hamburg 1982, S. 256
5 *Biotechnology News* 2/82
6 Claudia Roth, Genzeit, Limmat Verlag Genossenschaft, Zürich 1987, S. 18

7 Charles Melis, Klaus Puls, Wissenschaftspolitische Positionen zur Entwicklung der Biotechnologie in der BRD und Berlin (West), in: Aus der Arbeit der interdisziplinären Arbeitsgruppe imperialistischer Wissenschaftspolitik 2/87, Akademie der Wissenschaften der DDR, Berlin 1987, S. 23f

8 U.S. Congress, Office of Technology Assessment: Commercial Biotechnology. An International Analysis, OTAA-BA-218, Washington D.C., Jan. 1984, S. 75

8a Eig. Berechnungen auf der Grundlage 7, 8, a.a.O.

9 Ruben Scheller, Das Gengeschäft – Chancen und Gefahren der Biotechnologie, Weltkreis Verlag, Dortmund 1985, S. 219ff

10 Der Bundesminister für Forschung und Technologie (Hg.), a.a.O.

11 Ruben Scheller, a.a.O.

12 a.a.O.

13 Forschungsbericht Baden-Württemberg, Dez. 1982

14 Ruben Scheller, a.a.O.

15 *Die Zeit,* 42, 14. 10. 1983

16 Andre Leisewitz, Vier Stichworte zur Forschungspolitik und -organisation im Bereich der Gentechnologie, in: Bund demokratischer Wissenschaftlerinnen und Wissenschaftler (Hg.), Studienhefte 1 – Gentechnologie, Marburg 1986

17 Angelika Becker, a.a.O.

18 a.a.O.

19 Ruben Scheller, a.a.O., S. 222ff

20 *Bild der Wissenschaft,* 4/1984, S. 95ff

21 Der Bundesminister für Forschung und Technologie (Hg.), a.a.O., S. 37

22 Jürgen Reuschel, Chemiegigant BASF, Köln 1975, S. 135 und S. 149

23 Der Bundesminister für Forschung und Technologie, Beratungsübersicht 1985/1986

24 Der Bundesminister für Forschung und Technologie (Hg.), Angewandte Biologie und Biotechnologie, Programm der Bundesregierung 1985–1988, Bonn 1986, S. 4

25 Der Bundesminister für Forschung und Technologie (Hg.), a.a.O., S. 68

26 a.a.O., S. 10

27 Andre Leisewitz, a.a.O.

28 Charles Melis, Klaus Puls, a.a.O., S. 27

29 Der Bundesminister für Forschung und Technologie (Hg.), a.a.O., S. 68

30 a.a.O., S. 46

31 Charles Melis, Klaus Puls, a.a.O., S. 43

32 Der Bundesminister für Forschung und Technologie (Hg.), a.a.O., S. 40ff

33 a.a.O., S. 45

34 a.a.O., S. 13

35 Der Bundesminister für Forschung und Technologie (Hg.), Technologiefolgenabschätzung, Bonn 1987, S. 10

36 a.a.O., S. 13ff

37 Der Bundesminister für Forschung und Technologie (Hg.), Forschungsförderungskonzept zur Biologischen Sicherheitsforschung, Bonn, Juli 1987

38 a.a.O., S. 4

39 Heinz Riesenhuber, »Politische Verantwortung und Förderung neuer Technologien«, Vortrag vom 14. 12. 83, gehalten im Industrie Club Düsseldorf, S. 1

40 Heinz Riesenhuber in: *Bild der Wissenschaft*, 4/1984, S. 122
41 *Die Woche im Bundestag,* 2. 12. 87
42 Der Bundesminister für Forschung und Technologie (Hg.), Technologiefolgenabschätzung, Bonn 1987, S. 27
43 Deutsche Forschungsgemeinschaft (Hg.), DFG – Aufbau und Aufgaben, Bonn 1980
44 Deutsche Forschungsgemeinschaft (Hg.), DFG Tätigkeitsbericht 1986, Bonn
45 Deutsche Forschungsgemeinschaft (Hg.), DFG Programme und Projekte 1986, Bonn
45 Deutsche Forschungsgemeinschaft (Hg.), DFG Tätigkeitsbericht 1986, Bonn
46 a.a.O., S. 84
47 a.a.O., S. 275
48 Deutsche Forschungsgemeinschaft (Hg.), DFG – Aufbau und Aufgaben, a.a.O.
49 Deutsche Forschungsgemeinschaft (Hg.), DFG Tätigkeitsbericht 1986, a.a.O., S. 285ff
50 Max-Planck-Gesellschaft (Hg.), Verzeichnis der Organe und Institute nach dem Stand vom 1. 8. 87, München, S. 7ff
51 a.a.O.
52 Stifterverband für die Deutsche Wissenschaft (Hg.), Bericht 1986, Essen, S. 237ff
53 a.a.O., S. 14
54 a.a.O., S. 19
55 Deutsche Forschungsgemeinschaft (Hg.), DFG Tätigkeitsbericht 1986, a.a.O., S. 22
56 a.a.O., S. 277
57 a.a.O., S. 287ff
58 Stifterverband für die Deutsche Wissenschaft (Hg.), a.a.O.
59 Deutsche Forschungsgemeinschaft (Hg.), a.a.O.
60 Max-Planck-Gesellschaft (Hg.), a.a.O.
61 Bayer AG (Hg.), Forschungsschwerpunkte bei Bayer, 1986

Regine Kollek

Gentechnik und Impfstoffe gegen AIDS

Sind beim Einsatz der Gentechnik nicht die Risiken größer als der mögliche Nutzen? Brauchen wir diese Technik und ihre Produkte überhaupt? Diese Debatte wird häufig schon mit dem Hinweis darauf beendet, daß es ohne Gentechnik sicher keinen Impfstoff gegen AIDS geben werde. Ist die Hoffnung berechtigt, die hinter diesem Hinweis steckt? Wird es, um es positiv zu formulieren, mit Hilfe der Gentechnik möglich sein, einen Impfstoff gegen den Erreger von AIDS zu entwickeln? Um dieser Frage nachzugehen, sollen im Folgenden einige der Ansätze überprüft werden, die in bezug auf die Entwicklung von Impfstoffen bzw. von vorbeugenden Behandlungen existieren.

Das menschliche Immundefizienz-Virus HIV gehört zu den Retroviren. Nach Infektion einer Zelle wird das Erbmaterial dieser Viren, das aus RNS besteht, in DNS *zurück*übersetzt – daher der Name *Retro*virus – und in die DNS des Zellkerns integriert. Dort gibt es als »Provirus« Anlaß zur Bildung neuer Viruspartikel oder wird »abgeschaltet«, bis es durch biochemische oder andere Signale wieder aktiviert wird. Das Provirus wird bei der Zellteilung an die neu entstehenden Tochterzellen weitergegeben. Die vom Provirus gebildeten Viren können sowohl direkt von Zelle zu Zelle wandern als auch die Wirtszelle verlassen und in den Körperflüssigkeiten frei herumschwimmen.

Diese allgemeinen Eigenschaften von Retroviren machen einen Teil der Schwierigkeiten aus, mit denen die Impfstoffentwicklung konfrontiert ist. Einer der Ansätze, die in diesem Zusammenhang verfolgt werden, ist die Entwicklung eines sog. Lebendimpfstoffes auf der Basis eines gentechnisch umkonstruierten, vermehrungsfähigen Kuhpockenvirus (Vaccinia). Das rekombinierte Virus besteht aus dem Vaccinia-Virus, dem eines seiner Gene herausgeschnitten und dafür das Gen für die Vorläuferform des Hüllproteins von HIV (gp160) eingesetzt wurde.[1] Im Organismus soll das Produkt des eingebauten HIV-Gens die Immunantwort gegen das Retrovirus stimulieren. Das Laborkonstrukt wurde u. a. in Schimpansen auf seine Wirksamkeit getestet und wird nunmehr am Menschen erprobt.[2] Wirksamkeit heißt in diesem Fall, daß die Impfung eine spezifische Immunreaktion in den Tieren hervorgerufen hat, also die Produktion von Antikörpern, die sich an die Hüllproteine des Virus anlagern und es inaktivieren können. Die Produktion solcher Antikörper bedeutet jedoch nicht, daß der Organismus tatsächlich vor einer Infektion mit HIV geschützt ist.[3] Einzelne Viren können trotzdem in Zellen eindringen. Da HIV bei den Zellteilungen auf die Tochterzellen weitergegeben wird oder aber auch direkt von Zelle zu Zelle wandern kann, ist es den Angriffen der Antikörper gar nicht mehr zugänglich, sobald es eine Zelle infiziert hat. Wenn es den Viren gelingt, in die T4-Zellen des Immunsystems oder deren Vorläufer einzudringen, werden diese Zellen früher oder später durch die Aktivität von HIV oder aber auch dadurch, daß sie nun selber zum Angriffspunkt für andere Zellen des Immunsystems werden, an ihrer Weitervermehrung gehindert oder zerstört. Da sie für die Funktionsfähigkeit des Immunsystems eine zentrale Rolle spielen, ist der Zusammenbruch des gesamten Abwehrmechanismus die zwangsläufige Folge.

Die Variationsfähigkeit des Virus ist ein weiteres Problem bei der Impfstoffentwicklung. Sie ist dadurch bedingt, daß die Hüllproteine, die das Virus umgeben, sich in ihrer Zusammensetzung sehr schnell verändern. Unterschiedliche Virusvarianten sind nicht nur in verschiedenen Viren gefunden worden, sondern auch bei einzelnen HIV-Infizierten.[4] Das Virus ist also in der Lage, den Abwehrmaßnahmen des Immunsystems durch Veränderungen seiner Oberflächenstruktur immer wieder zu entkommen. Durch die Immunisierung mit dem an das Vaccinia-Virus gekoppelten Hüllprotein werden nur Antikörper gegen die für die Konstruktion des Impfstoffes benutzte Variante gebildet. Andere Varianten werden weniger gut erkannt und demzufolge weniger effizient inaktiviert. Die Tatsache, daß HIV-infizierte Menschen erkranken, obwohl sie Antikörper gegen das Virus bilden, weist darüber hinaus darauf hin, daß die Anwesenheit dieser Abwehrstoffe nicht ausreicht, um den Organismus zu schützen. Die Frage ist also, ob eine Immunisierung gegen dieses Virus überhaupt möglich ist.

Hinzu kommt das Problem des Einsatzes gentechnisch manipulierter Viren, deren Interaktionsvermögen mit und Verhalten in einer komplexen, unkontrollierten Umgebung nicht vollständig vorhergesagt werden kann.[5] Beispielsweise ist noch nicht geklärt, welche Einflüsse das gp160 im gesunden Organismus haben kann, wenn es vom Vaccinia-Virus gebildet wird. Kurzfristige Einzelfalluntersuchungen lassen sicher keine abschließende Aussage darüber zu, ob es frei von den zellschädigenden Wirkungen ist, die durch das von ihm abstammende gp120 Virus-Hüllprotein induziert werden.[6]

Sollte die Entwicklung eines Impfstoffes überhaupt möglich sein, könnten solche Präparate, die ohne lebende Viren oder virale Bestandteile auskommen, eine Alternative zu den oben genannten Ansätzen darstellen. Einen Zugang zur möglichen Realisierung eines solchen Konzeptes bieten die sog. Anti-idiotypischen Antikörper (Ab2). Hierbei handelt es sich um Antikörper (Ab2), die mit Antikörpern (Ab1) reagieren, die gegen das Virus gerichtet sind. Vereinfacht ausgedrückt stellen die Ab2 ein genaues Abbild bestimmter Bereiche der viralen Hüllproteine dar. Wie das Virus können sie einerseits an den sog. CD4-Rezeptor binden, der auf der Oberfläche der T4-Lymphozyten und anderer Zellen liegt. Das Virus bindet an diesen Rezeptor und wird daraufhin in die Zelle eingeschleust. Andererseits können die Ab2 in einem mit ihnen behandelten Organismus auch wieder die Bildung von Antikörpern (Ab3) gegen das Virus provozieren.[7] Hier stellt sich wie bei der Impfung mit viralen Vakzinen die Frage, ob dieses ausreicht, um gegen eine Infektion durch das Virus zu schützen. Darüber hinaus wurde in einzelnen Tierversuchen beobachtet, daß eine Behandlung mit Ab2 die Reaktion des Immunsystems im behandelten Tier nicht stimulierte, sondern unterdrückte.[8]

Ein weiteres Konzept macht sich die Tatsache zunutze, daß der CD4-Rezeptor an Teile des viralen Hüllproteins gp120 binden und diesen Bereich des Proteins dadurch gleichermaßen blockieren kann. Bei dem angesprochenen Konzept soll der Teil des CD4-Rezeptors, der auf der Oberfläche der T4-Zelle liegt und für die Bindung des Virus verantwortlich ist, in beschnittener, löslicher Form in den Organismus eingebracht werden. Dort soll er sich an die Hüllproteine von HIV anlagern und das Virus daran hindern, in die Zellen einzudringen.[9] Offensichtlich sind die Bereiche des HIV-Hüllproteins, die für die Bindung an den Rezeptor notwendig sind, trotz der Variabilität in diesem Bereich in allen Virusvarianten weitgehend ähnlich.[10] Das ist nicht so überraschend, da die Bindung des Virus an den Rezeptor ein entscheidender Schritt im Infektionsprozeß ist. Ein Mittel, das diese Bereiche blockiert, könnte also gegen alle Virusvarianten eingesetzt werden. Auch wenn eine derartige Strategie keine Immunisierung im klassischen Sinn darstellt, hofft man, daß auf diesem Wege bei ständiger Zufuhr des Rezeptormoleküls ein dauerhafter Schutz gegen die Verbreitung des Virus im Organismus erreicht werden kann.

So eindrucksvoll sich dieses Präventions- bzw. Therapiekonzept anhört, so wenig sicher ist es, ob es auch tatsächlich wirksam ist. Zum einen ist ungeklärt, ob die beschnittenen, freien CD4-Moleküle im Organismus stabil sind oder ob sie schneller abgebaut werden, als sie wirken können. Auch könnten sie aufgrund ihrer etwas abgewandelten Struktur und der unüblichen Form ihres Auftretens zum Angriffsziel des körpereigenen Immunsystems werden, das sich dann, provoziert durch die veränderten Moleküle, möglicherweise auch gegen die eigenen CD4-Rezeptoren richtet. Dies könnte im Extremfall zu einer Autoimmunkrankheit führen. Auch weiß man nicht, ob die CD4-Rezeptoren die einzigen Wege sind, auf denen das Virus in die Zelle eindringen kann. Weiterhin ist nicht auszuschließen, daß freie CD4-Rezeptoren andere Proteine, die normalerweise an den zellulären Rezeptor binden, abfangen, seine Konzentration unter die kritische Grenze fallen lassen und dadurch Störungen der Funktion der in Frage kommenden Zellen verursachen. Grund für diese Annahme gibt die Tatsache, daß CD4-Rezeptoren auf mehreren unterschiedlichen Zelltypen im Organismus und darüber hinaus in vielen Primatenspezies zu finden sind.[11] Eine solche Erhaltung eines Proteinmoleküls in der Evolution deutet auf eine für die betreffenden Zellen wichtige Funktion hin. Deshalb wird es aller Wahrscheinlichkeit nach auch ein Protein geben, das normalerweise an diesen Rezeptor bindet. Kürzlich wurde gezeigt, daß ein Teil des viralen Hüllproteins (gp120) einem Teil des Neuroleukin ähnelt.[12] Neuroleukin ist ein Wachstumsfaktor für Nervenzellen. Dies gab Anlaß zu der Vermutung, daß die durch HIV hervorgerufenen Schädigungen des Zentralen Nervensystems darauf zurückzuführen sind, daß HIV durch seine Bindung an den CD4-Rezeptor mit der Wirkung des Neuroleukin interferiert. Ein freier CD4-Rezeptor könnte sich also an das Neuroleukin bzw. das normalerweise an den Rezeptor bindende Protein anlagern, es inaktivieren und dadurch Störungen der Zellphysiologie und letztlich des Immunsystems hervorrufen. Skepsis gegenüber der Wirksamkeit eines solchen Konzeptes ist also durchaus angebracht.

Die kurze Darstellung einiger Ansätze in der Entwicklung von Impfstoffen bzw. präventiver Medikamente zeigt, daß es weniger um die Frage geht, ob mit oder ohne Gentechnik ein Impfstoff gegen

HIV entwickelt werden kann, sondern vielmehr darum, ob eine Immunisierung gegen dieses Virus überhaupt möglich ist. Nicht nur deshalb nutzt es wenig, auf die Unverzichtbarkeit der Gentechnik für die AIDS-Bekämpfung zu verweisen, wenn es um die Risiken dieser Technik geht. Dieser Hinweis wird zum einen den Problemen nicht gerecht, mit der die Entwicklung präventiver oder therapeutischer Strategien gegen das Immunschwächesyndrom konfrontiert ist. Zum anderen erweckt er den Eindruck, daß damit die gesamte Debatte um die Risiken der Gentechnik sozusagen vom Tisch gewischt werden soll. Das ist weder sinnvoll noch hilfreich. Im Gegenteil. Je mehr Zweifel nämlich an der Wirksamkeit eines Impfstoffes bestehen, desto kritischer müssen die mit seiner Herstellung und seinem Einsatz verbundenen Risiken untersucht und darüber hinaus geprüft werden, ob nicht die verwendeten Techniken oder der Impfstoff selber neue gesundheitliche Probleme hervorrufen können. Das bedeutet nicht, daß die Untersuchung der Struktur des Virus und des Infektionsmechanismus mit Hilfe molekularbiologischer bzw. gentechnischer Methoden nicht dazu beitragen kann, Ansätze zur präventiven oder therapeutischen Kontrolle des Virus zu entwickeln. Diese müssen jedoch nicht notwendigerweise gentechnisch hergestellte Produkte oder Viren beinhalten, sondern können auch eine chemotherapeutische Basis haben. Gerade vor dem Hintergrund der Debatte um die Risiken der molekular- und zellbiologischen Forschung und um die Entstehungsgeschichte von AIDS[13] verdient der Aspekt der Vermeidung neuer Risiken bei der Bekämpfung dieser Krankheit rigorose Aufmerksamkeit.

Anmerkungen

1 Kieny, M. P. et al.; *Biotechnology, 4,* 790–795 (1986)
2 Hu, S.-L. et al.; *Nature, 328,* 721–723 (1987). *Frankfurter Rundschau,* 23. 12. 1987. Zagury, D. et al.; *Nature, 326,* 249–250 (1987)
3 Barnes, D. M.; *Science, 236,* 255–257 (1987)
4 Hahn, B. et al.; *Science, 232,* 1548–1553 (1986)
5 Kollek, R.; in: Kollek, Tappeser, Altner (Hrsg.). Die ungeklärten Gefahrenpotentiale der Gentechnologie. J. Schweitzer Verlag, München, 49–69 (1986)
6 Barnes, D. M.; *Science, 235,* 1576–1577 (1987). Barnes, D. M.; *Science, 236,* 255–257 (1987). Barnes, D. M.; *Science, 237,* 971–973 (1987)
7 Zoler, M. L.; *Biotechnology*, 923–927 (November 1984)
8 dto.

9 Smith, D. H. et al.; *Science, 238,* 1704–1707 (1987)
10 Sattentau, Q. J. et al.; *Science, 234,* 1120–1123 (1986)
11 McClure, M. O. et al.; *Nature, 330,* 487–489 (1987)
12 Lee, et al.; *Science, 237,* 1047–1050 (1987)
13 Hatch, B.; *Wechselwirkung* Nr. 23 (1984), Nr. 27 (1985), Nr. 34 (1987). Kollek, R.; *Wechselwirkung* Nr. 36 (1988), Nr. 37 (1988)

Isolde Stumm

Das Produkt Humaninsulin

Seit 1986 ist eines der ersten Arzneimittel, die gentechnisch in Bakterien produziert werden, auf dem bundesdeutschen Markt: Wirkstoff Humaninsulin. Hersteller: der US-Konzern Eli Lilly. Voraussichtlich Anfang der neunziger Jahre will die Hoechst AG (BRD) mit ihrer umstrittenen Produktionsanlage nachziehen. Humaninsulin wird zum Einstiegsobjekt für die gentechnologische Großproduktion.

»Die Gentechnik hat den Wissenschaftlern völlig neue Perspektiven bei der Behandlung der Zuckerkrankheit eröffnet.«[1] Bessere Verträglichkeit, unbegrenzte Verfügbarkeit, die preiswerte Alternative, schlicht unerläßlich für die weltweit wirkungsvolle Bekämpfung der Zuckerkrankheit. Dabei ist eine solche Regulation des Blutzuckerspiegels bei Diabetespatienten durch externe Insulingaben schon seit den zwanziger Jahren möglich. Dafür stehen unterschiedliche Arten von Insulinen zur Verfügung:

- Schweine-Insulin, extrahiert aus Bauchspeicheldrüsen von Schlachtvieh,
- Rinder-Insulin,
- semisynthetisches Human-Insulin (Schweine-Insulin, das chemisch so umgebaut wurde, daß seine Eiweißzusammensetzung mit der des menschlichen übereinstimmt).

Tatsache ist, daß seit 1976 eine großangelegte Umstellungswelle von tierischem Insulin auf Humaninsulin zu beobachten ist.[6] Schon 1987 waren in der BRD mehr als 50 % der insulinabhängigen Diabetiker auf Humaninsulin eingestellt. Die Tendenz steigt sprunghaft an.[2] Diese Kampagne ist lanciert sozusagen als Vorgriff auf die Produktpalette der Zukunft: Die Hoechst AG will ihre Humaninsulinproduktion vollständig vom semisynthetischen (d. h. halbsynthetisch hergestellten) auf das gentechnisch erzeugte Produkt umstellen.[2]

Was ist also dran an der vorgeführten Verbraucherfreundlichkeit vor dem Hintergrund des Streits um Wettbewerbsvorteile und Weltmarktprozente? Wie stichhaltig sind die verschiedenen Argumentationen, die die Herstellerfirmen nutzen, um eine positive Resonanz bei Ärzten und Verbrauchern zu erzielen?

Gentechnisch erzeugtes Humaninsulin bringt keine wesentlichen therapeutischen Vorteile

Die Behandlung des insulinabhängigen Diabetes wirft zahlreiche gesundheitliche Probleme auf. So leiden die meisten Diabetiker unter zahlreichen Nebenwirkungen der Therapie, da der Blutzuckerspiegel in vielen Fällen nur mangelhaft kontrolliert werden kann. An Kurzzeitreaktionen: immunologische Reaktionen auf das Therapeutikum. An den Spätfolgen: Herz-Gefäß-Erkrankungen, Nierenversagen, Erblindung oder Insulinresistenz (verminderte Insulinempfindlichkeit).[7]

Mitverantwortlich für die Nebenwirkungen sind vor allem Verunreinigungen des Insulinpräparates durch Proteine, Insulinvorstufen, Insulinderivate (-abkömmlinge), denaturierte (in ihrer chemischen Struktur zerstörte und deshalb biologisch unwirksame) oder aggregierte (verklebte) Produkte, die Form der Verabreichung (Applikationsweise) und der Applikationsort.[8,9] Die Unterschiede in der Eiweißzusammensetzung zwischen Rinder- bzw. Schweineinsulin und Humaninsulin führen dagegen in den seltensten Fällen zu Erkrankungen, am ehesten bei Rinderinsulin, das immerhin in drei Bausteinen in der Zusammensetzung von Humaninsulin abweicht.

Die Gefahr von allergischen Nebenreaktionen und Resistenzentwicklungen konnte jedoch seit etwa 1950 in der herkömmlichen Insulinproduktion durch bessere Extraktionsmethoden zurückgedrängt werden. Auch die Formen der Darreichung wurden verbessert. Humaninsuline bieten demgegenüber keine entscheidenden Vorteile. Das zeigen ausgedehnte klinisch-experimentelle Untersuchungen.[3,6,10,11,12,13,14,15]

Nahezu identisch sind das Bindungsverhalten des Insulins an Rezeptoren und Bioresponse (biologische Reaktion auf die Insulingaben) als auch Blutzuckerabnahme und die Plasma-Insulin-Pharmakokinetik.[10]

Die schnellere Absorption des Humaninsulin durch ihre bessere Löslichkeit ist zur Aufrechterhaltung normaler Blutzuckerwerte nicht relevant.[10]

Die Medikation mit Humaninsulin führt höchstens in den ersten Monaten, nicht aber auf Dauer zu einer Verringerung der notwendigen Insulindosis.[16, 17, 15]

Die schnellere aber kürzere Wirkdauer des Humaninsulin-Präparates kann die Stoffwechsellage des Patienten nach der Umstellung zunächst verschlechtern.[6,14] Ebenso ist eine Unterzuckerung nach Humaninsulingabe von dem Diabetiker oft nicht früh genug erkennbar. Dies kann zu Schockreaktionen mit Bewußtlosigkeit führen.[6,11a] Aus diesen Gründen warnte die Deutsche Diabetesgesellschaft schon 1983 davor, gut eingestellte Diabetiker von tierischem Insulin auf Humaninsulin umzustellen.[6] Das Bundesgesundheitsamt sah sich kürzlich genötigt, alle Hersteller von Humaninsulin anzuweisen, auf den Beipackzetteln der Präparate auf die erhöhte Gefahr einer unbemerkten Unterzuckerung hinzuweisen, die in vielen Fällen zur Bewußtlosigkeit führen könne. Zu ähnlichen Ergebnissen kommt auch eine Studie der Diabetes-Klinik Bad Bevensen. Über das ›Deutsche Ärzteblatt‹, *die* Medizinerzeitung der BRD, warnte sie ihre Kollegen davor, »noch mehr Patienten durch unkritische Insulinumstellungen zu schädigen«.[22]

Die Humaninsulintherapie scheint nach Meinung zahlreicher Experten kaum weniger immunologische Gegenreaktionen hervorzurufen als eine Medikation mit anderen Insulinpräparaten.[6,10,9] Ihre Heftigkeit ist eher abhängig vom Reinheitsgrad und der Applikationsform der Präparate als von deren Herkunft.

Bei gentechnisch erzeugtem Humaninsulin sind dagegen neue Formen von Allergien zu erwarten, da diese Produkte je nach Herkunft bakterielle (Hoechst, Eli Lilly) oder Pilzproteinreste (Novo) und andere Verunreinigungen enthalten können.[10,18]

Individuelle Unterschiede können einen Patienten auf tierische, andere auf bakteriell erzeugte Insuline allergisch reagieren lassen. So könnte ein nicht-tierisches Produkt für eine kleine Gruppe von Allergikern durchaus Vorteile haben. Da Allergien sich aber bei Allergikern auch nach einiger Zeit gegenüber einem anderen Produkt manifestieren können, sollte in solchen Fällen ein vollsynthetisches Produkt das Mittel der Wahl sein.

Darüber hinaus könnte eine Immunantwort der Patienten auf bakterielle Produkte (E.coli K12-Proteine) im gentechnisch erzeugten Humaninsulin auch zu immunologischen Reaktionen gegenüber den in der eigenen Darmflora lebenden E.coli führen (crossreaction). Solche Immunitätserkrankungen treten in den letzten Jahren immer mehr auf, sind bisher aber noch sehr wenig in ihren Ursachen und Wirkungen aufgeklärt.

Aus therapeutischer Sicht bietet gentechnisch erzeugtes Humaninsulin bei der Behandlung des Diabetes mellitus folglich keine gesundheitlichen Vorteile. Nur in Einzelfällen (Allergie, immunologische Insulinresistenz) könnte eine Umstellung auf semisynthetisches Humaninsulin oder vollsynthetisches Insulin angezeigt sein.

Es droht keine Verknappung des Schweineinsulins

In der Bundesrepublik werden jährlich 37 Millionen Schweine zur Deckung des Fleischbedarfs geschlachtet.[19] Um demgegenüber den augenblicklichen Bedarf von 250 kg Insulin in der BRD allein über Schweineinsulin zu decken, werden jedoch 20 Millionen Bauchspeicheldrüsen im Jahr benötigt. So werden beispielsweise beim Frankfurter Schlachthof, einem der größten der BRD, die Bauchspeicheldrüsen nur bis zu einem bestimmten Kontingent gesammelt. Alle weiteren werden mit den übrigen Tierabfällen verworfen.[19a] Selbst beim Zusammenbruch des ohnehin kleinen Marktes für Rinderinsulin und beim Ausbleiben des gentechnischen Präparats ist damit keine Unterversorgung zu erwarten. So sehen es auch die Deutsche Diabetesgesellschaft, die Food and Drug Agency (FDA), die Weltgesundheitsorganisation (WHO)[5,6,8] und die Firma Nordisk, entgegen der Einschätzung des US-amerikanischen National Diabetes Advisory Board.

Die Herstellerfirmen gehen demgegenüber von einer unrealistischen Verdopplung der Zahl der insulinabhängigen Zuckerkranken in 10 Jahren vor allem in der Dritten Welt aus.[1,4] Die Möglichkeiten vorsorgender Behandlung bleiben dabei völlig außer acht.[20]

Gentechnisch hergestelltes Humaninsulin ist kein preiswerteres Produkt

Die Verkaufspreise für gentechnisch erzeugtes Humaninsulin sind bislang in der BRD mit denen für gereinigtes Schweineinsulin vergleichbar.[21] In den USA kostet das gentechnische Produkt durchschnittlich 12 Dollar, das Schweine-Rinderinsulingemisch dagegen nur 8 Dollar.[8] In England sind die Preise für die verschiedenen Präparate vergleichbar.[10]

Entscheidend für die Herstellung des gentechnischen Produktes scheinen somit die Erwartungen auf geringere Herstellungskosten zu sein. Diese sind entscheidend abhängig von Lohn-, Produktions- und Rohstoffkosten sowie von den Kosten für Forschung und Entwicklung.

Ob sich die Mitarbeiterzahl dieses Produktionszweiges nach der vollständigen Umstellung auf das gentechnische Produkt weitgehend auf das gegenwärtige Niveau einpendeln wird[2], ist fraglich. Auf jeden Fall scheinen per Saldo nicht, wie von der Hoechst AG versprochen, 150 neue Arbeitsplätze geschaffen zu werden. Kostenvorteile durch eventuelle »Freisetzungen« könnten durch erhöhte Qualifikationsanforderungen wettgemacht werden.

Die Entwicklung der Produktionskosten ist kaum absehbar: Die Verfahrenswege gestalten sich bei der gentechnischen Humaninsulinproduktion eher komplizierter und aufwendiger als in der herkömmlichen Insulinproduktion, besonders auch durch die Erfordernisse der Sterilhaltung im ersten Verfahrensschritt, der Fermentation. Zusätzliche dringend notwendige Sicherheitsvorkehrungen zur Risikominimierung verkomplizieren die gentechnologische Produktion zusätzlich. Immerhin eine Kostenreduzierung verspricht dagegen ein Wegfall der Kosten für den zunehmend teureren »Rohstoff Bauchspeicheldrüse«.[2]

Entscheidend für die Firmen sind neben dem Einstieg in eine neue Technologie, die Gentechnologie, die Hoffnungen, mit diesem Produkt Marktpositionen zu halten oder zu erweitern. Denn hier ist die Hoechst AG bereits in Bedrängnis: Der weltgrößte Anbieter, der US-Konzern Eli Lilly weicht auf europäische Märkte aus, nachdem im Jahre 1982 die Federal Trade Commission (FTC), die amerikanische Kartellbehörde, den Monopolpraktiken des Konzerns durch ein Lizenzverbot einen Riegel vorgeschoben hatte. Ausgenommen von diesem Verbot waren neue Techniken der Insulinherstellung wie die gentechnisch hergestellten Humaninsuline, zu dessen Marktvorbereitung das Unternehmen achtstellige Dollarsummen investierte.

Drei Jahre später war es soweit; seit 1986 ist das Eli Lilly-Produkt Huminsulin normal auf dem bundesdeutschen Markt erhältlich.

Ausweg für die Hoechst AG, die auch in Konkurrenz zu dänischen Firmen Novo und Nordisk steht, bietet nicht mehr allein die Führungsstellung bei der Produktion semisynthetischen Insulins, sondern ein eigenständiges Verfahren zur gentechnischen Herstellung – die »Einstrangsynthese«.

Anmerkungen

1 L. Schönfeld: Es geht auch ohne Schweine, *Blick auf Hoechst* 3/87

2 Berger, M.: Arznei-Telegramm *9* (1987) 80; Sozialforschungsstelle Dortmund: Auswirkungen gentechnischer Verfahren und Produkte auf Produktionsstruktur, Arbeitsplätze und Qualifikationserfordernisse, Dt. Bundestag, Materialband VI zum Bericht der Enquete-Kommission »Chancen und Risiken der Gentechnologie«, 1987, Drucksache 10/6775, S. 2475

3 P. D. Home, K. G. M. M. Alberti: Human Insulin, *Clinics in Endocrinology and Metabolism,* Vol. 11, No. 2 (1982), S. 453

4 *Industriemagazin* 7 (1985), S. 40

5 M. Sun: Insulin Wars: New Advances May Throw Market into turbulence, *Science,* Vol. 210 (1980), S. 1225

6 *Dt. Ärzteblatt,* Kurzbericht: Humaninsulin oder Rinderinsulin, Dt. Ärztebl. 84, Heft 5 (1987), S. B-175

7 P. Pidoux-Orland: Diabetes du Jeune: de nouveaux traitements en perspective, *La Recherche,* Vol. 18 (1987), S. 268

8 L. S. Gussak: Biosynthetic Human Insulin Four Years Later, *Gene Watch* (Febr.–März 1986), S. 6

9 Sauer: Diabetestherapie, Springer-Verlag, Heidelberg 1984, S. 179

10 J. Pickup: Human Insulin, *British Medical J.,* Vol. 296, No. 6514 (1986), S. 155

11 E. F. Pfeiffer: Fortschritte in der Insulintherapie, *Münch. med. Wochenschr.* 125 (1983) Supplement, S. 1–136

11a *Deutsche Apothekerzeitung 48,* VI (1987)

12 D. D. Etzwiler: International Symposium on Human Insulin: A summary, *Diabetes Care,* Vol. 6, Suppl. 11 (1983), S. 66

13 J. Willis: Human Insulin Receives FDA Approval, FDA Drug Bulletin, Washington (1982), S. 18

14 Arzneimitteltelegramm, Übersichten: Verordnen? – Zur Inflation der Insuline II, at 6 (1986), S. 48

15 P. Hürter, W. von Schütz, R. Zick, K. Stolzenbach: Clinical Experiences with Biosynthetic Human Insulin in Children and Adolescents with Type-I-Diabetes, *Kinderheilkd.* (1985), S. 277

16 P. Hürter, K. Stolzenbach, W. v. Schütz, R. Kubel, R. Zick: Ersteinstellung und Umstellung von Kindern auf biosynthetisches Humaninsulin, *Münch. med. Wochenschr.* 125 (1983) Supplement, S. 91

17 M. Schusdziarra: Wirksamkeit von biosynthetischem Humaninsulin und konventionellem Schweineinsulin beim insulinpflichtigen Diabetes mellitus am künstlichen endokrinen Pankreas, *Münch. med. Wochenschr.* 125 (1983) Supplement, S. 35

18 C. R. Kahn, A. S. Rosenthal: Immunologic Reactions to Insulin, *Diabetes Care,* Vol. 2 (1979), S. 18

19 W. M. Einler, N. Kleinschmidt: Tierische Geschäfte mit dem Fleisch, *Natur,* Nr. 2 (1987), S. 18

19a telefonische Mitteilung des Schlachthofs Frankfurt/Main

20 L. Kühne: Die Schulmedizin scheitert an chronischen Krankheiten (1987) unveröff.
21 Umfrage in Freiburger Apotheken im Juli 1989
22 H. J. Wedemeyer, E. v. Kriegstein: *Deutsches Ärzteblatt 85* (1985), C-396

Lisa Kühne

Gentechnik und Diabetes

Die Diskussion um die gentechnologische Insulinproduktion contra Insulingewinnung aus der tierischen Bauchspeicheldrüse bleibt zur Freude der Pharmaindustrie insofern systemimmanent, als hierbei die wirkliche Alternative unberücksichtigt bleibt, die Stoffwechselstörung Diabetes erst gar nicht entstehen zu lassen. Gegenstand dieses Beitrages ist es aufzuzeigen, daß hierfür eine veränderte Ernährung eine der wesentlichen Voraussetzungen ist. 3 % der Bevölkerung in den Industrienationen sind von Diabetes betroffen. Doch nur etwa 5 % dieser Patienten müssen von Kindheit an mit Insulin versorgt werden (Typ I), da ihre Bauchspeicheldrüse aus noch ungeklärter Ursache die Fähigkeit zur Insulinproduktion verliert.

Bei den anderen 95 % Diabeteskranken wird zwar zu 40 % eine genetische Prädisposition vermutet, doch hängt ihr Auftreten wesentlich von der Ernährung ab. Gerade bei diesen Patienten geht die Industrie von wachsenden Bedarfszahlen aus.

Die Insulindosen so gering wie möglich zu halten, ist bei beiden Diabetes-Typen wegen der Erhaltung eines allgemein guten Gesundheitszustandes wünschenswert, denn trotz optimaler Einstellung mit Insulin kommt es im Laufe der Jahre zu schweren Folgeerscheinungen, wie z. B. krankhaften Gefäßprozessen, Amputationen, Erblinden.

Es ist zu beobachten, daß die Anzahl der Erwachsenendiabetiker mit dem Industrialisierungsgrad einer Gesellschaft wächst: Schon in den 40er Jahren zeigten britische Ärzte in epidemiologischen Studien, daß sowohl in Indien als auch in Afrika Erkrankungen wie Erwachsenendiabetes erst mit den an industrialisierte Länder angepaßten Ernährungs- und Arbeitsbedingungen auftraten:[1]

– mit Ernährungsveränderungen
– mit der Abnahme der körperlichen Bewegung
– mit der Zunahme von psychischen und frustrierenden Belastungen (Streß, Distreß).

Vor diesem Hintergrund wird deutlich, daß es bei Prävention und Therapie nicht primär um die Forderung nach individueller Verhaltensänderung gehen kann. Es geht um eine gesamtgesellschaftliche gesundheitspolitische Bewegung, mit dem Ziel, die Krankheit zu verhindern.

Die Regulation des Blutzuckerspiegels

Kohlenhydrate aus der Nahrung (Stärke und Zucker) werden im Verdauungstrakt zu Einfachzucker, im wesentlichen Glukose, gespalten und gelangen über die Darmwand in das Blut. Wird hierdurch der Zuckersollwert von 0,7–1,1 mg/ml überschritten, kommt es zur Ausschüttung des Hormons Insulin. Insulin erhöht die Durchlässigkeit der Zellmembran für Glukose, die in der Zelle mit Energiegewinn verbrannt wird. Der Insulinbedarf verringert sich bei körperlicher Aktivität. Hierbei wird vermehrt Einfachzucker ohne Insulineinwirkung aus dem Blut in die Zellen aufgenommen. Eine Steigerung der Zuckeraufnahme in die Zelle wird auch durch das Spurenelement Chrom bewirkt, und Vitamin B_1 erhöht die Insulinwirkung.

Von besonders großem Einfluß auf den Insulinbedarf ist die Geschwindigkeit, mit der die Kohlenhydrate enzymatisch abgebaut und in die Blutbahn aufgenommen werden können: Die isolierten Kohlenhydrate aus Getreide (Weißmehl) und Zucker, die Hauptkohlenhydratquellen in unserer heutigen Ernährung, werden schnell enzymatisch aufgeschlossen und resorbiert. Sie bewirken hohe Blutzuckerspitzenwerte. Bei naturbelassener, ballaststoffreicher Nahrung wirkt die Zellstruktur als Barriere gegen einen schnellen Abbau und Resorption.

So steigt z. B. nach Verzehr von 25 g Kohlenhydraten aus 25 g Zucker der Blutzuckerspiegel um 92 %, während bei 207 g Äpfel, die die gleiche Zuckermenge enthalten, nur ein Anstieg von 35 % zu verzeichnen ist.[3]

Ein schneller enzymatischer Kohlenhydratabbau führt indes zu hohen Blutzuckerwerten, die eine hohe Insulinausschüttung stimulieren, die aber nicht vollständig benötigt wird, wenn die Aufnahme von Glukose aus dem Verdauungstrakt schnell beendet ist. Hieraus resultieren Folgewirkungen, die für die Entstehung der Typ II-Diabetes erheblich sind:[4]

– Der Stoffwechsel produziert eine wesentlich höhere Insulin-

menge, als zur Verstoffwechselung der gleichen Kohlenhydratmenge aus naturbelassenen Nahrungsmitteln notwendig ist.
- Demgegenüber kann Glukose fast insulinunabhängig in die Zellen aufgenommen werden, wenn die langsame gleichmäßige Glukoseaufnahme aus naturbelassenen Kohlenhydratträgern mit entsprechendem Energieverbrauch (Bewegung) einhergeht.
- Das überschüssige Insulin bewirkt einen starken Blutzuckerabfall, ein Reizauslöser für erneutes Hungergefühl.
- Der entstehende Kreislauf führt zu einem hohen Insulinspiegel.
- Die Zellmembran wird unempfindlicher gegenüber der Insulinwirkung, u. U. »resistent«. Insulin wird ständig ausgeschüttet, da bei bleibend hohem Zuckerspiegel sich der Glukosetransport aus dem Blut in die Zellen verzögert.

Innerhalb der letzten 100 Jahre ist in Deutschland die durchschnittliche Ballaststoffaufnahme von 84 g täglich auf 17 g gesunken.[5] Statt Vollkorn und Hülsenfrüchten werden tierische Nahrungsmittel, Weißmehl- und Zuckerwaren bevorzugt. In der BRD werden durchschnittlich täglich 113 g Zucker und 150 g Weißmehl verzehrt. Damit wird die Hälfte bis ein Viertel des Energiebedarfs gedeckt, ohne daß dem Körper die für den Stoffwechsel der Nährstoffe notwendigen essentiellen Inhaltsstoffe mitgeliefert werden. Das zum Abbau der Kohlenhydrate notwendige Vitamin B_1 muß durch die Inhaltsstoffe anderer Lebensmittel ausgeglichen werden, was in der Praxis nicht gewährleistet ist. Ähnliches gilt für das Spurenelement Chrom, das als Bestandteil des Glukosetoleranzfaktors die Belastbarkeit des menschlichen Organismus für Zucker verbessert.[6]

Bei einem Vitamin-B_1-Mangel wird Glukose vermehrt zu Milchsäure verstoffwechselt. Diese wird jedoch wieder zu Glukose aufgebaut. Dasselbe Glukosemolekül kann somit rechnerisch die Insulinausschüttung mehrmals provozieren, bevor es in die Zelle aufgenommen wird. Dadurch entsteht ein weiterer Insulinverbrauch, hinzu kommt eine verschlechterte Insulinwirkung durch den erhöhten Milchsäureanfall.

All diese verschiedenen Reaktionen können gerade in ihrem Zusammentreffen zur Erschöpfung der insulinproduzierenden Zellen der Bauchspeicheldrüse führen und damit den Diabetes Typ II auslösen. Diabetes Typ II kann nicht durch Ernährungsumstellung geheilt, sondern nur über eine Prävention vermieden werden, da ernährungsbedingte Schäden über Jahrzehnte entstehen und der

Ausbruch einer Krankheit bereits das Endstadium anzeigt. Dennoch kann der medikamentöse Insulinbedarf bei einigen Diabetikern durch eine Änderung der Ernährungs- und Lebensbedingungen stark reduziert, wenn nicht sogar überflüssig werden.

Die Mehrzahl der Diabetiker fühlen sich aber durch eine Insulininjektion weniger belastet als durch eine Ernährungsumstellung, die sie noch stärker in eine Außenseiterposition führte.

Ernährung ist in den Industriegesellschaften zu einer fremdbestimmten Handlung geworden. Nahrungsmittel sind starken Verarbeitungsprozessen unterzogen. Ernährung ist zu einem komplizierten Prozeß geworden, da der tatsächliche Ernährungswert der Produkte immer schwerer zu beurteilen ist. Der Manipulation sind Tür und Tor geöffnet, z. B. für einseitige Unterrichtung durch die scheinbar informative Werbung. Essen dient überdies als willkommene Ablenkung und Unterbrechung des Alltags, als Kompensation für die triste Arbeit und eine unbefriedigende Lebenssituation. Die Produkte der Nahrungsmittelindustrie sind überall verfügbar, überall einzukaufen, preiswerter, praktischer zu transportieren, länger auf Vorrat zu halten, sofort verzehrfertig oder schnell zuzubereiten. Das bedeutet für berufstätige Frauen eine Entlastung von der Hausarbeit. Zudem genießt die Hauswirtschaft in industriellen Gesellschaften geringe Wertschätzung.

Hier zeigt sich ein staatlicher Handlungsbedarf, der eine Gesundheitspolitik gegen die marktwirtschaftlichen Interessen einer Industrielobby durchsetzt.

Anmerkungen

1 Vgl. Burkitt, D.: Gesund leben mit Ballaststoffen, Stuttgart 1982

2 Thomas B.: Einfluß von Kohlenhydratträgern mit verschiedenem Ballaststoffgehalt auf den Blutzuckerspiegel, TU Berlin 1976

3 Koerber, Karl W. von et al.: Vollwerternährung, Heidelberg 1981

4 Vgl. Deutsche Gesellschaft für Qualitätsforschung: Ballaststoffe, Abstracts der Tagung vom 16.–18. 3. 1987 in Berlin

5 Thomas, B. et al.: Die Rohfaseraufnahme durch die Kost in den letzten 100 Jahren, TU Berlin 1976

6 Wie dann auch der Ernährungsbericht 1984 feststellt, gibt es in der BRD eine Unterversorgung an B_1, Chrom und Ballaststoffen

II. Teil
Fragestellungen und Schwerpunkte

Regine Kollek
Neue Kriterien für die Abschätzung des Risikos

Das Sicherheitskonzept der Gentechnologie

Bis in die späten 70er Jahre hinein lag der Schwerpunkt der im Zusammenhang mit der sich entwickelnden Gentechnologie geführten Debatte auf dem Nachweis der Sicherheit gentechnischer Experimente. Dieser Tenor veränderte sich jedoch, sobald die neue Forschungsrichtung kommerziell interessant wurde. Die »Beweislast« wurde kurzerhand umgekehrt: nicht mehr die ungeduldig auf die Anwendung ihrer methodischen Entwicklungen wartenden Protagonisten dieser neuen Technologie wollten die Sicherheit ihrer Experimente beweisen, sondern sie forderten nunmehr den Nachweis des Risikos den Kritikern ab.[1] Ende der 70er Jahre wurden dann die Grundzüge sicherheitskonzeptioneller Ansätze formuliert, die bis heute das Grundgerüst für die Sicherheitsmaßnahmen beim Arbeiten mit gentechnisch verändertem biologischem Material bilden.

In der Bundesrepublik Deutschland wurde das aus der US-amerikanischen Diskussion übernommene Sicherheitskonzept in den »Richtlinien zum Schutz vor Gefahren durch in vitro manipulierte Nukleinsauren« (im folgenden kurz »Richtlinien« genannt) der Zentralen Kommission für Biologische Sicherheit (ZKBS) niedergelegt, deren 5. Fassung vom Mai 1986 heute gültig ist. In diesen Richtlinien wird davon ausgegangen, daß aufgrund des nicht immer vorhersagbaren Verhaltens genmanipulierter Organismen in der Umwelt »bei der Anwendung dieser Technik (...) Risiken aber nicht mit Sicherheit auszuschließen (sind)«. Aus diesem Grunde wird es für notwendig gehalten, »daß die Arbeiten unter sorgfältigen Sicherheitsvorkehrungen durchgeführt werden, um die beteiligten Menschen und die Allgemeinheit vor unerwünschten Folgen zu schützen«.[2]

Hinter dieser Formulierung steht die Auffassung, daß die Gefahren, die mutmaßlich von genmanipulierten Lebewesen ausgehen, vorausberechnet und bis auf ein – für akzeptabel gehaltenes – »Restrisiko« eingedämmt werden können, wenn die Sicherheitsvorschriften der ZKBS eingehalten werden. Dieser Position, die die Existenz von Restrisiken immerhin akzeptiert, wird von den Fachvertretern der Molekularbiologen in der Deutschen Forschungsgemeinschaft folgendes entgegengehalten: »Nach allen bisherigen Erfahrungen stellen gentechnologische Experimente als solche keine Gefahr dar, die über das Gefährdungspotential der Ausgangsorganismen hinausgeht und spezifisch der Neukombination zuzuschreiben wäre.« Und weiter: »Seit 15 Jahren wird weltweit in jetzt mehr als 10000 Laboratorien mit neukombinierter DNA experimentiert, ohne daß je ein einziger Fall einer Gefährdung von Experimentatoren oder Umwelt bekannt geworden wäre. Diese vollständige ›Unfallfreiheit‹ beim Arbeiten mit rekombinanter DNA in einem weiten Spektrum von Nukleinsäure-Kombinationen und Empfängerzellen spricht für die Ungefährlichkeit dieser Technik und dafür, daß besondere Risiken nicht existieren.«[3]

Andere Molekularbiologen gehen sogar noch weiter: Es lasse sich »auf der Basis der gesamten Erfahrungen in der Gentechnologie und besonders der Ergebnisse aus der (...) gezielten Sicherheitsforschung (...) jetzt urteilen, daß es das hypothetische Risiko der Gentechnologie nicht gibt, also nicht die erst durch die Kombination bedingte besondere Gefährdung im Gegensatz zu den Eigenschaften der Summe der Komponenten... Die Sicherheitsauflagen (...) können deshalb heute auf die wenigen Fälle eingeschränkt werden, wo die Ausgangskomponenten selbst ein solches Gefahrenpotential in das Experiment hineintragen, z.B. bei der Arbeit mit den Genen aus einem toxinbildenden Mikroorganismus.«[4]

Grundüberlegung dabei ist: Das Risikopotential eines genmanipulierten Organismus läßt sich aus der Addition der Eigenschaften der benutzten Komponenten bestimmen. Folglich sollen die durch die Neukombination von genetischem Material entstehenden Produkte bzw. Organismen kein größeres Risiko enthalten, als sich aus der Kombination der bekannten Eigenschaften der beteiligten Nukleinsäuren und Wirtsorganismen ergibt. Aus dieser Grundüberlegung wird auch abgeleitet, daß die Eigenschaften der manipulierten Organismen im voraus bestimmt werden können.

Dieses »additive Modell« bildet die Grundlage der gegenwärtigen »Sicherheitsphilosophie«, also des Konzeptes, das unter Berufung auf wissenschaftliche Untersuchungen und Ergebnisse und unter Hinzuziehung normativer Elemente Schutzbedürfnisse, Sicherheitsmaßnahmen, Verhaltensregeln und Erfordernisse für Genehmigungsverfahren formuliert und somit die Akzeptabilität des gentechnischen Risikos konzeptualisiert. Diese Sicherheitsphilosophie geht von der wissenschaftlich-experimentellen Steuerbarkeit biologischer Phänomene aus und läßt somit eine »sichere Gentechnologie« machbar erscheinen. Auf Basis dieser von institutionalisierten Gremien, etablierter Wissenschaft und exponierten Fachvertretern vertretenen Sicherheitskonzeption wird von der nicht-wissenschaftlichen Öffentlichkeit die Akzeptanz gentechnologischer Forschung und Produktion eingefordert.

Das »additive Modell« steht in der Tradition des reduktionistischen Paradigmas der Biologie. Ihm liegt ein von Mendel bzw. Johannsen übernommener, später jedoch in seiner Bedeutung veränderter Genbegriff zugrunde. Für Mendel und die Biologen, die seiner Schule folgten, war das Gen noch ein theoretisches Konzept. Die Ausprägung von Merkmalen wurde davon in einer Weise beeinflußt, die zwar in bestimmten Fällen genau beschrieben werden konnte, aber nicht immer gesetzmäßig zu erfassen war. Für die Vertreter der Molekularbiologie wurde die abstrakte Recheneinheit »Gen« jedoch zum materiell handhabbaren Molekül, dessen Eigenschaften und Wirkungen auf biochemischer Ebene kausal deterministisch zu erfassen und zu erklären sind. Mendel und Johannsen bemühten sich noch um die Aufklärung der Gesetzmäßigkeiten der Erbgänge und definierten dafür als heuristisches Prinzip die Erbfaktoren. Dagegen geht es der heutigen molekularen Genetik kaum noch um die Erklärung komplexer, den äußeren Phänotyp, also die Gestalt und das Interaktionsvermögen eines Organismus bedingender Sachverhalte. Das Ziel ist vielmehr die Bestimmung der primären Genfunktionen, die in Form von Proteinen oder Regulationssignalen als direkte Funktion der Nukleinsäuresequenz realisiert werden. Ziel der neuen, konstruierenden, produktorientierten Forschung ist also nicht die theoretische Klärung der Entwicklungsbedingungen von Phänotypen, sondern die Realisation spezifischer Funktionseigenschaften von Organismen. Diese »herstellbaren« Funktionseigenschaften können auch als Produkt gewinnbringend zu Markte getragen werden.

Die Funktion eines molekularbiologisch bzw. biochemisch definierten Gens, also einer Nukleinsäure, zu kennen, bedeutet zunächst einmal zu wissen, welche Aminosäuresequenz oder welches Regulationssignal durch dieses Gen kodiert wird. Damit ist aber noch nicht bekannt, wie solche Funktionen sich auf den Gesamtphänotyp des betroffenen Organismus auswirken. Dies kann erst dann festgestellt werden, wenn das veränderte Lebewesen (oder das

Virus) unter natürlichen Bedingungen (im Gegensatz zu Laborbedingungen) mit anderen Organismen oder physikalisch-chemischen Umweltparametern in Interaktion tritt. Genau diese Argumentationslinie bildet die Grundlage für die Kritik des »additiven Modells«. Ihm wird eine Betrachtungsweise gegenübergestellt, die solche Kontextbezüge berücksichtigt.

Kontextbezüge: Die Dimensionen von Raum und Zeit

Eine »kontextorientierte« Betrachtungsweise geht davon aus, daß das Risikopotential eines solchen Organismus nicht alleine durch die Charakteristika der Wirtsorganismen und der übertragenen Gene bestimmt wird. Vielmehr ist es auch entscheidend, daß im Genom der Zellen Veränderungen stattfinden. Schon die Tatsache, daß Gene aus ihren durch natürliche Evolution entstandenen Nachbarschaftsbeziehungen herausgenommen und in andere chromosomale Umgebungen verpflanzt, daß sie also »ver-rückt« werden[5], reicht aus, um Eigenschaftsveränderungen der Organismen hervorzurufen.

Dem additiven Modell jedoch liegt implizit die Annahme zugrunde, daß ein Gen immer die gleiche Wirkung entfaltet, unabhängig davon, in welchem Organismus oder an welchem Ort im Chromosom es sich befindet oder mittels der Methoden der experimentellen Genübertragung transplantiert wird.[6] Diese Annahme hat sich in vielen Fällen als falsch erwiesen. Dafür hat die molekularbiologische Forschung inzwischen selber genug Belege produziert.

Ein Beispiel dafür sind die sogenannten Onkogene. Diese Gene tragen ihren Namen deshalb, weil sie, vereinfacht ausgedrückt, Zellen zu krebsartigem Wachstum veranlassen. Der Begriff »Onkogene« ist allerdings irreführend, denn diese Erbinformationen üben auch in normal wachsenden Zellen spezifische Funktionen aus. So wirken »Onkogene« bei der Zellteilung oder auch bei der Zelldifferenzierung mit, also bei einer Folge von Entwicklungsschritten, in deren Verlauf sich z. B. aus einer Knochenmarkszelle entweder ein rotes Blutkörperchen oder eine Zelle des Immunsystems herausbildet. Insofern besteht eine der normalen Funktionen von »Onkogenen« darin, innerhalb dieser Prozesse Signale zu geben, die die Entwicklung einer Zelle entweder in die eine oder andere Richtung stimulieren. Sie sollten deshalb richtigerweise auch die Bezeichnungen Regulations- oder Differenzierungsgene tragen und nicht »Onkogene« oder »Proto-Onkogene«, wie inzwischen üblich geworden, denn der Begriff »Onkogen« ist vom Artefakt abgeleitet, sieht also die Störung als das Normale an.

Differenzierungsgene werden freilich dann zu Onkogenen, wenn sie entweder Veränderungen in ihrer molekularen Zusammensetzung erfahren, wie es z. B. mit dem aus Blasenkarzinomen isolierten ras-Onkogen der Fall ist[7], oder aber indem sich ihre Nachbarschaftsbeziehungen im Genom verändern. Beispiel für den zuletzt genannten Typ ist das mos-Gen. Seine normale Funktion ist weitgehend ungeklärt, es ist lediglich bekannt, daß es während der frühen Embryonalentwicklung aktiv ist.[8] Die Aktivität dieses Gens wird durch ein vorgeschaltetes Regulationselement kontrolliert. Wird der chromosomale Zusammenhang des mos-Gens verändert, verändert sich auch seine Funktion. Dies kann zum Beispiel geschehen, wenn es durch den Einbau in ein Virus in andere Nachbarschaftsbeziehungen hineingebracht wird[9], oder indem sich die Anordnung auf dem Chromosom durch die Insertion anderer genetischer Elemente verändert.[10] Das mos-Gen löst nunmehr Vorgänge aus, die zu einem krebsartigen Wachstum der betroffenen Zellen führen. Um diese Veränderungen zu provozieren, bedarf es keiner Veränderung in der Nukleinsäuresequenz des Gens selber.

Ein anderes Beispiel sind die sogenannten Chromosomentranslokationen. Translokationen, also Verpflanzungen ganzer Chromosomenbereiche, sind Folge von natürlicherweise vorkommenden Fehlern bei den Teilungsprozessen von Zellen. Sie führen dazu, daß ein Teil eines Chromosoms an ein anderes Chromosom angekoppelt wird.

Beispielsweise wird bei dem in Afrika häufiger vorkommenden Burkitt-Lymphom eine Translokation beobachtet. Hier ist die Bruchstelle des Chromosoms in der Nähe des Ortes, an dem das sogenannte myc-Gen lokalisiert ist. Durch die Kopplung der Bruchstelle an ein anderes Chromosom gerät das myc-Gen in einen anderen Regulationszusammenhang. Dies führt dazu, daß sich die Kontrolle der Zellteilung verändert und die betroffene Zelle sich zu einer Tumorzelle entwickelt.[11] Auch in diesem Fall wird ein Gen dadurch, daß es aus seinem normalen Kontext herausgelöst wird, von einem Regulationsgen zu einem Krebsgen. Durch die Umlagerung verändert sich seine Signalgeberfunktion von einer integrativen Funktion, die das zelluläre System von Proliferation und Differenzierung aufrechterhält, zu einer destruktiven, die das System von zellulären Interaktionen desintegriert.

Neu in das Chromosom integrierte Sequenzen scheinen darüber hinaus auch einen Effekt auf die räumliche Konformation der benachbarten Chromosomenbereiche zu haben, denn es kann allein aufgrund der Veränderungen der lokalen dreidimensionalen Struktur des Erbmaterials (des Chromatins) zu Veränderungen der Aktivität der benachbarten Gene kommen.[12] Viele andere Beispiele ließen sich anführen, um zu belegen, daß es nicht alleine ausschlaggebend ist, welches Gen (mittels natürlicher Vorgänge oder der Methoden der experimentellen Genübertragung) transplantiert wird, sondern daß schon alleine die Tatsache, daß es aus seinem evolutionär entstandenen Kontext herausgenommen und an einen anderen Ort oder einen anderen Organismus verpflanzt wird, seine Funktion und Wirkung entscheidend beeinflussen kann. Solche Veränderungen realisieren sich problematischerweise nicht immer gleich im betroffenen Lebewesen selber, sondern u. U. erst in den nachfolgenden Generationen. Die genannten Beispiele widerlegen eine der grundlegenden Annahmen des additiven Modells, nämlich daß ein Gen, unabhängig davon, wo es sich befindet, immer die gleiche Wirkung entfaltet.

Die zweite Annahme des additiven Modells besagt, daß es keine erst durch eine Neukombination von Genen bedingte besondere Gefährdung im Gegensatz zu den Eigenschaften der Summe der beteiligten Komponenten gibt. Die oben angeführten Beispiele können auch in diesem Zusammenhang als Gegenbeweis angeführt werden. Darüber hinaus gibt es aber auch empirische und experimentelle Befunde, die noch eindeutiger belegen, daß die genannte Annahme des additiven Modells – obgleich sie in vielen Fällen zutreffen mag – keinesfalls als allgemeine Regel akzeptiert werden kann.

Ein Beispiel, das hier genannt werden soll, kommt aus dem Bereich der Retroviren, einer Gruppe von infektiösen Nukleinsäurepartikeln, zu denen auch das HIV-1, also das an der Entstehung von AIDS beteiligte Virus gehört. Retroviren kommen auch bei Nagetieren relativ häufig vor, ihre Biologie ist in den letzten Jahren intensiv untersucht worden. Unter diesen Viren findet man Typen, die in bestimmten Mäusestämmen Krankheiten hervorrufen, in anderen aber nicht. Wird nun die eine Hälfte eines solchen Virus mittels gentechnischer Methoden mit der zweiten Hälfte eines anderen

Virus zusammengekoppelt, entsteht daraus ein Erreger, der in einem eigentlich »widerstandsfähigen« Mäusestamm, der durch die Infektion mit den beiden Ausgangsviren nicht erkrankte, Krankheiten hervorruft.[13] Hier entstand also durch die Neukombination von für die betreffende Maus »ungefährlichen« Genen (ein Retrovirus besteht nur aus wenigen Genen) ein Virus mit einem neuen pathogenen Potential. Dieses Potential ist spezifisch durch die Neukombination bedingt und war, auch wenn es im nachhinein kausal zu erklären ist, aufgrund der einfachen Addition der Eigenschaften der Einzelelemente nicht vorherzusagen.

Das zweite Beispiel in diesem Zusammenhang betrifft die sogenannten Fusionsgene. Solche Gene entstehen, wenn bei fehlerhaften Vererbungsvorgängen, aber auch bei Anwendung gentechnischer Methoden, verschiedene Gene oder deren Stücke zusammengekoppelt werden. Auch hier ist das Resultat nicht immer das, was nach der Theorie des additiven Modells zu erwarten wäre. Untersuchungen haben gezeigt, daß die Fusion zweier Gene, die für die Bildung eines Muskelproteins bzw. für ein proteinveränderndes Enzym verantwortlich waren, zu einem neuen Gen mit Onkogencharakter führte.[14] Auch in diesem Fall entstand durch die Addition zweier Gensequenzen eine Nukleinsäure mit einem qualitativ veränderten, in seinen biologischen Funktionen von den Ausgangskomponenten abweichenden Informationsgehalt.

Das »additive Modell« besagt weiterhin, daß die Eigenschaften gentechnisch veränderter Nukleinsäuren bzw. Organismen aufgrund der Eigenschaften der benutzten Einzelelemente *ex ante,* also im voraus bestimmt werden können. Nach einer solchen Einschätzung richtet sich dann die Sicherheitsstufe, in die die Experimente bzw. die Produktionsverfahren eingeordnet werden. Die angeführten Beispiele zeigen jedoch, daß die Eigenschaften eines genmanipulierten Organismus bzw. einer solchen Nukleinsäure keineswegs immer vorhersagbar sind. Zwar können einige von ihnen (ihre Zahl ist beschränkt durch die zur Verfügung stehenden Tests) durch Laborversuche untersucht und beschrieben werden. Das tatsächliche Potential eines Virus oder eines Organismus, in der einen oder anderen Weise mit anderen Lebewesen oder unbelebten Komponenten der Umwelt zu interagieren, erweist sich letztlich jedoch erst im Kontakt mit der natürlichen Umwelt. Weder die Anzahl der dort wirksamen Einflußgrößen noch ihre Dynamik ist im Laborversuch realitätsgerecht zu simulieren. Hinzu kommt, daß es sich bei den

Produkten genmanipulativer Eingriffe in der Regel um lebende Organismen handelt, die sich vermehren und im nachhinein verändern können.

Das Verhalten solcher Organismen folgt also keinen »Naturgesetzen«, die sich berechenbar immer wieder in der gleichen Weise wiederholen, sondern es wird von nicht vorhersagbaren Kontingenzfaktoren beeinflußt. So können einige der spezifischen Eigenschaften der Produkte gentechnischer Manipulationen erst *ex post,* also im nachhinein, entdeckt werden. Unter Umständen können lange Zeiträume vergehen, bis sich das biologische und ökologische Risikopotential eines solchen Organismus realisiert. Dies ist z. B. dann der Fall, wenn zwischen einer Infektion und der eventuell daraus resultierenden Krankheit lange Latenzzeiten vergehen, wie es z. B. bei durch Retroviren verursachten Erkrankungen beobachtet wird. Ähnlich müssen notwendigerweise längere Zeiträume vergehen, bevor der Einfluß einer Population mit veränderten Erbanlagen auf die ökologischen Zusammenhänge, auf die Artenvielfalt oder die Evolution sichtbar wird. Mit diesen Charakteristika ist das Verhalten genmanipulierter Organismen außerhalb kontrollierter Laborbedingungen ähnlich zu betrachten wie Ereignisse, die unter dem Begriff der singulären Phänomene zusammengefaßt werden. Hierbei handelt es sich etwa bei meteorologischen Vorgängen um Abläufe, die zwar einer bestimmten Gesetzmäßigkeit folgen, die aus Erfahrung bekannt ist und in statistischer Berechnung annäherungsweise beschrieben werden kann. Ihr exakter Verlauf kann jedoch nie vorhergesagt, sondern immer nur im nachhinein rekonstruiert werden.

Letztlich können also die Eigenschaften gentechnisch manipulierter Organismen nur im Versuchs- und Irrtumsverfahren getestet werden. Nur auf diesem Wege kann herausgefunden werden, ob das betreffende Produkt genmanipulativer Eingriffe ein Risikopotential enthält oder nicht. Dieses Potential erweist sich infolgedessen frühestens dann, wenn der Schaden oder die Katastrophe bereits eingetreten sind.[15] Die wirkliche Größe eines solchen Schadens bleibt jedoch immer eine hypothetische Perspektive, die durch realisierte Katastrophen nur in ihren Mindestdimensionen erfahrbar wird. Aufgrund der Vermehrungs- und Veränderungsfähigkeit der Organismen kann jedoch nicht ausgeschlossen werden, daß der Schaden nicht auch noch größer sein oder werden könnte.

Die Immunisierung des additiven Modells

In den vorigen Abschnitten wurden die in der Gentechnikdebatte formulierten unterschiedlichen wissenschaftlichen Modellvorstellungen dargestellt, um deren theoretische Struktur und Leitlinien herauszuarbeiten. Allerdings stellen die hier erläuterten Modelle die theoretisch einheitlichsten Eckpunkte eines ganzen Spektrums von Positionen dar, dessen Vielfalt und Differenziertheit an dieser Stelle nicht erläutert werden können. Es wurde auch gezeigt, daß das additive Modell aufgrund der vorhandenen Daten nicht mehr aufrechterhalten werden kann. Daraus ergibt sich zum einen die Notwendigkeit, dieses Modell durch eines zu ersetzen, das den Stand der wissenschaftlichen Diskussion angemessen widerspiegelt. Zum anderen werden aber auch Bewertungen obsolet, die sich auf das additive Modell und somit auf eine falsche Konzeptualisierung der mit Hilfe wissenschaftlich-experimenteller Methodik wahrnehmbaren Wirklichkeit beziehen.

In der Kontroverse zwischen Vertretern unterschiedlicher Modelle wird immer wieder deutlich, daß das additive Modell der Unvorhersagbarkeit der Eigenschaften genmanipulierter Organismen zwar widerspricht; es kann die experimentellen und empirischen Daten, die zur Begründung des kontextorientierten Modells herangezogen werden, jedoch nicht leugnen. Diese dem additiven Modell widersprechenden Beobachtungen führen jedoch keineswegs dazu, daß seine konzeptionelle Schlüssigkeit hinterfragt und nach anderen Modellvorstellungen gesucht wird, die die vorhandenen Daten widerspruchsfreier in Einklang bringen. Vielmehr werden Modifikationen formuliert, die das additive Modell erweitern, aber nicht revidieren. Eine solche modifikatorische Erweiterung ist die Einführung der schon aus anderen Technikbereichen bekannten Größe des »Restrisikos«.

Die Enquete-Kommission »Chancen und Risiken der Gentechnologie« des Deutschen Bundestages hat sich relativ ausführlich mit der Sicherheitsfrage befaßt. Sie stellt fest, daß das Einbringen eines fremden Gens in einen Organismus synergistische Effekte haben könnte, die aus einer bloßen Addition der einzelnen Elemente nicht ableitbar sind. Welche Eigenschaften der neukombinierte Organismus dann aufweise, sei nicht vorhersehbar. Darin liege ein biologisches Restrisiko, das allerdings mit dem zweifachen Sicherheitssystem, wie es in gentechnischen Laboratorien praktiziert werde, kontrolliert werden könne. Gentechnisch manipulierte Nukleinsäuren sollen demzufolge nur in solche Organismen übertragen werden, die sich außerhalb kontrollierter Laborbedingungen nicht vermehren können. Neben diesem »biologischen Containment« soll das »physikalische Containment« das Entweichen solcher Organismen aus dem Labor durch apparative und räumliche Barrieren verhindern.[16]

Die Wirksamkeit des »biologischen Containments« wird von der Kommission jedoch selber hinterfragt. Auch hier gebe es das Restrisiko, daß das »Sicherheitsbakterium« nach Einbau eines fremden Gens unerwünschte Eigenschaften entwickle.[17] Verbleibende Unsicherheiten sollen deshalb geprüft und erforscht werden, eine Empfehlung, der der Bundesminister für Forschung und Technologie kürzlich durch die Verabschiedung eines Konzeptes zur Biologischen Sicherheitsforschung nachgekommen ist.[18]

Die Enquete-Kommission leugnet also nicht, daß synergistische Effekte möglich sind, die durch das additive Modell nicht erklärt werden können. Sie versäumt es jedoch, die aufgrund dieser Effekte vorhandene spezifische Qualität gentechnischer Risiken herauszuarbeiten, und behandelt die nicht vorhersehbaren Phänomene somit mehr oder weniger als »Rest«risiken, die in den Bereich des zwar noch Unbekannten, aber wissenschaftlich-experimenteller Methodik prinzipiell Zugänglichen eingeordnet werden können. Bezeichnend für diese Art des Umgangs mit den Restrisiken ist, daß weder die Enquete-Kommission noch andere Gremien des institutionalisierten Wissenschaftsbetriebes, die sich mit der Sicherheitsfrage befaßt haben, sich bisher bemüßigt fühlten, genauer zu beschreiben oder gar mittels hypothetischen Denkens herauszuarbeiten, welche Charakteristika und welche Größe solche Restrisiken haben können. Entsprechende Versuche werden häufig damit abgetan, daß sie »unwissenschaftlich« und nur dazu geeignet sind, unbestimmte Ängste hervorzurufen. Dies ist um so erstaunlicher, als die Annahme von Unfallszenarios, ihre Berechnung und Umsetzung in konkrete Sicherheitsmaßnahmen in der Sicherheitsdebatte um die Kernenergie eine große Rolle gespielt und letztlich zu einem im Vergleich zu dem jetzigen Stand in der Gentechnikkontroverse theoretisch und praktisch weit entwickelten Sicherheitsbewußtsein beigetragen haben.

Nicht nur die Enquete-Kommission hat versäumt, den wissenschaftsinternen Streit um eine adäquate Konzeptualisierung wissenschaftlich-experimenteller Befunde in Hinblick auf die Behandlung der Sicherheitsfrage aufzunehmen und die sich aus den unterschiedlichen Modellen ableitenden unterschiedlichen Risikocharakteristika zum Thema zu machen. Mit dem grundsätzlichen Beharren auf einem (modifizierten) additiven Modell wird darüber hinaus auch den Vertretern dieses Modells eine Art Alleinvertretungsrecht für die Definition der wissenschaftlichen Grundlage der zur Diskussion stehenden Sicherheitskonzeption eingeräumt. Eine auf einer solchen Basis konstruierte Konzeption vernachlässigt notwendigerweise wesentliche Elemente, die das tatsächliche Risiko charakterisieren, und wird in ihren Aussagen und in ihrer Schutzfunktion fragwürdig. Sie verhindert auch, daß die spezifische Risikodimension gentechnischer Manipulationen wahrgenommen und Wege zu ihrer politischen Bearbeitung entwickelt werden können.

Hypothetische Risiken: Politische Zugänge zur Risikofrage

Nähert man sich der Frage des Restrisikos jedoch aus der Perspektive des kontextorientierten Modells an, erlaubt seine Wahrnehmung und Beschreibung einen anderen Umgang mit den Folgewirkungen gentechnischer Manipulationen. Um dieses zu verdeutlichen, soll das Risikopotential dieser Technik auf der Beurteilungsgrundlage des kontextorientierten Modells noch einmal zusammenfassend charakterisiert werden:

1. Durch genmanipulative Eingriffe können im Prinzip Organismen entstehen, die in neuer, nicht vorhersagbarer und auch negativer Art und Weise mit der Umwelt oder anderen Organismen interagieren. Die Wahrscheinlichkeiten, mit denen solche Ereignisse eintreten, und darüber hinaus ein solcher Organismus oder Virus Eingang in die menschliche Population findet und dort eventuell eine Epidemie katastrophalen Ausmaßes hervorruft, sind möglicherweise extrem gering, aber dennoch größer als Null. Die Wahrscheinlichkeiten können durch technische und biologische Sicherheitsmaßnahmen verringert oder durch die quantitative Ausweitung gentechnischer Manipulationen erhöht werden. In jedem Fall wird ihre Größe, zumindest was die biologische Seite des Systems betrifft, durch eine unbekannte Anzahl von Kontingenzfaktoren mitbestimmt, d. h. von Anfangs- und Rahmenbedingungen, die nicht vollständig meßbar oder beschreibbar sind.

2. Die langen Latenzzeiten, die vergehen können, bis ein durch einen genmanipulierten Organismus hervorgerufener Schaden sich realisiert und erkennbar wird, machen es schwierig bis unmöglich, im nachhinein eine Kausalbeziehung zwischen der Quelle des Risikos und dem auftretenden Schaden herzustellen. Dies ist vor allem dann der Fall, wenn sich der Organismus zwischenzeitlich noch verändert hat. Hier kann die Krankheit AIDS als Beispiel herangezogen werden. Obwohl das HIV-1 Virus sicher nicht durch die gezielte, gentechnische Neukombination isolierter DNS-Stücke entstanden ist, verdeutlichen die in letzter Zeit geführten Diskussionen über den Ursprung und die Entstehungsgeschichte des Virus, wie schwierig es im Einzelfall sein kann, die Herkunft eines Erregers zurückzuverfolgen und zweifelsfrei festzustellen.[19]
3. Die Möglichkeiten und Wahrscheinlichkeiten des Entstehens und der Verbreitung risikobehafteter Organismen können nur noch im Versuchs- und Irrtumsverfahren ausgetestet werden. Der mögliche Schaden jedoch, der im schlimmsten Fall dabei eintreten kann, eine weltweite Epidemie oder schwere ökologische Störungen, kann nicht toleriert werden. Deshalb ist die klassische Methode der experimentellen Naturwissenschaften, nämlich eine Theorie im Experiment zu überprüfen, hier nicht mehr oder nur noch unter Inkaufnahme katastrophaler Folgen anwendbar.

Risiken mit diesen Charakteristika, nämlich
- mit einer Eintrittswahrscheinlichkeit, die möglicherweise gering aber dennoch größer als Null ist,
- bei denen der Kausalzusammenhang zwischen Risikoquelle (d. h. einer bestimmten gentechnischen Manipulation) und dem eingetretenen Schaden nicht oder nicht sicher nachweisbar ist,
- die ein untolerierbar hohes maximales Schadensausmaß zur Folge haben können, und
- aufgrund dieser Charakteristika jenseits von Versuch und Irrtum stehen, also in ihren Auswirkungen nicht mehr im Experiment getestet werden können,

nennt der Kernphysiker Häfele »hypothetische Risiken«. Die Existenz solcher Risiken kann nur noch durch ihre Realisierung bewiesen werden, nicht mehr jedoch durch experimentelles Austesten. Dieser Begriff wurde 1974 zur Beschreibung einer neuen Risikoqualität neuer Technologien entwickelt, für die die Kernspaltungstechnologie als Modell angeführt wurde.[20] Es wird deutlich, daß Risiken mit den beschriebenen Merkmalen also nicht spezifisch sind für die Gentechnologie, sondern eine Gruppe von Technologien kennzeichnen, zu denen neben der Gentechnologie und der Kernspaltungstechnologie auch die Chlorchemie und die SDI-Technologie gehören. Diese technischen Systeme zeichnen sich dadurch aus, daß ihr Versagen oder ihre Fehler nicht mehr im Versuchs- und Irrtumsverfahren getestet werden können, weil die möglichen katastrophalen Folgen dieser Fehler nicht akzeptabel sind.

Eine dem kontextorientierten Modell folgende Beschreibung sieht also gentechnische Risiken nicht als vernachlässigbaren Rest an, sondern als eine gentechnischen Manipulation inhärenter Größe mit bezeichenbaren Charakteristika, die aus prinzipiellen Gründen nicht vollständig erforscht und vorhergesagt werden können. Risiken mit solcher Charakteristika bedürfen einer anderen Behandlung und Bewertung als z. B. Risiken, die von einer Dampfmaschine ausgehen, bei deren Explosion ein zeitlich und räumlich begrenzter Schaden entsteht.

Sicherheitskontroversen sind Paradigmenkontroversen

Die unterschiedliche Wahrnehmung und Beschreibung des von gentechnisch manipulierten Organismen ausgehenden Risikopotentials repräsentieren zunächst einmal unterschiedliche Konzeptualisierungen wissenschaftlichen Datenmaterials im Hinblick auf die Entwicklung von Sicherheitskonzeptionen. Sicherheitskonzeptionen werden auf der Grundlage von wissenschaftlichen Risikobeschreibungen entwickelt, um das von einer Technologie und ihren Produkten ausgehende Risiko zu beherrschen oder einzudämmen und dadurch akzeptabel zu machen. Sie sind somit auch Konzeptualisierungen der Akzeptabilität technischer Risiken.

Solche Konzeptionen werden vielfach mit dem Begriff »Sicherheitsphilosophie« gekennzeichnet. Dieser Begriff beschreibt im allgemeinen jedoch eher ein Bündel von Grundannahmen, komplementären oder sich überschneidenden Teilkonzepten, als theoretisch stimmige und argumentativ durchdeklinierte philosophische Ansätze. Dennoch erscheint es gerechtfertigt, diesen Begriff zu benutzen, da es sich bei den Konzepten um Versuche handelt, diejenigen

Parameter systematisch zu erfassen, die die Sicherheit technischer Systeme oder Manipulationen beeinflussen, ihren Zusammenhang und ihre Wechselwirkungen zu erkennen und Leitvorstellungen für den Umgang mit Risiken zu entwickeln. Bei den Abwägungsprozessen, die auf der Grundlage solcher Sicherheitskonzeptionen bzw. -philosophien erfolgen, werden über die wissenschaftliche Risikobeschreibung hinaus Kriterien, Maßstäbe und Komponenten einbezogen, die die Möglichkeiten der Wahrheitsfindung mittels wissenschaftlicher Methodik überschreiten. Sie haben ethisch-normativen Charakter.

Die Kontroverse zwischen unterschiedlichen Sicherheitskonzeptionen kann deshalb auch als Kontroverse über unterschiedliche Sicherheitsphilosophien beschrieben werden.[21] In diesem Zusammenhang werden Fragen sehr grundsätzlicher Art aufgeworfen und thematisiert; bleiben sie aus der wissenschaftlichen und politischen Debatte ausgeklammert oder werden sie gar tabuisiert, so werden tiefgreifende Dissense verschleiert und unbearbeitet gelassen. Die Nicht-Thematisierung und -Bearbeitung solcher Fragen führt zu gesellschaftlichen Kontroversen um die Verantwortbarkeit der betreffenden Technologie. Diese Tendenz ist in der Gentechnologiedebatte in vielerlei Zusammenhängen zu beobachten. Hierbei steht zur Disposition, welches maximale Schadensausmaß oder welche Dauerbelastungen durch die Produkte moderner Technologien akzeptabel sind; es wird hinterfragt, ob das Prinzip von Versuch und Irrtum noch anwendbar ist, es wird postuliert, daß die Verantwortung für zukünftige Generationen zum Maßstab für die Akzeptabilität von Technologien gemacht werden soll.

Solche Fragen verdeutlichen, daß es hier um mehr geht als um die Technologie selber. Es geht vielmehr um verschiedene Strategien wissenschaftlicher und technischer Entwicklung, also um die Gestaltung unterschiedlicher Zukunftsentwürfe, die auf unterschiedlichen Natur- und Wissenschaftsverständnissen sowie unterschiedlichen politischen Leitbildern beruhen.[22] Vor diesem Hintergrund kann die Kontroverse um die Risiken der Gentechnologie, deren unterschiedliche Positionen sich in dem additiven bzw. kontextorientierten Modell artikulieren, auch als Kontroverse über unterschiedliche Leitlinien, Denkmodelle und grundsätzliche Voraussetzungen wissenschaftlich-technischer, aber auch sozialer Entwicklungen, also als Paradigmenkontroverse charakterisiert werden.

Alternativen

Die dargestellten Charakteristika gentechnischer Manipulationen und ihrer Produkte provozieren grundsätzliche Fragen nach der Reichweite wissenschaftlich-experimentellen Erklärungsvermögens und den Grenzen menschlicher Fähigkeiten, die selbstgeschaffenen Risiken noch prognostizieren oder kontrollieren zu können. Die strukturellen und auf der Metaebene auch inhaltlichen Ähnlichkeiten der kontrovers geführten Risikodebatten in unterschiedlichen Technikfeldern weisen darüber hinaus auf eine umfassendere wissenschaftliche und politische Verzweigungssituation hin, die mindestens zwei Wege des Umgangs mit technologischen Risiken sichtbar werden läßt.

Zum einen geht es um die Fortsetzung der bisherigen Praxis, Risiken über die Erforschung der sie beeinflussenden Parameter zu quantifizieren und ihre Eintrittswahrscheinlichkeit durch Installation von technischen Sicherheitsvorkehrungen in den Bereich des rechnerisch Unwahrscheinlichen zu plazieren. So wird der Anschein ihrer Beherrschbarkeit und damit Akzeptabilität erweckt. Das systematische Studium der Interaktionen von Mensch und Maschine und die den Bedürfnissen der Apparate entsprechende Konditionierung menschlichen Verhaltens im Zusammenhang mit Arbeitsabläufen soll darüber hinaus dazu beitragen, menschliches Fehlverhalten beim Umgang mit technisch und logistisch komplexen Prozessen zu berechnen und zu reduzieren. Flankierend werden mit psychologischen und soziologischen Methoden die Einflußgrößen untersucht, die risikofreundliche oder -feindliche Einstellungen von Bevölkerungsgruppen bestimmen.[23]

In diesen Bestrebungen, ein Risiko in Größenordnung und Eintrittswahrscheinlichkeit beeinflussende Parameter systematisch zu erfassen und mathematisch zu beschreiben, zeigt sich eine Tendenz zur »Verwissenschaftlichung« des Risikos. Je umfangreicher die Einflußfaktoren beschrieben und berechnet werden, desto mehr besteht die Gefahr, daß der Blick dafür verlorengeht, daß Sicherheitskonzeptionen neben den Sachurteilen immer auch normative Elemente beinhalten. Diese Tendenz spiegelt sich in dem nicht nur in der Gentechnikdiskussion immer wieder artikulierten Anliegen der wissenschaftlichen Fachgemeinschaften und der interessierten Industrie an einer Ver»sach«lichung der Risikodebatte wider. Diese Beschwörung der Sachlichkeit soll den Eindruck vermitteln, die Beurteilung der Akzeptabilität von Risiken könne auf die Sachurteile reduziert und normative Elemente ausgeschaltet werden. Nichtfachleuten wird somit die Kompetenz abgesprochen, in Risikofragen überhaupt mitzureden. Das Thema wird so seiner ethisch-normativen Dimension beraubt und (scheinbar) entpolitisiert.

Das bedeutet jedoch nicht, daß auf eine sorgfältige wissenschaftliche Analyse und Beschreibung technischer bzw. gentechnischer Risiken verzichtet werden kann. Erst die Qualifizierung der Folgen gentechnischer Manipulationen als Risiken mit Hypothetizitätscharakter macht ihre Brisanz deutlich. Eine Brisanz, die nicht nur durch das Katastrophenpotential dieser Technologie bedingt ist, sondern darüber hinaus auch durch den politisch defizitären Umgang mit solchen Risiken, für deren politisch adäquate Behandlung bisher weder Konzepte noch Verfahren entwickelt worden sind.

In der fortlaufenden Debatte muß es also darum gehen, dieses politische Defizit zu verdeutlichen, damit die Frage, ob Technologien, deren Produkte ihre negativen bis katastrophalen Auswirkungen bis weit in die Zukunft hinein entfalten können (wie z.B. Radioaktivität, halogenierte Kohlenwasserstoffe oder genmanipulierte Organismen), überhaupt akzeptabel sind, behandelt werden kann. Dazu bedarf es nicht nur der Konzepte und Methoden der Erfassung, sondern zusätzlich solcher für die Bewertung von Risiken sowie der Institutionen und Verfahren, innerhalb derer Bewertungskonzeptionen erarbeitet und politisch-diskursiv behandelt werden können.

Die Neuformulierung der Risikofrage als Frage nach unterschiedlichen Wegen wissenschaftlich-technischer Entwicklung provoziert letztlich auch die Formulierung neuer Leitvorstellungen für die Bearbeitung gesellschaftlicher und ökologischer Probleme und ihrer technischen, sozialen und politischen Realisierungen. Die auf diese Weise ins Blickfeld gerückte Möglichkeit des Verzichts auf bestimmte Entwicklungslinien schärft die Wahrnehmung vorhandener oder sich in der Entwicklung befindlicher Alternativen. Sie trägt somit Herausforderungen ganz neuer Qualität an die gestaltende Phantasie der Menschen heran. Das Aufzeigen von Alternativen macht unterschiedliche Zukünfte sichtbar und ermöglicht einen Umgang mit technischen Risiken, der nicht notwendig auf die Vermeidung aller Risiken abzielt, sondern Risiken qualitativ unterscheidet in solche, die ein Lernen durch Versuch und Irrtum noch ermöglichen, die konstruktiv sind und Weiterentwicklungen zulassen, und solche, die in Katastrophen enden können. Da Menschen sich immer wieder irren, ja die Irrtums- und Lernfähigkeit Menschsein mit konstituiert, sollten wir letztere tunlichst vermeiden.

Anmerkungen

1 Wright, S. (1986) Die Sozialgeschichte der Kontroverse um die rekombinante DNS in den USA. In: Kollek, Tappeser, Altner (Hrsg.) »Die ungeklärten Gefahrenpotentiale der Gentechnologie«, J. Schweitzer Verlag, München, S. 177–187. Sibatani, A. (1986) Offene Fragen in der Debatte um die Sicherheit der Gentechnologie. In: Kollek, Tappeser, Altner (Hrsg.), siehe oben, S. 39–48. Zum Risikobegriff in der Gentechnologie ist anzumerken, daß quantitative Risikoerhebungen gentechnischer Experimente und Verfahren heute praktisch noch nicht vorliegen, so daß Risiken nicht als Produkt von Eintrittswahrscheinlichkeit mal Schadenshöhe dargestellt werden können. Dies dürfte aufgrund der Komplexität und Dynamik der Einflußgrößen auch außerordentlich schwierig, wenn nicht unmöglich sein. Der Begriff des Risikos wird hier also nur qualitativ benutzt, und das Risiko bestimmt als mögliche bzw. zu erwartende negative Beeinflussung von Gesundheit und Lebensdauer von Menschen oder anderen Lebewesen oder von ökologischen Zusammenhängen.

2 Der Bundesminister für Forschung und Technologie (1987). Richtlinien zum Schutz vor Gefahren durch in vitro neukombinierte Nukleinsäuren vom 28. Mai 1987, Bonn

3 Deutsche Forschungsgemeinschaft (1987). Stellungnahme zum Bericht der Enquete-Kommission »Chancen und Risiken der Gentechnologie« des Deutschen Bundestages, 8. 5. 1987, Bonn

4 Hobom, G. (1987) Gentechnologie – Herausforderung und Verantwortung. *Umschau,* Heft 9, S. 466–471

5 Der Begriff der »ver-rückten« Gene soll die doppelte Konsequenz der geschilderten Ereignisse abbilden. Siehe auch: Kollek, R. (1986) Beobachtung und Partizipation – Überlegungen zur Entstehung und Bedeutung von Informationsdefiziten in der Naturforschung. In: Bund demokratischer Wissenschaftler e. V. (Hrsg.) Forum Wissenschaft, Studienhefte Nr. 1, Marburg, S. 154–157

6 Der Bundesminister für Forschung und Technologie (1987). Richtlinien... (siehe Anm. 4) Siehe Punkt G der Richtlinien: Klassifizierung von Experimenten

7 Reddy, E. P. et al. (1982) A point mutation is responsible for the acquisition of transforming properties by the T24 human bladder carcinoma oncogene. Nature, *300*, 149–152

8 Propst, F.; van de Woude, G. F. (1985) Expression of c-mos proto-oncogene transcripts in mouse tissues. Nature, *315*, S. 516–518

9 Stocking, C. et al. (1985) Long terminal repeat sequences impart hematopoietic transformation properties to the myeloproliferative sarcoma virus. *Proc. Natl. Acad. Sci.*, USA, *82*, S. 5746–5750

10 Rechavi, G. et al. (1982) Activation of a cellular oncogene by DNA rearrangement: possible involvement of an IS-like element. *Nature, 300,* S. 607–611

11 Klein, G. (1983) Specific chromosomal translocations and the genesis of B-cell derived tumors in mice and men. *Cell, 32,* S. 311–315. Bishop, J. M. (1987) The molecular genetics of cancer. *Science, 235,* S. 305–311. Lombardi, L. (1987) Pathogenesis of Burkitt Lymphoma: Expression of an activated c-myc oncogene causes the tumorigenic conversion of EBV-infected human B Lymphoblasts. *Cell, 49,* S. 161–170

12 Breindl, M. et al. (1984) Retrovirus-induced lethal mutation in collagen I gene of mice is associated with an altered chromatin structure. *Cell, 38,* S. 9–16

13 Holland et al. (1985) Construction of recombinants between molecular clones of murine retrovirus MCF 247 and AKV: determinant of an in vitro host range property that maps in the long terminal repeat. *J. Virol. 53,* S. 152–157. Einen Überblick über weitere experimentelle Ergebnisse, die in diesem Zusammenhang relevant sind, gibt: Kollek, R. (1986) Sicherheitsaspekte der experimentellen Arbeit mit Retroviren. In: Kollek, Tappeser, Altner (Hrsg.) siehe Anm. 1, S. 49–69

14 Martin-Zanca, D. et al. (1986) A human oncogene formed by the fusion of truncated tropomyosin and protein tyrosine kinase sequences. *Nature, 319,* 743–748

15 Hohlfeld, R. (1988) Biologie als Ingenieurskunst. Zur Dialektik von Naturbeherrschung und synthetischer Biologie. In: Ästhetik und Kommunikation, Heft 69, Berlin, S. 61–70. Hier wird der Gedankengang herausgearbeitet, daß die synthetisierende Biologie über die Abstraktion von den natürlichen Gegebenheiten die Singularitäten biologischer Phänomene eliminiert. Auch diese Betrachtungsweise kommt zu dem Schluß, daß die Unkenntnis der Wechselwirkungen dieser ihrer »Natur« beraubten Laborprodukte mit der noch vorhandenen »Restnatur« das Risiko dieser Hochtechnologie ausmacht.

16 Enquete-Kommission des Deutschen Bundestages (1987) »Chancen und Risiken der Gentechnologie«. Dokumentation des Berichts an den Deutschen Bundestag. Catenhusen, Neumeister (Hrsg.), J. Schweitzer Verlag, München, S. 196

17 Enquete-Kommission des Deutschen Bundestages (1987) »Chancen… (siehe Anm. 16), S. 197

18 Der Bundesminister für Forschung und Technologie (1987) Forschungsförderungskonzept zur Biologischen Sicherheitsforschung. Bundesministerium für Forschung und Technologie, Bonn

19 Kruse, K. (Hrsg.) (1987) AIDS-Erreger aus dem Genlabor? Verlag Simon und Leutner, Berlin. Kollek, R. (1988) Wechselwirkung Nr. 36, S. 34–37

20 Häfele, W. (1974) Hypotheticality and the new challenges: The pathfinder role of nuclear energy. *Minerva, 3,* S. 303–322

21 Mit der Frage nach politisch bewertungsbedürftigen unterschiedlichen Sicherheitsphilosophien nehme ich die Konzeptualisierung einer Problematik auf, die von R. Ueberhorst für eine technikbezogene Projektstudie über kontro-

verse Sicherheitsphilosophien entwickelt und von mir in Hinblick auf die Gentechnologie und technologieübergreifend fortgeführt wurde (noch unveröffentlicht)

22 Ueberhorst, R. (1986) Technologiepolitik – was wäre das? Über Dissense und Meinungsstreit als Noch-nicht-Instrumente der sozialen Kontrolle der Gentechnik. In: Kollek et al. (Hrsg.) (siehe Anm. 1), S. 202–227

23 Fritzsche, A. F. (1986) Wie sicher leben wir? Risikobeurteilung und -bewältigung in unserer Gesellschaft. Verlag TÜV Rheinland GmbH, Köln. Dieses Buch gibt einen Überblick über den derzeitigen Stand der Risikoforschung, wobei viel Wert gelegt wird auf die Darstellung der Faktoren, die die Risikoakzeptanz beeinflussen.

Arnim von Gleich

Fragen an die Evolutionsbiologie

Die Gentechnik gilt zu Recht als besonders tiefgreifender Eingriff in die Natur. Die Technik setzt direkt und gezielt am Erbgut an, derjenigen Struktur, die die Zelldifferenzierung, die Gestaltung und Funktion von Organen und teilweise auch das Verhalten von Organismen steuert. Die Gene sind die Träger der Vererbung, über sie wird die steuernde Information von Generation zu Generation weitergegeben. Die gentechnischen Manipulationen haben deshalb Konsequenzen nicht nur für die jeweils veränderten Individuen, sondern auch für deren Folgegenerationen. Das, was bisher der natürlichen Mutation und Evolution vorbehalten war, die »Schaffung« neuer Lebensformen, ist nun in die Hände der Menschen gegeben. Ihre Macht über die Natur wurde dadurch beträchtlich gesteigert. Gleichzeitig mit der Macht wuchs aber weder das Wissen noch die notwendige Weisheit zum angemessenen Umgang mit dieser Macht. Mit der Macht wuchsen allein die Risiken, so daß sich heute eine große Kluft auftut zwischen dem, was wir ›machen‹ können und dem was wir ›verantworten‹ können.[1]

Die Gentechnologen machen etwas im großen Stil, was in der natürlichen Evolution höherer Organismen (fast) ausgeschlossen und was auch in der Evolution vieler Mikroorganismen eher die Ausnahme ist. Sie durchbrechen die natürlichen Artschranken. Die Gentechnologen übertragen genetisches Material auch zwischen Organismen, die dazu auf natürlichem Wege nie in der Lage gewesen wären.

Von seiten der Betreiber der Gentechnologie wird bestritten, daß es sich bei gentechnologischen Verfahren wirklich um eine neue Qualität im Umgang mit Natur handele. Der Mensch habe »schon immer« zunächst indirekt, dann mit der Züchtung auch direkt das Erbgut von Organismen verändert. Wahr ist, daß die Menschen schon lange indirekt und direkt die Evolution von Organismen beeinflußt haben und daß Wissenschaftler und Züchter in den letzten fünfzig Jahren sogar dazu übergegangen sind, durch Chemikalien und Strahlen völlig ungezielt Mutationen auszulösen. Wahr ist auch, daß die Übertragung von genetischem Material zwischen verschiedenen Arten, als sogenannter ›horizontaler Gentransfer‹, in bestimmten Fällen auch in der Natur vorkommt. Doch gibt es beträchtliche Unterschiede zur Gentechnologie, die so groß sind, daß bei ihr sehr wohl von einer ›neuen Qualität‹ von Eingriffen gesprochen werden kann.

1. Veränderungen im Genpool als Reaktion auf veränderte Umwelten

Die indirekte Einflußnahme auf das Erbgut von Organismen bestand und besteht darin, daß Menschen in immer größerem Maßstab das Antlitz der Erde gestalteten. Sie zwangen damit die Organismen, sich entweder aus kultivierten Flächen zurückzuziehen oder sich an die neuen Bedingungen anzupassen. Die Arten, die zur Adaption in der Lage waren, wurden Kulturnachfolger. Die anderen wichen auf noch nicht umgestaltete Flächen aus, solange bis diese auch umgestaltet wurden. Damit war dann ihr Schicksal meist besiegelt.

Die Gestaltung der alten Kulturlandschaften war, was die Vielseitigkeit und Vielzahl biologischer Arten angeht, sowohl mit Verlusten als auch mit Zuwanderungen und sogar mit Neuentwicklungen verbunden. Es ist sogar davon auszugehen, daß die Vielgestaltigkeit mancher Kulturlandschaften einen regelrechten Evolutionsschub auslöste und insgesamt gesehen einen Gewinn an biologischer Vielfalt mit sich brachte, im Vergleich etwa zum vorher in Mitteleuropa vorherrschenden Wald. Erst seit der Industrialisierung steigt die Zahl der vom Aussterben bedrohten oder schon ausgestorbenen Arten rasant an. Auch die Gentechnologie wird durch die Entwicklung von Hochleistungssorten oder gar von herbizidresistenten Sorten in der Landwirtschaft zu einer weiteren Beschleunigung dieser Entwicklung beitragen.[2] Die Veränderungen im Genpool von Organismen, die durch die Gestaltung bzw. Veränderung ihrer Lebensbedingungen indirekt erfolgten, waren jedoch erstens keine absichtlichen bzw. gezielten, und sie setzten zweitens nicht an den Organismen selbst an, sondern an deren Umwelt. Sie sind insofern mit der Gentechnologie überhaupt nicht zu vergleichen.

2. Gentechnologie und Züchtung

Die Züchtung von Haustieren und Nutzpflanzen stellt im Unterschied zur genetischen Beeinflussung durch Gestaltung der Umwelt eine absichtliche Veränderung des Genpools der jeweiligen Arten und Rassen dar, wobei diese Veränderungen durch eine mehr oder weniger gezielte Auslese erfolgte – ohne daß in den Anfängen irgend etwas über Gene bekannt war.[3] Die Veränderungen des Genpools durch Züchtung erfolgte indirekt, sie setzte im Gegensatz zur Gentechnologie nicht am Genotyp sondern am Phänotyp an. Auslese, Isolation und Steuerung der Befruchtung waren ihre Methoden. Die Herausbildung neuer Formen, an denen die Auslese ansetzen konnte, blieb der Natur überlassen. Der Züchter arbeitete sozusagen mit den Evolutionsfaktoren Selektion und Isolation.[4]

Die praktischen Möglichkeiten der Züchter zur Veränderung des Erbguts ihrer Zuchtobjekte waren also sehr beschränkt. Erwünschte Gestalt- und Funktionsmerkmale bzw. die sie steuernden Gene mußten von der Natur selbst hervorgebracht werden, sie konnten vom Züchter nur zur Übertragung innerhalb einer biologischen Art veranlaßt werden und dieses auch nicht als Einzelgene sondern immer nur im natürlichen Zusammenhang des Gesamtgenoms.

Die Gentechnik setzt demgegenüber am Genotyp, über die Selektion hinausgehend technisch am Evolutionsfaktor Mutation an. Die Schaffung erwünschter Mutationen nehmen die Molekulargenetiker selbst in die Hand. Die künstliche Auslösung von Mutationen durch Chemikalien und Strahlen, die dieser Praxis voranging, ist insofern ein Vorläufer der Gentechnik. Auch hier waren schon das Genom und der Evolutionsfaktor Mutation die technischen Ansatzpunkte. Es bestanden jedoch auch wesentliche Unterschiede zur Gentechnik. Die Eingriffe waren weder gerichtet noch war mit ihnen eine artgrenzenüberschreitende Genübertragung möglich.

Selbst wenn also zugestanden wird, daß eine direkte technische Manipulation des Erbguts schon seit den dreißiger Jahren dieses Jahrhunderts bekannt ist und diese auch seit den 50er Jahren in der Züchtung teilweise praktiziert wurde, ist das nur die halbe Wahrheit. Daraus folgt nur, daß sich die neue Qualität der Gentechnik in zwei Phasen durchsetzte, deren erste die Strahlengenetik und die chemische Manipulation des Erbguts (z. B. mit Colchicin) darstellte. Die Gentechnik im engeren Sinn mit Hilfe von Restriktionsenzymen und Vektoren stellte dann die zweite Phase dar. Hier sind die Manipulationen gezielt und gerichtet, und die Übertragung genetischen Materials ist über Artschranken hinweg möglich, ja sogar zwischen Pflanzen und Tieren und zwischen Prokaryonten und Eukaryonten, so daß heute schon menschliche Gene (z. B. Insulin-Gen) in Darmbakterien oder das Leucht-Gen des Glühwürmchens in Tabakpflanzen zu finden sind. Die gentechnologischen Möglichkeiten zur Veränderung des Erbguts von Organismen erscheinen im Vergleich zur klassischen Züchtung als geradezu unbegrenzt.

3. Gentechnologie und Biotechnologie

Bisher war vor allem von Gentechnik an höheren Organismen die Rede. Doch die Hauptanwendungsgebiete der Gentechnik liegen vorerst noch im Bereich der Mikroorganismen. Auch die praktische – biotechnische – Nutzung von Mikroorganismen hat schon eine sehr lange Tradition. Hefepilze dienten, lange bevor ein Mensch sie jemals gesehen hatte, zur alkoholischen Gärung und zum Backen. Milchsäurebakterien dienten bei der Verarbeitung und Haltbarmachung von Milch und bei der Konservierung von Gemüse. Auch Essigbakterien wurden für die Konservierung genutzt. Nicht zuletzt spielten Mikroorganismen bei der organischen Düngung (Kompostierung) eine zentrale Rolle. Allen diesen Nutzungsformen war gemeinsam, daß die dabei verwendeten Organismen quasi schon immer und überall vorkamen. Ihr Einsatz in solchen biotechnologischen Verfahren beruhte auf empirischen Zufallsentdeckungen. Diese Organismen wurden nicht gezielt gesucht, sie wurden nicht extra herangezüchtet und schon gar nicht konstruiert. Ihr Wirken in der Umwelt ist sozusagen in einer Jahrmillionen langen Ko-Evolution ›getestet‹ worden und ihre Wirkungen auf den Menschen in mehreren tausend Jahren.

Alle technischen Nutzungen, die über diesen Umgang mit ubiquitären Mikroorganismen hinausgehen, können neue Probleme aufwerfen.[5] Von Mikroorganismen und insbesondere von Bakterien (von Viren wird noch die Rede sein) ist immerhin bekannt, daß sie erstaunlich wandlungsfähig sind, was ihre Eigenschaften und Stoffwechselleistungen anbelangt. Selbst Stämme, die man eigentlich zu kennen glaubte, waren immer wieder für Überraschungen gut.

Aus diesem Grund muß es schon als problematisch angesehen werden, wenn Bakterien mit seltenen Stoffwechselleistungen aus extremen Biotopen wie Giftmüllhalden oder Kläranlagen von Chemiefabriken isoliert und großtechnisch in industrielle Verfahren eingeführt werden, z. B. in Verfahren zur Giftmüllbeseitigung oder zur Produktion von Feinchemikalien. Schließlich haben wir es bei Mikroorganismen, die aus solchen Biotopen isoliert werden, aus evolutionsbiologischer Sicht nicht mit ›natürlichen‹ zu tun, sondern mit Organismen, die durch die menschliche Gestaltung von extremen Umwelten sozusagen als unbeabsichtigte Nebenwirkung herangezüchtet wurden. Diese Organismen könnten z. B. in vergleichbaren technischen Umwelten, die bisher frei von Mikroorganismen waren, größte Probleme bereiten. So könnten ölverdauende Bakterien durchaus unliebsame Gäste in Öltanks sein, und PVC abbauende Mikroorganismen könnten die Isolierungen von Elektroleitungen zerstören.

Noch problematischer ist es, wenn Bakterienstämme aus solchen Extrembiotopen isoliert, und zwar nicht direkt gentechnisch manipuliert, aber in sogenannten ›Evolutionsreaktoren‹ einem gezielten und extrem harten chemischen Selektionsdruck ausgesetzt werden, der die ›Züchtung‹ fremdstoffabbauender Bakterien ermöglicht.[6] Der erste sehr weitgehende Eingriff in die Natur, die Synthese naturfremder Substanzen, zieht hier den nächsten nicht minder weitgehenden automatisch nach sich, die harte Züchtung oder gar Konstruktion von Organismen, die diese Substanzen wieder abbauen sollen, für die in der Evolution bisher keine Stoffwechselwege entwickelt werden konnten. Zu einem dritten womöglich chemischen oder gentechnologischen Eingriff, mit dem dann die fremdstoffabbauenden Organismen wieder beseitigt oder im Zaum gehalten werden sollen, ist es in dieser Logik nicht mehr weit.

All diese Bedenken legen im Umgang mit nichtubiquitären Mikroorganismen größte Zurückhaltung nahe. Sie ist selbst schon für die Übertragung und Nutzung von aus seltenen bzw. extremen Biotopen isolierten Mikroorganismen angebracht, solange es kein Verfahren gibt, durch das mit hinreichender Sicherheit deren Gesundheits- und Umweltverträglichkeit geprüft werden kann. Mehr noch scheint es unwahrscheinlich, daß es eine solche Umweltverträglichkeitsprüfung überhaupt geben kann für die ganze Unzahl natürlicher und künstlicher Biotope bzw. ökologischer Nischen, in denen

Mikroorganismen leben können. Das Nichtwissen ist hier besonders groß, nicht nur wegen der Vielfalt der Biotope, sondern auch wegen der nicht vorhersehbaren Populations- und evolutionären Dynamik sich selbst vermehrender Organismen.

4. Die Natur macht's doch genauso – natürliche Gentechnik?

Auf der einen Seite betonen Kritiker, die Gentechnologie stelle einen qualitativ neuen besonders tiefgreifenden Eingriff in die Natur dar, der noch am ehesten mit der Atomtechnik und synthetischen Chemie vergleichbar sei. Auf der anderen Seite weisen die Befürworter und Betreiber der Gentechnik mit Recht darauf hin, daß die Übertragung von genetischem Material über Artschranken hinweg auch in der Natur vorkommt. Dies geschieht beim horizontalen Gentransfer.[7]

Vor allem bei Bakterien aber auch bei Pilzen gibt es extrachromosomale genetische Information, die auf sogenannten Plasmiden lokalisiert ist. Diese Plasmide sind hauptsächlich verantwortlich für die erstaunliche Wandlungsfähigkeit der Mikroorganismen. Die Gene auf solchen Plasmiden sind oft nicht essentiell für das ›normale‹ Leben dieser Organismen. Sie können deshalb große Veränderungen erfahren, ohne daß sie die Überlebensfähigkeit ihrer Träger stark beeinträchtigen. Im Gegenteil, auf Plasmiden können sich Gene für Stoffwechselwege und Funktionen entwickeln und halten, die erst in besonderen Fällen einen Überlebensvorteil gewähren.[8] Ein Beispiel hierfür ist die Entwicklung und Verbreitung von Resistenzen gegen Antibiotika. Die erstaunliche Ausbreitung von Antibiotikaresistenzen selbst zwischen verschiedenen Stämmen, anhand derer die Plasmiden ja auch entdeckt wurden, hat einen bestimmten Grund. Plasmide können von vielen Stämmen einfach abgestoßen werden und unabhängig von quasisexuellen Vorgängen wie der Konjugation auch frei aufgenommen werden. Plasmide können sogar außerhalb von Organismen eine geraume Zeit funktionsfähig bleiben, so daß nicht einmal ein räumliches und zeitliches Zusammentreffen zweier lebender Bakterien eine unbedingte Voraussetzung für den horizontalen Gentransfer ist.[9]

Der horizontale Gentransfer zwischen verschiedenen Bakterienstämmen ist u. a. ein Grund dafür, daß wir bei Bakterien nicht echte

Arten unterscheiden können. Arten sind ja als Population von Organismen definiert, die sich zumindest potentiell untereinander fruchtbar kreuzen können und bei denen ein sexueller Genaustausch mit anderen Arten unmöglich ist. Bei Bakterien können wir nur Stämme unterscheiden, zwischen denen eine mehr oder minder strikte reproduktive Isolation vermutet wird.

Doch selbst angesichts dieses realen Auftretens des horizontalen Gentransfers bei Bakterien muß die Behauptung zurückgewiesen werden, die Gentechnologie mache nichts anderes als die Natur.[10] Deutliche Unterschiede im Verfahren werden bei einer solchen Darstellung schlicht unterschlagen. Zunächst ist zwar richtig, daß die Gentechnologen sich die vorgefundenen Eigenschaften der Plasmiden zunutze machen, um fremdes Erbgut in die jeweiligen Zellen einzuschleusen. Doch sie verwenden erstens nicht die Plasmide so, wie sie vorgefunden werden. Im Gegenteil, diese Plasmide würden den Wünschen der Gentechnologen noch allzu große Schranken setzen. Daher müssen sie erst noch zugerichtet werden zu technisch erfolgreich einsetzbaren ›Vektoren‹ bzw. ›Fähren‹.

Zum zweiten werden im Genexperiment sogenannte Restriktionsenzyme verwendet, die die erwünschten Bruchstücke isolierter Fremd- und Vektor-DNA erzeugen. Diese Bruchstücke werden dann neu kombiniert. Auch die Restriktionsenzyme kommen natürlicherweise in Bakterien und Pilzen vor. Sie schützen die Trägerorganismen vor dem Eindringen fremder DNA. Die Fremd-DNA wird von ihnen durch Zerschneiden zerstört. Die Natur macht es in diesem Falle mithin nicht genauso wie die Gentechnik, sondern gerade umgekehrt. Restriktionsenzyme sollen den horizontalen Gentransfer unterbinden oder zumindest in engen Grenzen halten. Sie dienen als einer von mehreren Faktoren der genetischen bzw. reproduktiven Isolation, die für die Evolution der Bakterien wohl mindestens genauso wichtig ist wie der horizontale Gentransfer.[11]

Es gibt bei Bakterien offenbar ein evolutionär entstandenes und eingependeltes Verhältnis von genetischer Stabilität durch Isolation und genetischer Variabilität durch horizontalen Gentransfer aus einem stammübergreifenden Genpool.[12] Es dürfte sich hierbei um ein ausgewogenes Zusammenspiel handeln, das die Gentechnologie nun massiv zu stören beginnt.

Auch bei Pflanzen und Tieren gibt es im Einzelfall einen natürlichen horizontalen Gentransfer, doch ist er keinesfalls gang und gäbe. Immerhin wurden im Genom höherer Organismen Abschnitte gefunden, von denen angenommen werden kann, daß sie von anderen Organismen über Artschranken hinweg übertragen wurden. Solche Fälle können als Folge von Virusinfektionen auftreten. Letztere bilden wiederum eine wichtige technische Grundlage für gentechnische Manipulationen bei höheren Organismen. Wenn bei der Virusvermehrung die DNA fehlerhaft aus dem Wirtsgenom geschnitten wird, können Erbinformationen des Wirtes verschleppt werden und über eine Infektion mit diesen modifizierten Viren in andere höhere Organismen gelangen. Ob durch diesen natürlichen Prozeß allerdings ganze funktionstüchtige Operone, Geneinheiten aus Strukturgenen, Start- und Stoppsignale, übertragen werden können, erscheint eher fraglich. Die wenigen bekannten Fälle, in denen zumindest Regulatorgene übertragen wurden, sind alles andere als unproblematisch. Es handelt sich dabei um sogenannte Onkogene, die bei der Entstehung einiger Formen von Krebs eine Rolle spielen, und die durch solche Vorgänge übertragen bzw. aktiviert wurden (vgl. den Beitrag von Kollek in diesem Band). Gerade das Verwenden von Viren als Fähren für das Einschleusen fremder Gene in höhere Organismen muß deshalb als risikoreich angesehen werden. Bisher steht die Menschheit schließlich, wie wir nicht erst seit dem Auftreten von AIDS wissen, neuen pathogenen Viren ziemlich machtlos gegenüber.

5. Das statische Naturbild der Gentechnologen

Schon auf der Konferenz von Asilomar war der Mehrheit der Teilnehmer klar gewesen, daß physikalische Sicherheitsmaßnahmen (physical containment) keinen hinreichenden Schutz bieten können. Erst das Versprechen von Mikrobiologen, Sicherheitsstämme des Darmbakteriums E.coli zu konstruieren, die im Darm des Menschen oder anderer Warmblütler nicht überlebensfähig seien, ermöglichte auf der Konferenz einen Kompromiß, der unter bestimmten Bedingungen das Weiterexperimentieren mit gentechnologischen Methoden zuließ.[13] Damit war neben den physikalischen Sicherheitsmaßnahmen eine zweite Dimension in der Sicherheitsdiskussion eröffnet, die der biologischen Sicherheitsmaßnahmen (biological containment). An diese Konzeption einer biologischen Sicherheit müssen aber gerade aus evolutionstheoretischer Sicht grundlegende Fragen gestellt werden. Immerhin hat schon Sinsheimer darauf hingewiesen, daß den im Anschluß an Asilomar ausgearbeiteten Sicherheitsrichtlinien ein Naturverständnis zugrunde liegt, in dem die Natur als passiv und statisch angesehen und ihre evolutionäre Dynamik überhaupt nicht berücksichtigt wird.[14]

Wenn man aber die ökologische und evolutionäre Dynamik der Natur in Rechnung stellt, erweist sich das Konzept der biologischen Sicherheit bzw. eines biologischen ›containment‹ als ebenso nur begrenzt gültig wie das des ›physical containment‹, wenn nicht gar als pure Illusion. Es sind auf jeden Fall berechtigte Zweifel daran angebracht, daß sogenannte Sicherheitsstämme über viele Generationen hinweg wirklich sicher, d. h. stabil bleiben. Es muß sowohl mit Rückmutationen von Sicherheitsstämmen zur Wildform als auch mit neuen evolutionären Anpassungen und schließlich vor allem mit der Weitergabe der eingeschleusten fremden genetischen Information auf andere Wildformen gerechnet werden. Gerade die mittels Vektoren (evtl. mit IS-Sequenzen, Transposons usw.) gentechnisch in Organismen eingeschleuste Information erweist sich als besonders mobil, also als besonders leicht übertragbar[12], so daß sich solch ein Transfer bis zu einer gewaltigen ›genetischen Verseuchung‹ ausweiten könnte, die die bekannte Verbreitung von Antibiotikaresistenzen noch weit in den Schatten stellen würde. Wir müssen dann schlicht damit rechnen, daß z. B. menschliche Gene über kurz oder lang in Mikroorganismen auftauchen, in denen wir sie niemals vermutet hätten.

6. Naturfremdheit ein Garant für Nichtüberlebensfähigkeit?

Auch die zweite in dieser Diskussion über biologische Sicherheit angeführte zentrale Vorstellung, daß gentechnisch manipulierte Organismen zu fremd und unangepaßt an die natürliche Umwelt seien, als daß sie dort überleben könnten, zeugt von einem höchst problematischen Evolutionsverständnis. Bei dieser Vorstellung von Evolution wird der Selektion eine absolut dominierende Stellung eingeräumt. Die Organismen erleiden diese Selektion nur passiv, so als ob die übrige Natur als ›Umwelt‹ dieser Organismen für sie unbeeinflußbar fest stände und alle Organismen sich immer nur einseitig an diese Umwelt immer besser anpassen könnten.[15] Einem solchen

Verständnis von Evolution zufolge dürfte z. B. bei einigermaßen stabilen geologischen und klimatischen Verhältnissen fast keine Evolution mehr stattfinden. Tatsächlich stellen aber die anderen Organismen für die meisten Arten die wichtigsten Elemente ihrer relevanten Umwelt dar, in der schon kleinste Änderungen größte Wirkungen nach sich ziehen können, und alle Organismen können sowohl ihre belebte als auch ihre unbelebte Umwelt selbst mehr oder minder weitgehend beeinflussen und gestalten.

Einer selektionistisch überbetonten Vorstellung von Evolution wäre somit eine entgegenzusetzen, bei der erstens die anderen Evolutionsfaktoren, die Isolation und vor allem die Variation/Mutation, angemessen berücksichtigt werden und bei der zweitens auch der eigene aktive Beitrag der Organismen zu ihren Überlebensbedingungen bzw. zur Gestaltung ihrer Umwelt betont wird. Eine solche angemessene Berücksichtigung aller Evolutionsfaktoren bekommt nicht nur in den Blick, daß die Gentechnologie mit ihrer Durchbrechung der Artschranken massiv dem Evolutionsfaktor Isolation entgegenarbeitet, sondern sie wird auch der Möglichkeit gewahr, daß die Neuartigkeit gentechnisch hergestellter Organismen nicht nur zu deren ökologischem bzw. evolutionärem Nachteil geraten kann, also zu ihrem Aussterben unter natürlichen Bedingungen führen muß, sondern im Gegenteil gerade zu ihrem Vorteil.[16] Auf solchem zwar höchst unwahrscheinlichen und seltenen Auftreten besser angepaßter Mutanten bzw. solcher mit neuen Fähigkeiten, beruht schließlich die ganze evolutionäre Entwicklung.

Außerdem ist aus der Populationsgenetik bekannt, daß sich in isolierten kleinen Populationen (sogenannten Gründerpopulationen) sich sexuell fortpflanzender Organismen eine besonders starke evolutionäre Dynamik abspielen kann, so daß sich einmal freigesetzte gentechnisch veränderte Organismen relativ rasch in die verschiedensten Richtungen entwickeln können. Die Neuartigkeit gentechnisch hergestellter Organismen dürfte somit in zugegebenermaßen seltenen aber evolutionär höchst wichtigen Fällen kein Garant für das Nichtüberleben solcher Organismen sein. Sie könnten vielmehr gerade in Folge einer Neuartigkeit, die auf natürliche Weise nie zustandegekommen wäre, besonders erfolgreich und evtl. auch gefährlich sein. Sie sind nicht in einem Ko-Evolutionsprozeß entstanden und haben deshalb womöglich auch keine natürlichen Feinde. Sie könnten sich, falls sie geeignete Bedingungen vorfinden oder sich schaffen können, ungehindert explosionsartig vermehren (vgl. dazu auch den Beitrag von Panesar/Knorr in diesem Band). Der Hinweis, daß solches in den vergangenen fünfzehn Jahren noch nicht vorgekommen ist, vermag nicht zu beruhigen. Die Crux bei Wahrscheinlichkeitsaussagen ist ja, daß schon der nächste Fall der unwahrscheinliche sein kann.

7. Gentechnologie und Evolutionstheorien

Bis hierher wurde versucht, auf die Behauptungen einzugehen, die Gentechnologie sei eigentlich nichts Neues und sie würde auch nichts anderes tun als die Natur selbst. Dann wurden das statische Naturbild und selektionistisch überbetonte Evolutionsverständnis kritisiert, die die Grundlage eines Großteils der Sicherheitsdiskussion bestimmen. Abschließend soll nun geprüft werden, inwieweit vor dem Hintergrund der derzeitigen Evolutionstheorien die Problematik der Schaffung ›naturfremder‹ Organismen und der massiven Durchbrechung der Artschranke bewertet werden kann. Immerhin haben sich die Evolutionsbiologen die Erklärung der Vielfalt der Organismen zur Aufgabe gemacht und sich der Frage zugewendet, wie ›Neues‹ in der Evolution entsteht, sich reproduziert, ausbreitet und durchsetzt.

Evolutionsbiologen richten den Blick auf sehr langfristige Entwicklungen. Fast alle Evolutionstheoretiker vertreten heute den Gradualismus, mit dem betont wird, daß evolutionäre Entwicklungen langsam und in kleinen Schritten ablaufen.[17] Angesichts dessen müßte für sie eigentlich die Geschwindigkeit, mit der die Gentechnologen sehr weitreichende genetische Veränderungen an Organismen bewirken, erschreckend sein.

Vor dem Hintergrund von Evolutionstheorien, die zu den wohl ganzheitlichsten naturwissenschaftlichen Theorien gehören, sollte es auch möglich sein, die künstliche Erzeugung neuer Organismen zu bewerten. Mit Hilfe von Theorien, die das Zusammenwirken der Evolutionsfaktoren Selektion, Mutation/Variation und Isolation als wesentliche Triebkräfte des Evolutionsprozesses zum Gegenstand haben, sollte es schließlich möglich sein, längerfristige Wirkungen einer Durchbrechung der zwischenartlichen Isolation auf breiter Front durch die Gentechnik abzuschätzen. Trotz dieser Prädestinierung der Evolutionstheorie für die Abschätzung langfristiger

Wirkungen der Gentechnologie bleibt zur Zeit die Arbeit an einer Risikoanalyse oder einer Wirkungsabschätzung gentechnologischer Verfahren aus evolutionsbiologischer Sicht ein frommer Wunsch. Die Anfragen der Enquete-Kommission ›Chancen und Risiken der Gentechnologie‹ des 10. Deutschen Bundestages bei namhaften Evolutionsbiologen der westlichen Welt haben nur gezeigt, daß sich bisher mit solchen Fragen keiner der Angesprochenen beschäftigte.[18]

Ein Blick in die Literatur zeigt im Gegenteil, daß aus ganz anderen Richtungen nicht zuletzt auf der Basis gentechnologischer Praxis z. Zt. eine Revision der ›synthetischen Evolutionstheorie‹ versucht wird, die diese ihres kritischen Potentials gegenüber der Gentechnik berauben könnte. Auf der Basis einiger weniger empirischer Befunde, die in der Richtung gedeutet werden können, daß tatsächlich in einigen Fällen ein horizontaler Gentransfer auch zwischen höheren Organismen oder zwischen Pro- und Eukaryonten stattgefunden hat[19], werden von einigen Autoren schnell sehr weitgehende Forderungen nach einer neuen Evolutionstheorie erhoben.[20]

Auch der ›ganzheitliche‹ Charakter der Evolutionstheorie wird dabei untergraben. Während Kritiker den Gentechnologen noch vorwerfen, sie würden die Natur als ein großes Ersatzteillager betrachten, aus dem aus allen Teilen (Moduln) beliebig kombinierbare Organismen zusammengesetzt werden könnten, dringen solche Vorstellungen schon in die Evolutionstheorie ein: »Modular concepts of evolution have become popular in the last few years mainly because the properties of transposons suggested specific mechanisms whereby modules might come together«, heißt es z. B. in einem Übersichtsartikel über ›bewegliche genetische Elemente›.[21] Zu guter Letzt wird auch der Gradualismus durch die Wiederbelebung von Katastrophentheorien in der Geologie und Paläontologie in Frage gestellt, bei denen Meteoriteneinschlägen ein grundlegender Einfluß auf die Evolution, vor allem auf das Aussterben von Organismenstämmen, zugesprochen wird.[22]

Auch wenn mit diesen neuen Theorien womöglich das kritische Potential der Evolutionsbiologie gegenüber der Gentechnik unterminiert wird, so dürfte ihr Inhalt trotzdem wenig geeignet sein, Bedenken zu zerstreuen gegen die Artgrenzen überschreitende Übertragung genetischen Materials und die geradezu atemberaubende Geschwindigkeit, mit der durch die Gentechnik neue Organismen erzeugt und in die Biosphäre eingebracht werden. Daß die Evolution auch nach größeren Katastrophen, womöglich ohne den Menschen, die Säugetiere und dergleichen doch wieder weitergeht, vermag uns Menschen wohl kaum zu beruhigen.

Anmerkungen

1 Vgl. Anders, G.: Die Antiquiertheit des Menschen, Frankfurt 1987, Jonas, H.: Das Prinzip Verantwortung, Frankfurt 1983

2 Hochleistungssorten verdrängen die Vielfalt regional angepaßter Sorten, und durch jahrelangen pausenlosen Einsatz von Totalherbiziden werden die noch im Boden verbliebenen Wildkräutersaaten vollends zerstört.

3 Die Auslese war historisch durch ein ganzes Bündel von Zielvorstellungen bestimmt. Zu ihnen gehörten bei vorindustriellen Formen der Züchtung neben Nützlichkeits- und Leistungskriterien auch ästhetische Ansprüche und die Überlebensfähigkeit (Gesundheit, Resistenz) in noch naturnahen Umwelten.

4 Diese Praxis der Züchter bildete im übrigen die ›Experimentalbasis‹ für Darwins Formulierung der Evolutionstheorie und dürfte dessen starke Überbetonung des Selektionsfaktors mitbedingt haben.

5 Wobei allerdings bemerkt werden muß, daß auch die Massenzucht dieser Organismen bei einigen Menschen unliebsame Folgen hatte und z. B. Allergien auslöste.

6 Vgl. die Arbeiten von Chakrabarty in den USA und von Knackmuss in der Bundesrepublik, z. B. Chakrabarty, A. M. et al.: Selective Evolution of Genes for Enhanced Degradation of Persistant Toxic Chemicals, in: Arber u. a. eds.: Genmanipulation, impact on man and society, Cambridge u. a. 1984

7 Als vertikalen Gentransfer bezeichnet man den normalen Vorgang der Vererbung innerhalb einer Art, also die Weitergabe genetischer Information an die Folgegenerationen. Der horizontale Gentransfer erfolgt demgegenüber über Artschranken hinweg zwischen gleichzeitig lebenden Arten.

8 Vgl. Behringer, J. E./Hirsch, P. R.: The Role of Plasmids in Microbial Ecology, in: Klug/Reddy eds.: Current Perspectives in Microbial Ecology, *American Soc. Gen. Microbiol.*, 1984

9 Das bedeutet z. B., daß das Abtöten der Organismen in einem Bioreaktor vor dem Aufschluß u. U. nicht ausreicht, um die Ausbreitung von gentechnisch manipulierten, auf Plasmiden lokalisierten Genen zu verhindern. Vgl. Lorenz, M. G./Wackernagel, W.: Gentransfer bei Bakterien und Überleben gentechnisch manipulierter Bakterien im Boden- und Grundwasserbereich: DNA-Freisetzung aus Zellen, DNA-Überdauerung und genetische Transformation im natürlichen Lebensraum, in: BMFT, Hrsg.: Biologische Sicherheit im Forschungsprogramm der Biotechnologie, Bonn 1988

10 Daß mit dem Verweis auf die Natur, die ›es ja auch tut‹, nicht nur ökologische, sondern auch ethische Legitimität erheischt werden soll, ist ein weiteres Problem. Hier liegt ein typischer naturalistischer Fehlschluß vor, weil damit der Unterschied zwischen einem Naturgeschehen, wofür der Mensch keine Verantwortung übernehmen muß, und einer menschlichen Handlung, bei der das sehr wohl der Fall ist, eingeebnet wird. Im Hinblick auf die Frage nach ökologischer Verträglichkeit von Techniken, die nicht gleich auch mit einer Gesundheitsverträglichkeit identisch sein muß, ist die Orientierung an schon existierenden natürlichen Vorgängen und Formen allerdings sehr wohl relevant.

11 Zu solchen Isolationsmechanismen gehören außerdem noch die Zellmembranen, wirtsspezifische DNA-Modifikationssysteme, die Unverträglichkeit (Inkompatibilität) von verschiedenen Plasmiden in einer Zelle, die Zellabhängigkeit der Mechanismen, die die Genexpression steuern, Faktoren der Interaktion zwischen Mikroorganismen und ökologische Faktoren, vgl. Reanney D. C. u. a.: Genetic Interactions among microbial communities, *Symp. Soc. Gen. Microbiol.* 34; Slater, J. H.: Genetic Interaction in Microbial Communities, in: Klug/Reddy, eds. Current Perspectives in Microbial Ecology, *American Soc. Gen. Microbiol.,* 84; Freter, R.: Factors Affecting Conjugal Plasmid Transfer in Natural Bacterial Communities, in: Klug/Reddy a.a.O.

12 Vgl. Arber, W.: Natural Mechanisms of Microbial Evolution, in: Ders. u. a. eds.: Genmanipulation, impact on man and society, Cambridge u. a. 1984, und Lorenz/Wackernagel a.a.O.

13 Vgl. Krimsky, S.: Genetic Alchemy. The Social History of the Recombinant DNA Controversy, Cambridge, Mass. 1982, S. 149

14 Vgl. Sinsheimer, R.: An evolutionary perspective for genetic engineering. In: *New Scientist* 73/1977

15 Dieses selektionistisch überbetonte Evolutionsverständnis geht schon auf Darwin zurück (vgl. Anm. 4). Sie hat in der Biologiegeschichte eine lange Tradition, vgl. dazu Gutmann, W. F./Bonik, K.: Kritische Evolutionstheorie, Hildesheim 1981. Die Situation verschärft sich zudem immens, wenn die Überlebensfähigkeit bei der Konstruktion von genetisch manipulierten Organismen, die für die gezielte Freisetzung bestimmt sind, direkt angestrebt wird. Diese Organismen *sollen* sich ja gegenüber etwaigen Wildformen oder anderen Konkurrenten durchsetzen oder zumindest so lange behaupten, bis sie ihre Aufgabe erfüllt haben.

16 Vgl. Weingarten, M.: Frankensteins Monster... oder: Die Natur der Reproduktion und die Reproduktion der Natur, in: *Forum Wissenschaft,* Nr. 4/1985

17 Eldrege und Gould wiesen zwar gegenüber dem bisher vertretenen linearen Gradualismus darauf hin, daß die relativ sprunghaften Veränderungen in nahen Fossilhorizonten eher auf einen nichtlinearen, schubweisen Evolutionsprozeß hindeuten und auf ein mitunter relativ rasches Entstehen neuer Arten. Eine prinzipielle Infragestellung des Gradualismus stellt diese Position, die im übrigen selbst noch der ›synthetischen Evolutionstheorie‹ eine selektionistische Überbetonung vorwirft, nicht dar. Das was Geologen als ›rasch‹ bezeichnen, kann dann immer noch Hunderttausende oder gar Millionen von Jahren

gedauert haben, vgl. Gould, S. J.: Is a new and general theory of evolution emerging?, in: *Palaeobiology* 6 (1), 1980.

18 Vgl. Enquete-Kommission ›Chancen und Risiken der Gentechnologie‹, Materialienbände, Bonn 1987. Auch im Forschungsförderungskonzept des Bundesministeriums für Forschung und Technologie zur ›Biologischen Sicherheitsforschung‹ ist die Behandlung evolutionstheoretischer Fragen nicht vorgesehen, vgl. BMFT-Forschungsförderungskonzept zur ›Biologischen Sicherheitsforschung‹, Bonn 1987

19 Vgl. Lewin, R.: Can Genes Jump Between Eucaryotic Species? in: *Science*, 2. 7. 1982 und die dort vorgestellten vier Fälle.

20 Vgl. Syvanen, M.: Cross-species Gene Transfer; Implications for a New Theory of Evolution, in: *J. theor. Biol.* (85) 112, S. 333–343; Anonym: Gene-Swapping breaks barriers in evolutionary theory, in: *New Scientist* 21. 2. 85, S. 42f. Im Zusammenhang mit dieser Diskussion haben selbst überwunden geglaubte Katastrophentheorien und Vorstellungen von ›Großmutationen‹ und ›Typensprüngen‹ eine Renaissance, bis hin zu den schon von Goldschmidt postulierten ›hopeful monsters‹; vgl. Erwin, Douglas, H./Valentine, J. W.: ›Hopeful monsters‹, transposons and Metazoan radiation, in: *Proc. Natl. Acad. Sci.* Vol. 81, 1984. Zur Kritik vgl. Gutmann, W. F./Bonik, K.: Kritische Evolutionstheorie, Hildesheim 1981, sowie: Stebbins, G. L./Ayala, F. J.: Die Evolution des Darwinismus, in: *Spektrum der Wissenschaft* 9/1985

21 »Modul-Konzepte der Evolution sind in den vergangenen Jahren in Mode gekommen, hauptsächlich deswegen, weil mit den Eigenschaften der Transposone ein spezifischer Mechanismus vorgeschlagen wurde, wie Module zusammengelangen können.« Vgl. Campbell, A.: Some General Questions about Movable Elements and their Implications, in: *Cold Spring Harbour Symp. on Quant. Biol.* Vol. XLV 1981

22 Vgl. McLaren, Digby: Impacts that changed the course of evolution, in: *New Scientist* 24. Nov. 1983

Arne Raj Panesar / Christa Knorr

Ökologische Gefahren der Freisetzung

Die rekombinierenden DNA-Techniken schaffen ein machtvolles und sicheres neues Mittel zur Veränderung von Organismen – so faßt das Komitee der National Academy of Science eigene Untersuchungen zur Freisetzung von gentechnisch manipulierten Organismen 1987 zusammen.[1] Außerdem bestreitet das Komitee in seiner Studie die Annahme, »neuartige Katastrophen resultierten aus der Anwendung der Gentechniken oder entstünden durch den Gentransfer über Artschranken hinweg«.[2] Von diesem Standpunkt aus gilt: Es gibt keine neuen Risiken, und die bislang bei Freisetzungen biotopfremder Lebewesen akzeptierten sind genügend berechenbar und beherrschbar. »So erhielt die Wissenschaft im Laufe der Zeit ein detailliertes Bild darüber, welches Risikopotential in einem gentechnisch veränderten Organismus steckt, und wodurch Gefahren beim Umgang mit gentechnisch veränderten Organismen entstehen können«, resümiert der Bundesminister für Forschung und Technologie im Sommer 1987 die Entwicklung.[3]

Was bleibt an Risiken für die Befürworter der Gentechnik übrig? »Die Experten sind sich darüber einig, daß viele der beabsichtigten Freisetzungen praktisch risikofrei sind oder doch die Nutzen-Risiko-Verhältnisse in akzeptablen Grenzen bleiben.«[4] Und wer das akzeptiert hat, wird verstehen, daß aus solchem Blickwinkel etwas ganz anderes als die Freisetzungsfolgen selbst zur ›eigentlichen‹ Gefahr bei der Einführung dieser Technik wird: »Zur *Vermeidung einer Behinderung der Entwicklung* der Tests von risikoarmen Organismen in der Umwelt ... müssen *wir* Risikokategorien aufstellen«[4] (Kursivdruck durch die Autoren).

Eine durch »Sandoz«, »Bhopal« oder »Tschernobyl« sensibilisierte Öffentlichkeit wirft also die Fragen nach Risiken der Gentechnik auf. Um in dieser Situation keine Verzögerung der Arbeit und vor allem keinen Rückfall in der Konkurrenz um Patente zu erleiden, gehen Wissenschaftler/innen in die Offensive. Ob sie damit den Vorbehalten gegen die Einbürgerung solcher Organismen in Ökosysteme gerecht werden, soll im folgenden untersucht werden.

Beispiele für das Einbringen von Organismen in fremde Biotope

Mit den folgenden Beispielen soll gezeigt werden, welcher Qualität die mit einer Freisetzung gentechnisch manipulierter Organismen verbundenen Gefahren sein könnten. Sie sollen Phantasie für ökologische Wirkzusammenhänge, Gleichgewichte und die Folgen ihrer Gefährdung entwickeln helfen. Sie zeigen allesamt die unerwarteten ökologischen Folgen der Verschleppung und Einführung von Lebewesen aus anders evoluierten Umwelten.

Evoluierte Vielfalt bedarf sehr großer Zeiträume zu ihrer Entstehung. Ähnlich gewachsen, entstanden und genauso alt wie die biologischen Arten, sind die Wechselbeziehungen, die die Organismen untereinander und mit der umgebenden Welt ausgebildet haben. Das feingefügte organische Innere der Lebewesen mag dabei als gedankliche Stütze dienen, um zu ermessen, wie genau ausbalanciert auch das äußere, ökologische Wirkungsgefüge ist.

Geographische, klimatische und andere Bedingungen unterteilen und begrenzen die Verbreitungsräume für die Arten und Artengemeinschaften. In diesen, zum Beispiel durch Gebirgsketten oder Klimazonen verschieden stark isolierten, Lebensräumen kommt es zu ganz individuell ausbalancierten Lebensgemeinschaften. Da auszuschließen ist, daß gentechnisch manipulierte Lebewesen mit ihren neuen Eigenschaften dem Lebensraum ebenso gut eingepaßt sind wie die in ihm gemeinsam entstandenen Arten, läßt sich deren Freisetzung in Analogie zur Verschleppung von Lebewesen in andere Biotope betrachten. Wir wollen in diese Analogie auch die Freisetzung verbreitungsfähiger DNS einbeziehen, die die in einem System vorhandene genetische Information (Genpool) auf verschiedene Weise beeinflussen könnte. Außerdem wollen wir die in ihrer genetischen Struktur veränderten Lebewesen berücksichtigen, die durch im Labor ausgeübte Techniken Gene verloren haben (Deletionsmutanten) – eben all jene Organismen, die selbst oder deren DNS mit neuen potentiellen Eigenschaften im Lebensraum auftauchen und mit den vorhandenen Populationen in Wechselwirkung treten, indem sie zum Beispiel Wirte oder Nahrung beanspruchen.

Diese Ansicht findet selbst in der eingangs erwähnten Studie der National Academy of Science Unterstützung; aus der Argumentation heraus, es gäbe keine neuen Risiken, empfiehlt sie, die Konfrontation von Biotopen mit DNS, die nicht in Co-Evolution entstanden ist, in den Problemkreis der Freisetzung mit einzubeziehen. Das soll unabhängig von der Methode geschehen, mit der diese neue oder anders zusammengesetzte Erbinformation in Organismen hineingebracht wurde. (Damit würden die Auseinandersetzungen über den Geltungsbereich von Kontrollen für gentechnisch oder »nur« genetisch veränderte Organismen beendet; s. u.)[5]

Beispiel 1: Die Knollensonnenblume, der spitzblättrige Knöterich[6]

Nach jetzigem Wissensstand gibt es keine einheimische Staude, die auf eutrophen (nährstoffreichen) und vor stärkerer Austrocknung geschützten Auenböden nicht von der Knollensonnenblume (Helianthus tuberosus) verdrängt werden könnte. Wie einige andere Zier- und Nutzpflanzen wurde die Knollensonnenblume aus Südamerika eingeführt. Das Überhandnehmen der 3,50 m hohen Staude bedroht jetzt die dauerhafte Festlegung der Bach- und Flußufer. Wildkaninchen, Wanderratten und andere Nagetiere durchwühlen den Boden, um an die schmackhaften Wurzelknollen zu gelangen. Die Nager transportieren die weiter lebensfähigen Knollen in alle Richtungen. Dies führt zu einer zügigen vegetativen Verbreitung auch ohne Zutun des Menschen.

Durch die dominante Verbreitung der Knollensonnenblume auf Auenböden sind die Ufervegetationen an Saar, Lahn, Mosel und der Nahe sehr verändert. Die durch das Wühlen entstehenden Wundstellen sind darüber hinaus besonders der erodierenden Kraft des Winter- und Frühjahrhochwassers schutzlos preisgegeben. Uferzerstörungen großen Ausmaßes nehmen oft hier ihren Anfang. Als einziger nimmt es der aus Ostasien nach Europa gelangte spitzblättrige Knöterich (Reynoutria japonica) mit der Knollensonnenblume auf; jedoch nur, wenn dieser bis zu 3,50 m hohe Knöterich der Knollensonnenblume zuvorkommt und eher Fuß faßt, ist sein Bestand gesichert (so zum Beispiel an den Ufern von Sieg und Lahn). Seine wenig elastischen, überdaumendicken oberirdischen Sprosse vermindern die Fließgeschwindigkeit des Hochwassers und tragen, wie ja auch die Knollensonnenblume, zur Aufhöhung des Ufers bei, was für den Wasserabfluß von Nachteil sein kann. In den Sonnenblumen- und Knöterichherden kommt, allein aus Lichtmangel, kein Weiden-, Pappel- oder Erlenjungwuchs auf. An den verschmutzten Bächen und Flüssen ist solcher Bewuchs aber aus ökologischen

Gründen unerläßlich und muß nun zeit- und kostenintensiv gefördert, der eingebrachte Jungwuchs mehrere Jahre freigeschnitten werden.

Beispiel 2: Die Traubenkirsche[7]

Aus Nordamerika ist, zunächst als Zierpflanze, die Spätzeitige Traubenkirsche (Prunus serotina) bei uns eingeführt worden. Später glaubte man, mit ihr die Humussituation im Boden verbessern zu können. Heute, verwildert, ist sie in der Umgebung einiger Großstädte sehr häufig und verbreitet. Ein besonders großes Problem stellt sie nun in Kiefernforsten dar: Sie wächst so dicht, daß vor allem Lichtmangel zu völlig veränderten Lebensbedingungen am Boden der Wälder führt. Nicht immer tragen plötzliche und tiefgreifende Wechsel der Lebensbedingungen (Dominanz einer neuen Art, Lichtmangel) zu einer so deutlichen Vergröberung der gesamten Wechselbeziehungen in der Lebensgemeinschaft bei. Denn hier werden neben dem Gehölzjungwuchs auch Krautschicht und Pilzflora in Qualität und Quantität stark vermindert. Die »Unterwanderung« der Baumbestände findet so erfolgreich statt, daß mechanische Bekämpfungsmethoden nicht ausreichen und Pflanzengift gespritzt werden muß. In den Niederlanden ist die starke Verbreitung der Spätzeitigen Traubenkirsche auf den ausgelaugten Sandböden in ihren Folgen besonders dramatisch. Sie wird dort »Waldpest« genannt.

Diese Beispiele illustrieren, daß nicht erst bei Mikroorganismen, sondern schon bei Pflanzen die erfolgreiche Einführung, trotz Bekämpfungsversuchen, irreversibel bleiben kann. Um die Konsequenzen der Einführung zu mildern, sind kontinuierliche kostenintensive Maßnahmen erforderlich, die einen volkswirtschaftlichen Schaden darstellen.

Beispiel 3: Die afrikanische Honigbiene[8]

Erst 1956 wurde die afrikanische Honigbiene (Apis mellifera scutella) nach Brasilien gebracht. Da diese aktiver und aggressiver als die zuvor dort angesiedelte europäische Bienenart ist, erhoffte man sich eine höhere Honigernte und mehr Blütenbestäubung. Kurz nach der Einfuhr entkamen 26 Kolonien. Schon bald hatten sich die afrikanischen Bienen mit den vorhandenen europäischen Bienenrassen gekreuzt. Die Nachkommen sind so aggressiv, daß sich nun die Imker weigern, mit den Bienen zu arbeiten. Die Gefahr für Menschen, Haustiere und Wildtiere ist enorm gestiegen. Schon heute sind die Bastarde in Südamerika auf einer Fläche von der Größe der Vereinigten Staaten verbreitet. Daß sie Nordamerika weiterwandernd erreichen, wird bis 1990 erwartet. Die Varroa-Seuche, die durch eine die Bienen befallende Milbenart ausgelöst wird, kann sich nun – dank der Wanderlust der neuen Bienenunterart – mit dieser erheblich schneller verbreiten als zuvor und andere Nutzbienen befallen.

Die in diesem Beispiel vorgestellten Insekten sind in ihrer Verbreitungsgeschwindigkeit gegenüber Pflanzen um Größenordnungen schneller. Darüber hinaus zeigt das Beispiel, daß Gefahren nicht nur vom Organismus selbst herrühren können: Auch indirekte Folgen wie eine beschleunigte Seuchenausbreitung sind möglich.

Beispiel 4: Der Kastanienrindenkrebs[9]

Die Edelkastanie (Castanea dentata) war in Nordamerika, in einem mehr als eine Million Quadratkilometer umfassenden Gebiet, eine vorherrschende Baumart. Sie war wichtig für die Ernährung vieler Waldtiere, aber auch bedeutend als Holzlieferant.

1904 wurde aus Ostasien der Pilz Endothia parasitica in das östliche Nordamerika eingeschleppt. In weniger als 50 Jahren brachte er mehr als 80 % der amerikanischen Edelkastanien zum Absterben, die übrigen waren erkrankt. In Asien schädigt dieser parasitische Pilz seinen Wirtsbaum kaum. Dort hat sich im Laufe der Coevolution ein Gleichgewicht zwischen Wirt und Parasit einstellen können. Auch die amerikanische Kastanie beherbergte zwei einheimische Arten von Endothia ohne größere Schädigungen. Gegenüber dem asiatischen Pilz war der amerikanische Baum jedoch nicht immun.

Über Pilze, Bakterien, Viren und andere Mikroorganismen im Freiland ist vergleichsweise wenig bekannt. Es ist schwer, sie dort zu entdecken und zu beobachten. So sind hier Voraussagen über Folgen von Freisetzungen ebenso unmöglich wie ihre Korrektur. In diesem Beispiel geht die Schlüsselart des Waldökosystems zugrunde.

Ein weiterer dokumentierter Fall von Mikroorganismenverbreitung ist das erntebedrohende Auftreten einer Unterart von Xanthomonas campestris im Südwesten der USA. Das Bakterium verursacht Zitrusbrand an Zitronenbäumen. Vom Zeitpunkt seiner Verschleppung aus Japan nach Texas (1911) benötigte er drei Jahre, um eine entsprechend große Population aufzubauen.[10]

Kommen also zur schnellen Vermehrungsfähigkeit und zu besonderen Verbreitungsmechanismen von Mikroorganismen (wie die Verfrachtung durch Wind oder Wasser) biologische Eigenarten hinzu, die in einer neuen Umgebung eine Nische eröffnen, wächst die Population in kurzer Zeit. Im Falle des Zitrusbrandes kann solches Wachstum durch Monokulturen begünstigt werden und landwirtschaftliche Produktionszweige bedrohen. Geplante Freisetzungen von Mikroorganismen in der Landwirtschaft und zum Schadstoffabbau zielen aber auf ihre Durchsetzungsfähigkeit gegenüber den natürlich vorkommenden Verwandten.

Richtlinien und Risikoabschätzungen für Freisetzungen

Aus den in letzter Zeit veröffentlichten Richtlinien, umfassenderen Studien und Einzelveröffentlichungen zur Freisetzung gentechnisch manipulierter Organismen läßt sich mit Sicherheit nur eines ableiten. Ein schlüssiges Konzept für Risikoabschätzungen besteht nicht. Es fehlen experimentelle Erfahrungen, empirische Daten, adäquate Ökosystemmodelle und Monitoring-Methoden. Zum Beispiel ist ein horizontaler Gentransfer im Freiland kaum abzuschätzen, kurz: »Die Dynamik von Ökosystemen ist eines der komplexesten Gebiete naturwissenschaftlicher Forschung und befindet sich, was die Möglichkeit einer Vorhersage betrifft, zur Zeit bestenfalls auf embryonalem Niveau.«[11]

Frau Prof. Sharples berichtet über völlig unterschiedliche Auswirkungen der Einführung neuer Arten selbst unter sehr ähnlichen Bedingungen.[12] J. Conrad vom Wissenschaftszentrum Berlin schlußfolgert in einer Studie, daß Vorhersagen für den Einzelfall so gut wie unmöglich sind: »Dies dürfte aus prinzipiellen Gründen auch für die absehbare Zukunft so bleiben.«[13]

In Australien veröffentlichte das Department of Industry, Technology and Commerce 1987 Richtlinien für geplante Freisetzungen, die auch der ›Zentralen Kommission für biologische Sicherheit‹ (ZKBS) als Beratungsgrundlage dienen. Sie berücksichtigen ausdrücklich nicht die Abschätzung gesellschaftlicher Auswirkungen. (Die Kommission sieht sich damit überfordert.) Trotzdem werden Antragsteller nach dem Ziel ihres Verfahrens und möglichen Alternativen gefragt. In den Richtlinien werden Risikoabschätzungsfragen

1. verschiedenen Anwendungen zugeordnet (Impfstoffe, Mikroorganismen, Pflanzen, Tiere),
2. umfassend hierarchisch gegliedert (biologische Eigenschaften des unveränderten und des veränderten Organismus, seine Verhaltensmöglichkeit in der Umwelt, Kontrollmöglichkeiten bei unvorhergesehenen Ereignissen) und
3. auch auf alle im Laufe des Verfahrens zum Einsatz kommenden Methoden ausgedehnt (bis hin zum Transport von Organismen an den Freisetzungsort).

Der umfassende Bewertungskatalog zeigt schon in den Fragen, die die ökologische Auswirkungen und Kontrollen von Freisetzungen betreffen: werden diese ernst genommen, müßten nahezu alle Freisetzungen auf einen späteren Zeitpunkt verschoben werden.

Kurz vor der Verabschiedung einer Freisetzungsrichtlinie steht die EG-Kommission. Ihr Entwurf ist in Anlehnung an Vorschläge der OECD und der Europäischen Vereinigung von Agro-, Chemie- und Pharmaunternehmen (ECRAB) entstanden und könnte (strengere) nationale Richtlinien unterlaufen. Ist dieser Entwurf auch weniger ausführlich als der australische Fragenkatalog, so hat er mit letzterem gemeinsam, daß der Titel »Richtlinie« für eine Sammlung offener Probleme steht: »Da die internationalen Erfahrungen der Risikobewertungen auf dem Gebiet der ›gezielten Freisetzung‹ immer noch begrenzt sind, können derzeit keinerlei allgemeine Richtlinien oder Prüfungsandrohungen vorgeschlagen werden.«[14]

In einer solchen Situation wird, wie es der Philosoph Hans Jonas ausgefeilt analysiert, das Experiment zum Ernstfall.[15] Erst nach jeder einzelnen Freisetzung sind deren Auswirkungen und Risiken meßbar (– zumindest die drastischen und kurzfristigen).

Wie gehen Staat, Wirtschaft und Wissenschaft mit diesen Unwägbarkeiten um?

Realisierte Freisetzungen gentechnisch veränderter Lebewesen

In der Bundesrepublik entbrannte im September 1988 der Streit um Prof. Saedlers »lachsrote Petunien«. Mit einem Gen des Farbenstoffwechsels aus Mais erhalten diese Petunien eine artfremde Farbe. Das Max-Planck-Institut für Züchtungsforschung in Köln ließ sich von der ZKBS und dem Umweltbundesamt die Freisetzung der Petunien genehmigen. Dieser erste Freisetzungsantrag in der BRD sollte »Lokomotivfunktion« und damit vor allem politische Bedeutung haben, was durch den Verzicht der Kölner Forscher auf die für 1989 genehmigte Freisetzung ganz deutlich wird.[16]

Der Bundesminister für Forschung und Technologie, die EG und andere haben Geld für eine »biologische Sicherheitsforschung« bereitgestellt und teilweise schon vergeben. Die finanzierten Projekte sind vor allem Optimierungen bisher vollzogener Forschung mit einer Erweiterung um die Anwendung »Freisetzung«. In jedem Fall genügt keiner der bisher bekannten Anträge den Kriterien einer umfassenden Technikfolgenbewertung.[17] Das zeigt sich auch bei einer Betrachtung bisher durchgeführter Freisetzungen:

Beispiel 1: Das »Eis-minus-Bakterium«[18]

»Eis-minus« wird ein gentechnisch veränderter Stamm von Pseudomonas syringae Bakterien genannt. Während die unveränderten Bakterien auf Pflanzenteilen und wohl auch in der Atmosphäre ein Protein abgeben, das als Keim für die Eiskristallbildung von Wasser dient, fehlt »Eis-minus« das Gen für dieses Protein (Deletionsmutante, s. o.). Die verantwortliche Firma, Advanced Genetic Sciences (AGS), möchte »Eis-minus« als Frostschutzmittel für verschiedene Nutzpflanzen anbieten. Es soll durch massenhafte Ausbringung auf den behandelten Feldern die natürlichen Artgenossen verdrängen und die Pflanzen leichte Fröste unbeschadet überstehen lassen. Am 24. 4. 1987 wurden, hundert Meilen von San Francisco, nach jahrelangem juristischen Tauziehen mit einer Bürgerinitiative mit der Freisetzung der »Eis-minus«-Bakterien zum ersten Mal gentechnisch veränderte Bakterien in die »freie« Natur entlassen.

Wie sich die Freisetzung des Eis-minus-Bakteriums auf andere Pflanzen oder das Klima auswirken wird, ist kaum zu berechnen. Jede neue Freisetzung findet bei anderen Klimabedingungen,

Windrichtungen, an anderen Orten, zu anderer Jahreszeit statt, und so wird das Ergebnis jeweils spannend bleiben. Eine Ahnung davon vermittelt S. E. Lindow[19] mit der Beobachtung, daß Frostschäden durch »Eis-minus« reduziert werden können, dieser Effekt aber abhängig ist von der jeweils besiedelten Pflanze und den auf ihr lebenden Mikroorganismen. Hinzu kommen »Verhaltensunterschiede« von »Eis-minus« zwischen Labor und Freilandumwelt.

Beispiel 2: Oxford, Oktober 1986[20]

Wissenschaftler des »Britischen Instituts für Virologie« in Oxford haben Anfang September 1986 Raupen, die mit einem gentechnisch manipulierten Virenstamm infiziert worden waren, auf einem Gemüsefeld freigesetzt. Es handelt sich um den ersten in Europa bekannt gewordenen Freisetzungsversuch. Wie der Leiter des Instituts, Prof. David Bishop, erklärte, wurde ein »genetischer Marker« (synthetische DNA-Sequenz) in die Viren eingebaut, der ohne Nebenwirkungen lediglich der Identifizierung diene. Ziel des Versuchs sei es, die Verbreitung des Virus zu verfolgen. Prof. Bishop beabsichtigt, jenen Virus nach erfolgreichen Sicherheitsprüfungen zu optimieren. Er soll seinen natürlichen Feind, eine Mottenart, dann schneller und effektiver töten. Grundlage der Sicherheitsprüfung soll ein genetisch festgelegter Selbstzerstörungsmechanismus (Deletion des Polyhedringens) sein, der den Viren zusammen mit dem »Marker« übertragen wurde. Doch erfolgreiche »Sicherheitsforschungen« auf solcher Grundlage sind äußerst fragwürdig: Geprüft wird meist nur, ob die Marker-DNS sich in die »Buchstabenkette« der Wirts-DNS eingefügt hat. Welche Effekte sich ergeben können, weil sich damit die Raumstruktur des Moleküls verändert hat, ist unklar. Wie will Prof. Bishop verhindern, daß gerade in Viren ein Selbstzerstörungsmechanismus »verlorengeht«? Es gibt keinen Selektionsdruck auf Selbstzerstörung in der Freisetzungsumwelt. Es ist nicht einmal sicher, ob im Versuch die Verbreitung des Markers über horizontalen Gentransfer erfaßt werden könnte; wie sollte dieser aber unterbunden werden? Es ist nicht klar, ob die markierte und die natürliche Population in ihrem Verhalten vergleichbar sind, und es ist ebenso unsicher, ob eine in der Pathogenität veränderte Population ein der markierten gleiches Verhalten zeigt. Kurz, es ist schwer ersichtlich, wie mögliche Ergebnisse des Versuchs in einen Bezug zum Thema Sicherheit zu setzen sind.

Prof. Bischop wendete sich mit seinem Projekt an Umweltorganisationen, um sie für seine Idee zu gewinnen – nachdem über die Methode (Genmanipulation) und die Planung des Versuchs schon entschieden war. Trotzdem könnte dieser Schritt einen besseren Weg der Auseinandersetzung weisen als Geheimhaltung und Polizeischutz für Versuchsanlagen.

Beispiel 3: März–Mai 1987 / Rothamsted (GB), Dijon (F), Bayreuth (BRD)[21]

Im Rahmen des »Biotechnologie Aktionsprogramms« der Europäischen Gemeinschaft wurde in Rothamsted, Dijon und Bayreuth im Frühling 1987 Rhizobium leguminosarum freigesetzt. In die Bakterien war ein DNS-Segment eingeführt worden, das eine Resistenz gegen verschiedene Antibiotika bewirkt, darunter gegen solche, die gleichfalls in der Humanmedizin eingesetzt werden. Das Segment befindet sich auf einem »Transposon«, d. h. einem innerhalb des Genoms und unter speziellen Bedingungen zwischen Genomen sehr mobilen DNS-Segment. Auch bei diesem Versuch gilt es als Ziel, Verbreitungswege zu erkennen. Da das Transposon Tn5 nicht durch »in-vitro«-Rekombination (d. h. im Reagenzglas), sondern »in vivo« (d. h. zwischen lebenden Bakterien) übertragen wurde, werden von den Verantwortlichen nun unterschiedliche Begrifflichkeiten benutzt. Die Urheber in Rothamsted, Dr. Patricia Hirsch, Dr. J.R. Spokes und J.M. Day, sprechen unumwunden von einem gentechnisch manipulierten Organismus; die Übertragungen wurden höchst gezielt begünstigt und hätten ohne diese Manipulation seitens der Forscher kaum den beabsichtigten Effekt ergeben. Die Vertreter der Kommission, Magnien und Bertoluzzi, wie auch die Wissenschaftler in Dijon Dr. Amarger und in Bayreuth Prof. Klingmüller insistieren darauf, daß eine »in-vivo-Übertragung« keine »in-vitro-Rekombination« sei und deswegen überhaupt zu bestreiten sei, daß es sich um eine »gentechnische« Manipulation handele.

Der scheinbar rein semantische Streit darüber, ob hier eine gentechnische Manipulation vorliegt, hat aber sehr konkrete Hintergründe: Es wird versucht, Regelungsansätze zu unterlaufen, die bis jetzt nur »in vitro neukombinierte DNS« betreffen. Dies geschieht vielleicht auch mit dem Ziel, vollendete Tatsachen zu schaffen, um eventuelle Hemmnisse bei der Genehmigung von Freisetzungen durch eine Flucht nach vorn zu umgehen.

Als Beitrag zu einer sichereren Forschung ist der Versuch ebenso schwer einzuordnen wie der vorher geschilderte. Jedoch fehlt in diesem Fall der Selektionsdruck nicht unbedingt; Antibiotika aus z. B. einem angrenzenden Krankenhaus oder in der Jauche veterinärmedizinisch behandelter Tierzuchten könnten den Marker (i. e. Antibiotikaresistenz) stabilisieren. Es wird unklar bleiben, wohin überall der Marker über horizontalen Gentransfer gelangt ist; Rhizobien gehören zu den Bakterien, bei denen solche Vorgänge relativ häufig zu beobachten sind. Als »stille Genreserve« kann die Antibiotikaresistenz dann in allen Populationen und Arten, die sie über horizontalen Gentransfer erreicht, größere Zeiträume überdauern. Prof. Gilbert S. Omenn von der Universität Washington schreibt:

»Es ist von essentieller Wichtigkeit, Antibiotika auszuwählen, die bei Mensch und Tier keine Anwendung finden, ist doch die Resistenz gegen in der Humanmedizin verwendete Antibiotika eines der großen Probleme der Medizin. Ebenso wichtig ist es, Resistenzen direkt in Chromosomen einzufügen und sie weder auf extrachromosomalen Plasmiden noch in der Nähe transponibler Elemente zu lokalisieren... Wünschenswert sind wenigstens zwei solcher Marker, damit der Verlust von einem den Zielorganismus nicht unauffindlich werden läßt.«[22]

Prof. Werner Goebel, Vorsitzender des ZKBS, gab grünes Licht für die Versuche. Er tat dies, obwohl die Richtlinien eine Freisetzung gentechnisch manipulierter Mikroorganismen untersagen. Dabei glaubte er nicht einmal den – wie so oft vorhandenen – Ausnahmeparagraphen bemühen zu müssen, denn die »in-vivo-Konjugation«, so Prof. Goebel, sei ein ganz natürlicher Vorgang und habe nichts mit Genmanipulation zu tun. Also unterließ er es auch, die Enquete-Kommission über das genehmigte Experiment zu unterrichten – laut »Spiegel« – »... für den ehemaligen Kommissionsvorsitzenden Wolf-Michael Catenhusen (SPD) eine Provokation: ›Die Kommission hätte auf jeden Fall davon erfahren müssen.‹ Da soll wohl, vermutet Catenhusen, ›unter dem Deckmantel der Risikoforschung die Tür aufgemacht werden.‹...«[23]

Beispiel 4: Schadstoffabbau in der UdSSR[24]

Erst im Juni 1988 veröffentlichte eine sowjetische Arbeitsgruppe in einer englischsprachigen Fachzeitschrift Freisetzungsversuche von 1985 und 1986. In einen nicht kultivierten Waldboden, seitlich ca. 40 cm tief mit Metallplatten umgeben, wurden das Milbengift Kelthan[25] und ein gentechnisch veränderter Stamm (BS 827) von Pseudomonas aeruginosa eingebracht. Verfolgt werden sollte der bakterielle Abbau des Insektizids, die genetische Stabilität der Bakterien sowie der Verbleib ihrer Plasmide. (Viele bakterielle Gene, die für den Abbau umweltschädigender Substanzen interessant sind, liegen auf Plasmiden und/oder beweglichen DNS-Segmenten.) In der Veröffentlichung sind keine Risikobewertungen, sondern nur knapp zusammengefaßte Ergebnisse enthalten:

- Kurz nach der Freisetzung tauchten Varianten von P. aeruginosa BS 827 auf, die reduzierte Abbaufähigkeit besaßen.
- Der freigesetzte Stamm war in Kontrollböden ohne Kelthan genetisch instabil. Nach sechs Wochen waren nur noch wenige Zellen vorhanden, in denen ein Plasmid nachgewiesen werden konnte.
- Das nachweisbare Kelthan nahm in dem beimpften Boden deutlich ab.

Ob diese Arbeit unter Sicherheitsauflagen stattgefunden hat, ist nicht bekannt. Ein deutlicher Beitrag zur Abschätzung ökologischer Risiken ist sie jedenfalls nicht. Weder wurden Auswirkungen von Kelthan oder P. aeruginosa auf die vorhandenen Bodenorganismen untersucht, noch gibt es Erläuterungen zu möglichen nachgewiesenen Stoffwechselprodukten von Kelthan. (Diese könnten selbst giftig sein oder als Nahrungsquelle bestimmte Organismen im Wachstum fördern.) Jahreszeitliche Einflüsse, die Grundwasserverbreitung der freigesetzten Bakterien: die Reihe der fehlenden Aspekte ließe sich fortsetzen. Vor allem: Zu diesen experimentellen Ergebnissen hätten die Wissenschaftler auch in einer Klimakammer kommen können.

Wir wollen an dieser Stelle nicht auf Sinn oder Unsinn von Schadstoffabbau mit gentechnischer Hilfe eingehen, der ja durch die Nichteinbringung solcher Substanzen in die Umwelt zu vermeiden wäre. Noch dringlicher erscheint uns die Betrachtung eines neuen Problems: der »biologischen« Umweltverschmutzung. Bei einer Freisetzung von Pseudomonaden ist folgendes Lehrbuchwissen zu beachten: »In letzter Zeit beobachtet man vermehrt das Auftreten humaner Infekte durch... Pseudomonasarten, die aber insgesamt gesehen immer noch selten sind.«[26] Z. B. verursachte Pseudomonas aeruginosa schwere Infekte bei Menschen mit geschwächter Immunabwehr. Hauptinfektionsquelle ist der Krankenhausbereich.

Ausblick

Die Abschätzung ökologischer Risiken der Freisetzung manipulierter Organismen verlangt ein sehr weitreichendes Verständnis unserer Umwelt. So gewinnt ökologische und evolutionsbiologische Grundlagenforschung wieder die Aufmerksamkeit auch des Bundesforschungsministers.[27] Die Ausarbeitung standardisierbarer Vorhersagen ermöglicht ihre Existenz als Zulieferer und Akzeptanzbereiter für die Gentechnologie. Ob diese Grundlagenforschung, zumindest korrigierend, eingreifen kann, ist fraglich. Einerseits zeigt sich in Risikoforschungsanträgen und wissenschaftlichen Kooperationsabkommen die Tendenz, Freisetzungen in Länder ohne größere öffentliche Debatte und Sicherheitsrichtlinien zu verlegen. Andererseits scheinen verschiedene Wissenschaftler von skrupellosem Selbstverständnis geprägt zu sein: In den USA behandelte der Pflanzenpathologe Gary Strobel 1987 Ulmen mit Bakterien, denen er zuvor ein Gen zur Produktion eines Antibiotikums eingeschleust hatte. Die Bakterien sollten die Ulmen damit gegen die »Holländische Ulmenkrankheit« schützen, die auf einer Pilzinfektion beruht. Einen Monat später meldete er seine Freisetzung der zuständigen Umweltbehörde. Er bezeichnete sie gegenüber der Presse als »Akt des zivilen Ungehorsams«: Die Sicherheitsbestimmungen seien inadäquat und bürokratisch und hätten sein Experiment sonst wohl um ein Jahr verzögert. Im Laufe der Untersuchungen stellte sich heraus, daß der Forscher schon 1982–84 Freisetzungen gentechnisch veränderter Bakterien durchgeführt hatte.[28] So bleibt auf absehbare Zeit eine engagierte kritische Öffentlichkeit der Stein, der die Verantwortlichen für Freisetzungen ins Stolpern bringen könnte.

Anmerkungen

1 Übersetzt aus: Introduction of recombinant DNA-engineered organisms into the environment: Key issues for the National Academy of Science, National Academy Press, Washington, D.C. 1987, S. 7
2 Ebenda, S. 7
3 Der Bundesminister für Forschung und Technologie (Hrsg.), Forschungsförderungskonzept zur Biologischen Sicherheitsforschung, Juli 1987, S. 1
4 Übersetzt aus: Introduction of recombinant DNA-engineered organisms into the environment: Key issues for the National Academy of Science, National Academy Press, Washington, D.C. 1987, S. 23
5 Vgl. Introduction of recombinant DNA-engineered organisms into the environment: Key issues for the National Academy of Science, National Academy Press, Washington, D.C. 1987, S. 23
6 Sukopp, Stellungnahme zum Fragenkatalog für die Anhörung zu: Ökologische Aspekte der Freisetzung von lebendem Material, Materialien der Enquete-Kommission ›Chancen und Risiken der Gentechnologie‹ des Deutschen Bundestages, Bonn 1987, S. 1872
7 Ebenda, S. 1876
8 Franz, Stellungnahme zum Fragenkatalog für die Anhörung zu: Ökologische Aspekte der Freisetzung von lebendem Material, Materialien der Enquete-Kommission ›Chancen und Risiken der Gentechnologie‹ des Deutschen Bundestages, Bonn 1987, S. 1864
9 Sukopp, Stellungnahme zum Fragenkatalog für die Anhörung zu: Ökologische Aspekte der Freisetzung von lebendem Material, Materialien der Enquete-Kommission ›Chancen und Risiken der Gentechnologie‹ des Deutschen Bundestages, Bonn 1987, S. 1873
10 Levin, S. A., Harwell, M. A.; Potential Ecological Consequences of Genetically Engineered Organisms, *Environmental Management*, Vol. 10; No. 4, 1986
11 Übersetzt aus: Covello/Fishel (Editors), The suitability and applicability of risk assessment methods for environmental applications of biotechnology, National Science Foundation, Washington, D.C. 1985, Anlage D, S. 38
12 Zit. nach Jobst Conrad, Risiken der internationalen Freisetzung genetisch manipulierter Mikroorganismen, Berlin 1983, S. 3
13 Ebenda, S. 4
14 Kommission der EG; Ein Gemeinschaftsrahmen für die Regelungen auf dem Gebiet der Biotechnologie, Brüssel 1986, S. 5
15 H. Jonas, Technik, Medizin und Ethik, Frankfurt a. M., 1985
16 *Natur* 4/89; *dpa* 18. 5. 1989
17 Bundesministerium für Forschung und Technologie (Hrsg.), Biologische Sicherheit im Forschungsprogramm der Biotechnologie, Bonn, 1988
18 Vgl. Kobbe, Bild der Wissenschaft, Nr. 1, 1987, S. 45ff
19 S. E. Lindow; Competitive exclusion of epiphytic bacteria by ice minus Pseudomonas syringae mutants; *Appl. Env. Microbiol.*, Vol. 53; No. 10, S. 2520, 1987
20 Vgl. Landenberger, *GID*, Nr. 19, 2. Jahrgang, S. 5

21 Landenberger/Blanc, *GID,* Nr. 24/25, 3. Jahrgang, 1987, S. 2
22 Übersetzt aus: Covello/Fishel (Editors), The suitability and applicability of risk assessment methods for environmental applications of biotechnology, National Science Foundation, Washington, D.C. 1985, Anlage G, S. 6
23 *Spiegel* 27. 7. 1987, S. 137
24 L. A. Golova et al., Kelthane degradation by genetically engineered Pseudomonas aeruginosa BS 827 in a soil ecosystem; *Appl. Env. Microbiol.* Vol. 54, No. 6, S. 1587, 1988
25 Kelthan gehört zu den Kohlenwasserstoffen und ist in seiner Wirkung dem DDT verwandt.
26 Ernst Weißmann et al., Medizinische Mikrobiologie; Stuttgart 1986, S. 200ff
27 Vgl. Anm. 3, S. 6
28 Landenberger, *GID,* Nr. 26, 3. Jahrgang, 1987, S. 16

Martin Führ

Aktuelle rechtliche Situation

1. Einleitung

Ausgangslage

Mit der Gentechnik sind dem Menschen Werkzeuge in die Hand gegeben, die tiefgreifende Veränderungen der Lebenswelt herbeiführen können. Dies gilt für die Medizin ebenso wie für die Landwirtschaft und die industrielle Produktion.

Die Anwendung der Gentechnik kann zu schwerwiegenden Schäden führen. Möglich erscheinen sowohl weitreichende Veränderungen der Umwelt als auch Schäden an Leben und Gesundheit des Menschen.

Dem stehen gegenwärtig gesetzliche Regelungen gegenüber, die in keiner Weise auf die speziellen Gefahren der Gentechnik zugeschnitten sind. Der Gesetzgeber hat zu der Frage, welche Anwendungsmöglichkeiten der Gentechnologie er grundsätzlich untersagen bzw. unter welchen Voraussetzungen zulassen will, bislang nicht Stellung genommen.

Um den Gefahren der Gentechnik zu begegnen, sind jedoch gesetzliche Vorgaben unumgänglich. Allerdings konzentriert sich die öffentliche Diskussion, auch wenn sie unter dem Stichwort »Gentechnik« geführt wird, gegenwärtig fast ausschließlich auf den Bereich der Reproduktionstechnik. Dagegen hat die industrielle Verwertung der Gentechnik noch kaum öffentliche Beachtung gefunden.

Zum Vorgehen

Die Nutzung der Gentechnik erfolgt überwiegend durch die Industrie, also durch »Private«. Deshalb ist zunächst zu fragen, auf welcher Rechtsgrundlage der Staat gegenwärtig die Nutzung der Gentechnik kontrollieren und gegebenenfalls untersagen oder einschränken kann.

Daran schließt sich die Frage an, wie Drittbetroffene bzw. die

Öffentlichkeit entsprechende Maßnahmen politisch einfordern und u. U. auch auf dem Rechtswege durchsetzen können.

Angesichts der Vielfalt möglicher Nutzungsmöglichkeiten gentechnischer Methoden einerseits und andererseits der Vielzahl rechtlicher Regelungen, die die Nutzung der Gentechnik beeinflussen, können an dieser Stelle nur einige der zentralen Rechtsvorschriften vorgestellt werden.

Ausgeklammert bleiben die Vorschriften, die die Arbeiten im gentechnischen Labor regeln. Ebenfalls unberücksichtigt bleiben die Gesetzentwürfe, die die Anwendung der Gentechnik im Rahmen der Human- und Tiermedizin regeln. Auch in den übrigen Anwendungsfeldern muß die Darstellung der rechtlichen Situation auf eine knappe Zusammenfassung beschränkt bleiben.[1]

Aus der Bewertung der gegenwärtigen Rechtslage ergibt sich als zweiter Schritt die Frage nach dem gesetzgeberischen Handlungsbedarf. Dabei wird sich zeigen, daß nach der Verfassung *allein der Gesetzgeber* zu einer Entscheidung der Frage nach der Zulässigkeit des Einsatzes gentechnischer Methoden befugt, aber auch berufen ist.

2. Bestehende Regelungen

Die gegenwärtige Rechtslage wird fur die einzelnen Anwendungsbereiche der Gentechnik getrennt untersucht. Die Darstellung ist beschränkt auf die Anwendung in der Produktion und bei der gezielten Freisetzung gentechnisch veränderter Mikroorganismen.

ZKBS-Vorschriften
(Zentrale Kommission für die Biologische Sicherheit)

Das einzige Regelungswerk in der BRD, das speziell auf die Anwendung der Gentechnik zugeschnitten ist, sind die »Richtlinien zum Schutz vor in-vitro neukombinierten Nukleinsäuren«, die sog. ZKBS-Richtlinien. Rechtsform und Inhalt dieser Richtlinien sind jedoch völlig unbefriedigend. Denn es handelt sich lediglich um interne Verwaltungsvorschrift des Bundesforschungsministeriums, die bei der Vergabe von Forschungsförderungsgeldern zu berücksichtigen ist. Anwendung findet die Richtlinie daher ohnehin nur bei rund 20–30 % der in der BRD durchgeführten gentechnischen Arbeiten. Aber selbst bei diesen entfalten die ZKBS-Richtlinien keinerlei Rechtsverbindlichkeit. Weder findet eine wirksame Kontrolle statt, noch stehen hinreichende Sanktionsmöglichkeiten zur Verfügung. Es droht allein der Entzug von Forschungsgeldern des Bundes. Auch wenn sich mittlerweile andere Anwender der Gentechnik, etwa aus der chemischen und pharmazeutischen Industrie, der Richtlinie im Wege der »freiwilligen Selbstbindung« unterworfen haben sollten, ändert dies nichts an dem unzureichenden Inhalt und den mangelnden Kontroll- und Sanktionsmöglichkeiten. Zudem zeigen verschiedene Vorfälle – nicht nur in den USA –, daß mit Verstößen gegen »Selbstverpflichtungserklärungen« immer gerechnet werden muß.[2]

Unfallverhütungsvorschrift »Biotechnologie«

Die am 1. 1. 1988 in Kraft getretene Unfallverhütungsvorschrift »Biotechnologie« (VBG 102) enthält zwar insoweit positive Ansätze, als die Mitarbeiter nunmehr sehr genau auf die beim Umgang mit gentechnischen Agenzien auftretenden Gefahren hingewiesen werden sollen; die konkreten Sicherheitsanforderungen fallen aber noch hinter die der ZKBS-Richtlinien zurück. Die Bestimmungen sind äußerst vage und lassen weite Spielräume beim Umgang mit riskanten Agenzien. Außerdem bleibt die Beurteilung und Bewertung des Gefahrenpotentials weitgehend allein dem jeweiligen Arbeitsgruppenleiter überlassen – eine für andere Bereiche des Arbeitsschutzes undenkbare Regelung.

Kontrollinstanzen

Unabhängige Instanzen, die die Anwendung der Gentechnik in der Bundesrepublik kontrollieren, fehlen bislang völlig. Die einzige Institution, die – mit den bereits aufgezeigten Einschränkungen – die Nutzung der Gentechnik »überwacht«, ist die oben angesprochene *»Zentrale Kommission für die Biologische Sicherheit«* (ZKBS) beim Bundesgesundheitsamt. Ein Blick auf die Zusammensetzung der Kommission zeigt allerdings, daß hier von einer unabhängigen Kontrolle kaum die Rede sein kann. In der Kommission, die rund ein Dutzend Mitglieder hat, sitzen fast ausschließlich Vertreter der Industrie und der Forschung. Diese sind sämtlich selbst Anwender und Nutzer der Gentechnik. Die Kommission dürfte daher ausschließlich aus erklärten *Befürwortern* der Gentechnik bestehen. In ihren Reihen befindet sich nicht ein einziger ausgesprochener *Kritiker;* von einer paritätischen Besetzung ganz zu schweigen.

Die Kommission erinnert daher stark an die aus der Auseinandersetzung um die Atomkraft bekannten »unabhängigen Sachverständigenkommissionen«, wie die »Strahlenschutzkommission« und die »Reaktorsicherheitskommission«, die aus der Zeit nach Tschernobyl noch in Erinnerung sein dürften.

Gezielte Freisetzung

Um eine gezielte Freisetzung – im Gegensatz zum unbeabsichtigten Entweichen aus Labor oder Produktion – handelt es sich beim Einsatz gentechnisch veränderter Mikroorganismen bzw. Pflanzen in der Landwirtschaft oder bei sog. Altlasten.

In den ZKBS-Richtlinien wird in § 19 Abs. 1 die Freisetzung gentechnisch veränderter Organismen untersagt. Doch eröffnet schon der Abs. 2 eine Hintertür. Ausnahmen sind zulässig. Nach Anhörung der ZKBS und der Biologischen Bundesanstalt kann das Bundesgesundheitsamt Experimente gestatten.

Eine Beteiligung der Öffentlichkeit vor der Freisetzung ist in den ZKBS-Richtlinien in keiner Weise vorgesehen. Jedoch gibt es auch hier – insbesondere auf der kommunalpolitischen Ebene – Möglichkeiten, Einfluß zu nehmen; wie das folgende Beispiel zeigt.

Im Mai 1987 wird bekannt, daß die Hoechst AG den Oranienhof bei Wiesbaden pachten will, um dort Freilandversuche mit neuen Pflanzenbehandlungsmitteln durchzuführen.[3] Es mußte damit gerechnet werden, daß die Hoechst AG dort auch gentechnisch veränderte Pflanzen testen wird.[4] Daraufhin bildet sich eine lokale Initiative, die mit Flugblättern, Mahnwachen und weiteren Aktionen auf die Gefahren aufmerksam macht und dieses Thema in die Ortsbeiräte und die Stadtverordnetenversammlung trägt. Presse und Fernsehen berichten ausführlich über die Auseinandersetzung. Auch mit der Hoechst AG wird das Gespräch gesucht. Diese sagt jedoch ein vereinbartes Gepräch kurzfristig wieder ab, weil sie infolge des

Protestes und der zu erwartenden juristischen Auseinandersetzung mit der Stadt Wiesbaden auf die Realisierung ihres Projektes verzichtet.

Juristischer Ausgangspunkt für die Intervention der Stadt Wiesbaden war das Naturschutzrecht, das Eingriffe in Natur und Landschaft begrenzen soll. Als Eingriff gelten die Veränderung der Gestalt und der Nutzung von Grundflächen, die die Leistungsfähigkeit des Naturhaushaltes, das Landschaftsbild, den Erholungswert oder das örtliche Klima erheblich oder nachhaltig beeinträchtigen können.[5] Allerdings sind nach der sog. Landwirtschaftsklausel in § 8 Abs. 7 BNatSchG die »ordnungsgemäße land-, forst- und fischereiwirtschaftliche Bodennutzung« per Definition kein Eingriff in Natur und Landschaft. Nach Ansicht der unteren Naturschutzbehörde und der Stadt Wiesbaden fallen darunter aber nicht die von der Hoechst AG geplanten Pflanzenschutzmittelversuche, da dies nicht mit der landwirtschaftlichen Urproduktion im Zusammenhang stehe. Gefordert wurde daher ein Genehmigungsverfahren nach § 6 HessNatSchG, bei der die möglichen Auswirkungen der Versuche auf Natur und Landschaft eingehend untersucht werden sollten.

Demgegenüber machte sich die hessische Landwirtschaftsministerin Irmgard Reichardt in einem Erlaß die Rechtsansicht der Hoechst AG zu eigen und verneinte die Genehmigungspflicht des Vorhabens.[6] Nachdem die Stadt Wiesbaden deutlich gemacht hatte, daß sie unter Umständen auf dem Rechtsweg versuchen würde, ein naturschutzrechtliches Genehmigungsverfahren für den Oranienhof zu erzwingen, nahm die Hoechst AG von ihrem Vorhaben Abstand und verzichtete auf eine Anpachtung des Geländes. Von Bedeutung war auch die geplante Ausweisung des Geländes als Wasserschutzgebiet.

Ergebnis

Wenn bekannt wird, daß eine Freisetzung gentechnischer Materialien geplant ist, kann also – gestützt auf die Genehmigungspflicht für Eingriffe in Natur und Landschaft (§ 8 BNatSchG i. V. m. den jeweiligen Landesgesetzen) – eine intensive Prüfung des Vorhabens verlangt werden. Damit ist die Möglichkeit eröffnet, dieses Thema an die Öffentlichkeit zu bringen. § 8 Abs. 3 BNatSchG erlaubt sogar eine vollständige Untersagung des Eingriffs.

Ausblick

Die gezielte Freisetzung gentechnischen Materials stößt selbst bei den Befürwortern der Gentechnik auf erhebliche Bedenken. So werden auch in dem Mehrheitsvotum der Enquete-Kommission weitgehende Einschränkungen, bis hin zu einem völligen Freisetzungsverbot, vorgeschlagen.[7] Daran anknüpfend haben die Grünen im Hessischen Landtag einen Gesetz-Entwurf vorgelegt[8], der vorsieht, in das Hessische Naturschutzgesetz ein zunächst auf fünf Jahre begrenzes Freisetzungsverbot aufzunehmen.

Es bleibt abzuwarten, ob sich im Bund und in den Ländern Mehrheiten finden, die das auch von der Enquete-Kommission geforderte Moratorium rechtsverbindlich umsetzen.

Produktion

Bundesimmissionsschutzgesetz (BImSchG)

Nach § 4 BImSchG dürfen Produktionseinrichtungen, von denen schädliche Umwelteinwirkungen ausgehen können, nur aufgrund einer behördlichen Genehmigung errichtet und betrieben werden. Zum 1. 9. 1988 wurde die »Verordnung über genehmigungsbedürftige Anlagen« 4. BImSchV geändert. Seitdem sind auch gentechnische Produktionsanlagen genehmigungspflichtig.[9] Vor dem Bau einer solchen Anlage muß daher ein öffentliches Genehmigungsverfahren durchgeführt werden.[10] Aber auch hier gibt es Hintertürchen. Indem man die Anlage zu einer »Versuchsanlage« deklariert, läßt sich die Beteiligung der Öffentlichkeit zunächst einmal umgehen.

Über ein halbes Jahr lag die gentechnische Produktionsanlage der Hoechst AG in Frankfurt still, nachdem über 300 Bürger/innen aus dem gesamten Bundesgebiet – von Worpswede bis Gräfelfing – im Dezember 1987 Widerspruch erhoben hatten. Für die mindestens 60 Millionen DM teure Anlage war der Firma bereits 1985 im nichtöffentlichen Verfahren eine Genehmigung erteilt worden. Die Baumaßnahmen konnten unbehelligt anlaufen. Als die Anlage im Herbst 1987 fertiggestellt wurde, war die öffentliche Diskussion über die Gefahren der Gentechnik jedoch soweit fortgeschritten, daß sich die Anlage der Hoechst AG nicht länger geheimhalten ließ. Bundesweit erstmalig soll in Frankfurt durch gentechnisch veränderte Mikroorganismen in großtechnischem Maßstab ein vermarktungsfähiges Produkt hergestellt werden. Mit Hilfe eines gentechnisch in ein Bakterium übertragenen Affen-Gens hofft die Hoechst AG, Human-Insulin herstellen zu können.

Die damit verbundenen Gefahren erscheinen den zahlreichen Widerspruchsführer/innen jedoch als derart gravierend, daß gegen die Genehmigung Widerspruch eingelegt wurde. Mit Unterstützung von Wissenschaftlern des Darmstädter Büros des Öko-Instituts wurde eine über 50seitige Widerspruchsbegründung erarbeitet. Daraufhin mußte die Hoechst AG die Anlage, die soeben erst den Probebetrieb mit sog. »Wasserfahrten« aufgenommen hatte, umgehend wieder stillegen. Mittlerweile wurde im Sommer 1988 ein Widerspruchsbescheid erlassen, der gegenüber der ursprünglichen Genehmigung zahlreiche sicherheitstechnische Verschärfungen enthält. Die grundsätzlichen Sicherheitsbedenken der Widerspruchsführer/innen wurden jedoch nicht berücksichtigt. Diese haben gegen den Bescheid und den gleichzeitigen angeordneten Sofortvollzug den Weg zum Verwaltungsgericht beschritten. Das Verfahren läuft noch (siehe Artikel von N. Barth im Anhang).

Während Behörden und Industrie gemeinsam versuchen, eine Beteiligung der Öffentlichkeit an der Genehmigung gentechnischer Produktionsanlagen zu verhindern, ist bei korrekter Anwendung der Vorschriften des BImSchG die Beteiligung der Öffentlichkeit zwingend erforderlich.[11]

Trotz aller Schwierigkeiten und grundsätzlichen Bedenken ist das BImSchG das gegenwärtig entscheidende juristische Regelwerk, da es direkt an der Quelle der Umweltbelastung, an der Produktionsanlage, ansetzt. Auf der Grundlage des BImSchG können die Nachbarn einer Anlage sowohl Maßnahmen zur Luftreinhaltung als auch im Hinblick auf die bei der Produktion anfallenden Abwässer und Abfälle verlangen (§ 5 Abs. 1 Nr. 1–3 BImSchG).[12]

Dennoch darf nicht übersehen werden, daß der Gesetzgeber weder beim Inkrafttreten des BImSchG im Jahre 1974 *noch bei der letzten Novelle des Gesetzes im Jahre 1985* Aussagen über die Zulässigkeit gentechnischer Verfahren getroffen hat. Gentechnische Anlagen fallen damit zwar dem Wortlaut nach in den Geltungsbereich des BImSchG, die Frage aber, ob gentechnische Anlagen im Hoheitsgebiet der Bundesrepublik Deutschland betrieben werden dürfen, ist damit noch nicht beantwortet.

Ergebnis

Das Bundesimmissionsschutzgesetz selbst enthält keine Regelungen über die Zulässigkeit gentechnischer Verfahren in der Produktion. Zu dieser Frage hat der Gesetzgeber bislang noch nicht Stellung bezogen. Allein auf der untergeordneten Verordnungsebene ist bislang eine Genehmigungspflicht für gentechnische Produktionsanlagen verankert.

Wenn die Behörden gleichwohl ein immissionsschutzrechtliches Genehmigungsverfahren durchführen, so ist eine Beteiligung der Öffentlichkeit zwingend erforderlich.

Die Nachbarn einer geplanten Produktionsanlage können auf diesem Wege ihre Kritik sowohl gegenüber Betreiber und Behörde, aber auch gegenüber den Medien und der Öffentlichkeit zur Geltung bringen.

Patentrecht

Aufsehen erregten Wissenschaftler in den USA, die dort für eine mit gentechnischen Methoden veränderte Maus ein Patent erhielten. Durch Veränderung der Erbanlagen ist diese Maus in besonderem Maße anfällig für Krebserkrankungen. Angeblich ist diese Gen-Maus damit für Krebsuntersuchungen besonders geeignet.

Auch in der Bundesrepublik wird lebhaft um die Frage gestritten, ob es vertretbar ist, gentechnische »Neukonstruktionen« von Lebewesen durch das Patentrecht zu schützen. Bei einer Anhörung vor dem Rechtsausschuß des Deutschen Bundestages wurden von den Sachverständigen – quer durch alle Interessengruppen – durchaus gegensätzliche Positionen vertreten.

Allerdings sind auch in der Bundesrepublik bereits gegenwärtig gentechnische Verfahren und deren Erzeugnisse grundsätzlich patentfähig.[14] Dabei ist zwischen der Anwendung der Gentechnik bei Mikroorganismen und der bei Pflanzen und Tieren zu unterscheiden. Nach § 2 Nr. 2 Patent-Gesetz (PatG) können für »mikrobiologische Verfahren und die mit Hilfe dieser Verfahren gewonnenen Erzeugnisse« Patente erteilt werden. Damit sind auch gentechnisch hergestellte Mikroorganismen und andere gentechnisch hergestellte Materialien sowie deren Verwendung patentfähig. Derartige Patente werden bereits seit einiger Zeit auch durch das Deutsche Patentamt in München erteilt. Der Bundesgerichtshof hat in der »Tollwutvirus-Entscheidung«[14] seine frühere Rechtsprechung ausdrücklich aufgegeben und im Interesse der Vereinheitlichung der Europäischen Patentpraxis und des »technischen Fortschritts« auf das Merkmal der »Wiederholbarkeit« der Erfindung bei »neuen« Mikroorganismen verzichtet. Statt dessen müssen patentierte Mikroorganismen bei einer unabhängigen Stelle allgemein zugänglich hinterlegt werden. Damit wird zugleich die Erfindung allgemein zugänglich (Offenbarung), wie dies für die Patenterteilung Voraussetzung ist.[15]

Dagegen sind Pflanzensorten und Tierarten sowie im wesentlichen biologische Verfahren zur Züchtung von Lebewesen nach der Vorschrift als solche zur Zeit nicht patentierbar. Allerdings sind neue Verfahren zur Herstellung von Lebewesen nach der Rechtsprechung des Bundesgerichtshofes (»Rote Taube«, BGHZ 52, S. 74ff.) dem Patentrecht grundsätzlich zugänglich.[16] Gleichwohl wurde bislang noch kein derartiges Patent erteilt, weil es an dem von der Rechtsprechung geforderten Merkmal der »Wiederholbarkeit« fehlte. Gelingt es aber, ein Verfahren zu entwickeln, mit dessen Hilfe immer wieder das gleiche neue Lebewesen »hergestellt« werden kann, so könnte dafür wohl ein Patent erteilt werden.

Die Folge wäre, daß dem Patentinhaber die alleinige wirtschaftliche Verwertung seiner »Erfindung« zustände. Ethisch-moralische Bedenken werden in der Literatur und Rechtsprechung zum Patentrecht, aber auch in der Praxis der Patenterteilung bislang kaum berücksichtigt. Derartige Überlegungen sind dem allein auf die Sicherung der wirtschaftlichen Verwertung und der Fortentwicklung der Technik ausgerichteten Patentrecht noch völlig fremd.

Diskutiert wird auch eine Einordnung gentechnischer »Neukonstruktionen« unter das Sortenschutzrecht.

Der Anmelder einer geschützten Sorte erwirbt weniger Rechte als der Patentinhaber. Während bei einer patentierten Pflanzensorte die Züchtung und Vermarktung einer neuen Sorte der Zustimmung des Patentinhabers bedürfen würde, ist für die Züchtung einer neuen Sorte aus einer geschützten alten Sorte die Zustimmung des Sortenschutzinhabers nicht erforderlich (§ 10 Sortenschutzgesetz).

Auf der EG-Ebene wird gegenwärtig Patentschutz vor allem für gentechnisch veränderte Pflanzen erwogen. Die Verfügbarkeit über bestimmte genetische Ressourcen würde damit faktisch in die Hände weniger Unternehmen gelangen.

3. Brauchen wir ein Gen-Gesetz?

Der gegenwärtige Stand der Entwicklung läßt sich wie folgt charakterisieren:

So schnell wie kaum bei einer anderen Technologie vollzieht sich bei der Gentechnik der Übergang von der Grundlagenforschung zur großtechnischen Anwendung und industriellen Nutzung. Selbst die Befürworter der Gentechnik müssen jedoch zugeben, daß »unerwünschte Effekte« nicht auszuschließen sind. Die Kenntnisse über die Folgen der – gewollten oder ungewollten – Freisetzung gentechnischen Materials sind äußerst begrenzt. Konstatiert werden muß die fehlende exakte Vorausberechenbarkeit sowohl der Hauptwirkungen wie der kurz-, mittel- und langfristigen Nebenwirkungen.[17]

Das Ausmaß der möglichen Schäden ist aufgrund der neuen Qualität der Gentechnologie nicht einzugrenzen. Hinzu kommt noch, daß einmal freigesetztes gentechnisches Material nicht mehr rückholbar ist. Der Vorgang ist nicht reversibel. Den Nutzungsinteressen stehen also Gefährdungen hochrangiger Rechtsgüter gegenüber. Die Schutzpflicht des Staates ist angesprochen. Zudem fördert der Staat in vielfältiger Weise die Anwendung und Nutzung der Gentechnik und übernimmt damit eine »Garantenstellung« für die gefährdeten Grundrechte. Andererseits ist die ebenfalls durch das Grundgesetz geschützte Freiheit der Forschung und die Berufsfreiheit angesprochen.

Die vorhandenen Gesetze reichen nicht aus

Angesichts der Gefahren, die aus dem Einsatz von gentechnisch veränderten Lebewesen im Labor wie in der Produktion resultieren können, muß festgestellt werden, daß das Bundesimmissionsschutzgesetz, aber auch die anderen Schutzgesetze aufgrund ihrer Entstehungsgeschichte sowie der daraus abgeleiteten Normstruktur nicht in der Lage sind, den Anforderungen gerecht zu werden, die die heutige Gesellschaft an den verantwortlichen Umgang mit dieser Technologie stellen muß.

Das Gesetz zum Schutz vor Immissionen mit seiner in den zugehörigen Verordnungen und Verwaltungsvorschriften aufgestellten Grenzwert-Philosophie zeigt deutliche Schwächen angesichts von Emissionen, die sich in der Umwelt nicht lediglich mehr oder weniger gleichmäßig verteilen, sondern darüber hinaus noch biologisch aktiv sind. Die mögliche Potenzierung der Emissionen ist dem BImSchG und den mit der Durchführung befaßten Behörden fremd. Wenn überhaupt, so wurde bisher die Möglichkeit der »Anreicherung« bestimmter Schadstoffe etwa in der Nahrungsmittelkette berücksichtigt.

Die Vermehrungsfähigkeit, die nicht vorhersehbaren Eigenschaften gentechnisch veränderter Mikroorganismen und Viren sowie der mögliche Austausch von Erbinformationen zwischen verschiedenen Mikroorganismen (Gentransfer) sind jedoch derartige neue Dimensionen in der Beurteilung der angewandten Verfahren, daß der Rahmen der herkömmlichen Schutzgesetze in jedem Fall überschritten ist.[18]

Angesichts dieser juristischen Situation stellt sich die Frage nach neuen gesetzlichen Regelungen, die das Bundesverfassungsgericht in seiner Kalkar-Entscheidung, bei der es um die Frage ging, ob das Atomgesetz als Rechtsgrundlage für die Genehmigung des »Schnellen Brüters« in Kalkar ausreicht oder ob dazu eine gesonderte Entscheidung des Gesetzgebers notwendig ist, aus verfassungsrechtlicher Sicht so formuliert hat:[19]

»Ob, wann und mit welchem Inhalt sich eine solche Ausgestaltung von Verfassungs wegen gebietet, hängt von der Art, der Nähe und dem Ausmaß der möglichen Gefahren, der Art und dem Rang des verfassungsrechtlich geschützten Rechtsgutes sowie von den schon vorhandenen Regelungen ab.«

Der Bericht der Enquete-Kommission

Das Mehrheitsvotum der Enquete-Kommission des Deutschen Bundestages hat sich dieser Frage ebenfalls angenommen. Die Kommissionsmehrheit stellt fest, »daß unsere Kenntnis der möglicherweise von den Anwendungen der Gentechnologie ausgehenden Gefahren begrenzt bleibt, und wir insoweit in einer Situation von Unsicherheit und Ungewißheit operieren.[20] Nach dem obligaten Hinweis, daß Risiken für Leben und Gesundheit nie vollständig auszuschließen seien, betont die Kommission: »Aber es (das Problem der Risikobewertung, d. V.) ist angesichts der grundlegenden Erweiterung unserer technischen Möglichkeiten, die mit der Gentechnologie erreicht wurde und angesichts der Dynamik ihrer Anwendung, die zu erwarten ist, sicher besonders ernst zu nehmen.«

Das Mehrheitsvotum untersucht allerdings nur die Frage, ob ein generelles Verbot der Gentechnologie verfassungsrechtlich zwingend geboten ist. Diese Frage wird verneint. Ohne auf die Argumentation der Kommission im einzelnen einzugehen, bleibt damit festzuhalten, daß die Kommissionsmehrheit zu der Frage, ob, wenn nicht ein generelles Verbot, so doch zumindest eine gesetzliche Regelung der Anwendung der Gentechnologie von Verfassungs wegen geboten ist, nicht Stellung genommen hat.

An anderer Stelle spricht die Kommission allerdings ausdrücklich die Empfehlung aus[21], »zum Schutz von Mensch, Tier und Umwelt allgemeine rechtsverbindliche Sicherheitsbestimmungen für Einrichtungen der Genforschung und entsprechende Produktionsstätten gesetzlich festzuschreiben«. Sie schlägt vor, »diese gesetzliche Regelung durch Erweiterung des Bundesseuchengesetzes... vorzunehmen«. Dabei geht es der Enquete-Kommission jedoch in erster Linie darum, die industriellen Nutzungsmöglichkeiten der Gentechnik gesetzlich abzusichern.

Die Enquete-Kommission hat auf die Beantwortung der Frage, ob die Verfassung eine gesetzliche Regelung der Anwendung der Gentechnologie gebietet, verzichtet. Doch führen schon die von der Kommission zugestandenen Gefahren zu dem Ergebnis, daß die Verfassung zwingend eine gesetzliche Regelung verlangt. Nachdem die »Richtlinien zum Schutz vor den Gefahren durch in-vitro neukombinierte Nukleinsäuren« (sog. ZKBS-Richtlinien) keinerlei rechtliche Verbindlichkeit entfalten und auch die vorhandenen gesetzlichen Regelungen einen wirksamen Schutz vor den speziellen Gefahren der Gentechnik nicht gewährleisten können, führt kein Weg an einer gesetzlichen Regelung vorbei.

EG-Diskussion

Die Anwendung gentechnischer Methoden stößt in den einzelnen EG-Ländern immer mehr auf öffentliche Kritik. Die nationalen Gesetzesinitiativen kommen gleichwohl nur stockend voran. Die Bundesregierung beispielsweise hielt eine gesetzliche Regelung bis vor kurzem nicht für erforderlich.[22]

Von daher kommt der Entwicklung auf der Ebene der Europäischen Gemeinschaft große Bedeutung zu. Die Kompetenzen der EG haben durch die Verabschiedung der »Einheitlichen Europäischen

Akte« deutlich zugenommen. Im Hinblick auf den gemeinsamen europäischen Binnenmarkt kommt der EG sogar eine Schlüsselrolle bei der Verabschiedung von Richtlinien zu, die dann von den einzelnen Staaten in nationales Recht umgesetzt werden müssen.

Anfang 1988 hat die EG-Kommission einen »Vorschlag für einen Gesetzlichen Rahmen über die Verwendung gentechnisch veränderter Organismen« vorgelegt. Der Entwurf gliedert sich in drei Teile. Die erste Richtlinie soll den Umgang in geschlossenen Systemen (»Containment«) regeln, die zweite enthält Vorschriften über die absichtliche Freisetzung gentechnisch veränderter Organismen in die Umwelt, während die dritte Fragen des Patentrechts betrifft. Ohne auf die Vorschriften an dieser Stelle im einzelnen genauer einzugehen, ist jedoch festzuhalten, daß damit – sollten die Richtlinien in dieser Form verabschiedet werden – der Anwendung der Gentechnik breite Schneisen geschlagen werden. Eindeutig steht die Absicherung der »Nutzung« der Gentechnik und nicht der Schutz vor deren Gefahren im Vordergrund.

Von der bundesdeutschen Öffentlichkeit weitgehend unbemerkt werden damit – unter Umgehung der demokratischen Entscheidungsstrukturen in den nationalen Parlamenten – auf der EG-Ebene Regelungen vorbereitet, die weitreichende Folgen für die Bevölkerung in den Mitgliedsstaaten nach sich ziehen.

Grundzüge eines Gengesetzes

Kommt man zu dem Ergebnis, daß eine gesetzliche Regelung unumgänglich ist[23], wovon – allerdings ohne es explizit zu benennen – auch das Mehrheitsvotum der Enquete-Kommission ausgeht, so stellt sich die Frage, wer eine derartige Regelung erlassen darf.

Zu der parallelen Problematik in der Frage der Nutzung der Atomkraft hat das Bundesverfassungsgericht in seiner Kalkar-Entscheidung[24] – bei der es um die Frage ging, ob für den Einsatz der neuartigen Schnellen-Brüter-Technik eine Genehmigung nach dem Atomgesetz ausreichend ist oder ob der Gesetzgeber hierzu eine gesonderte Entscheidung zu treffen hat – ausgeführt:

»Die normative Grundsatzentscheidung für oder gegen die rechtliche Zulässigkeit der friedlichen Nutzung der Kernenergie im Hoheitsbereich der Bundesrepublik Deutschland ist wegen ihrer weitreichenden Auswirkungen auf die Bürger, insbesondere auf ihren

Freiheits- und Gleichheitsbereich, auf die allgemeinen Lebensverhältnisse und wegen der notwendigerweise damit verbundenen Art und Intensität der Regelung eine grundlegende und wesentliche Entscheidung im Sinne des Vorbehalts des Gesetzes. Sie zu treffen, ist allein der Gesetzgeber berufen.«

Die Grundsatzentscheidung für oder gegen die friedliche Nutzung der Gentechnik hat nach der hier vertretenen Ansicht, aber auch in den Augen des Mehrheitsvotums, so weitreichende Konsequenzen, daß der Vorbehalt des Gesetzes eingreift. Erforderlich ist daher eine Entscheidung des Bundestages und des Bundesrates in Form eines Gesetzes, das die Anwendung der Gentechnik regelt.

Bevor ein »Gesetz zum Schutz vor den Gefahren der Gentechnik (Gengesetz)« beraten und beschlossen werden kann, ist es unumgänglich, in der Bevölkerung die verschiedenen Anwendungsmöglichkeiten, deren Nutzen und Gefahren eingehend zu diskutieren. Bislang beschränkt sich die Diskussion weitgehend auf Expert/innenkreise. Eine breite Auseinandersetzung findet allenfalls im Bereich der Reproduktionstechnologien statt, nicht jedoch hinsichtlich der weiteren Anwendungsfelder der Gentechnik. Nimmt man das Demokratieverständnis des Grundgesetzes (»Alle Staatsgewalt geht vom Volke aus«, Art. 20, Abs. 2, Satz 1 GG) zum Maßstab, so ist eine öffentliche Auseinandersetzung über die Auswirkungen einer neuen Technik aber Voraussetzung für deren Zulassung oder Ablehnung durch den Gesetzgeber.

In einem späteren Gengesetz wäre dann festzulegen, ob die Anwendung der Gentechnik auf dem Hoheitsgebiet der Bundesrepublik Deutschland zugelassen wird bzw. welche Verfahren grundsätzlich verboten werden und welche nicht.[25]

Für die Verfahren, deren Anwendung erlaubt sein soll, müßten dann die genauen Bedingungen und Voraussetzungen niedergelegt werden. Vorzuschreiben ist weiterhin der Ablauf des Verfahrens, das die Erteilung der entsprechenden Erlaubnis regelt. Dabei ist eine frühzeitige und umfassende Beteiligung der Öffentlichkeit an dem Erlaubnisverfahren unabdingbar notwendig, um eine demokratische Kontrolle des Vollzugs des Gengesetzes zu ermöglichen. Spätestens seit den Vorgängen um die Hanauer Atomfirmen dürfte allgemein anerkannt sein, daß nur so verhindert werden kann, daß durch Zusammenspiel zwischen staatlichen Stellen und den Betreibern die gesetzlichen Schutzvorschriften umgangen werden.

Zudem sind nicht allein Maßnahmen auf der Ebene der eingrenzenden Schutzgesetze erforderlich. Mindestens ebenso wichtig sind Veränderungen in den Bereichen, die direkt oder indirekt die Anwendung der Gentechnik vorantreiben.[26] So sind z. B. die Forschungsförderungsmaßnahmen des Bundes nicht mehr an der industriellen Verwertbarkeit der neuen Technik auszurichten, sondern auf die Erforschung der damit verbundenen Gefahren. Im Rahmen des Patentrechts muß eine indirekte Förderung der Gentechnik dadurch verhindert werden, daß eine Patentierbarkeit gentechnischer Verfahren und Produkte ausgeschlossen wird. Zu klären sind auch die Bedingungen, unter denen die mit Hilfe gentechnischer Verfahren hergestellten Produkte auf den Markt gebracht werden können. Angesprochen sind damit beispielsweise die Zulassungsverfahren für Medikamente und Pflanzen-»schutz«-mittel, die bislang völlig unter Ausschluß der Öffentlichkeit durchgeführt werden.

Für die Verwirklichung der staatlichen Schutzpflicht sind somit nicht allein – polizeirechtliche – Schutzgesetze erforderlich, sondern auch Eingriffe in wirtschaftsregulierende Rechtsgebiete, die die Voraussetzungen zur ökonomischen Nutzung einer neuen Technologie überhaupt erst schaffen.

Schlußbemerkung

Bei der Frage, welche Position die Kritiker der Gentechnik in der aktuellen Auseinandersetzung einnehmen sollen, darf nicht übersehen werden, daß es – zumindest in Teilbereichen – nicht mehr darum geht, *ob* die Einführung gentechnischer Verfahren zugelassen werden soll. Angesichts dieser Situation ist es zwar richtig und unerläßlich, auf die damit verbundenen Gefahren hinzuweisen; jedoch verhindert die alleinige Forderung nach einem absoluten Verbot der Gentechnik – so begründet sie auch sein mag – eine Einflußnahme auf die Bedingungen, unter denen nach und nach weitere Anwendungsfelder der Gentechnik eröffnet und in Angriff genommen werden.

Notwendig ist daher eine zweite Argumentationslinie, die vor allem zwei zentrale Punkte zum Gegenstand haben muß: die Überprüfung des gesellschaftlichen Bedarfs eines gentechnischen Vorhabens einerseits und die Überprüfung der damit verbundenen Umweltbelastungen und Gesundheitsgefährdungen andererseits. Eng damit verknüpft ist die Forderung für beide Prüfungsvorgänge eine Verfahrensform zu verankern, die eine frühzeitige und umfassende Beteiligung der Öffentlichkeit sicherstellt. Unabdingbar ist eine starke verfahrensrechtliche Stellung der Öffentlichkeit. Dies setzt aber auch eine entsprechende materiellrechtliche Absicherung voraus.

Unter den Kritikern der Gentechnik, aber auch in der Öffentlichkeit wird eine Diskussion in dieser Richtung bislang praktisch nicht geführt. Während im Ministerium von Frau Süßmuth schon eifrig an einem Gen-Gesetz gearbeitet wird, ruht sich der Großteil der Kritiker auf der im Minderheitsvotum der Enquete-Kommission formulierten kategorischen Forderung nach einem generellen Verbot aus. Sie verzichten auf eine Auseinandersetzung und überlassen so der Gegenseite das Feld.

Der Entwurf der Bundesregierung (Stand 31. Mai 1989)

Die Bundesregierung bereitet gegenwärtig einen Gesetzentwurf zur Regelung der Gentechnik vor. Eine überarbeitete 2. Fassung wurde vom Bundesgesundheitsministerium am 24. 4. 1989 vorgestellt. Das ÖKO-INSTITUT legte eine detaillierte Kritik des Referentenentwurfs vor, deren Grundzüge im folgenden wiedergegeben werden.

Nach Auffassung des ÖKO-INSTITUTS sind die Risikopotentiale der Gentechnik so groß, daß eine Förderung, wie sie mit dem Gesetz angestrebt wird, unverantwortlich ist. Forschungsergebnisse aus jüngster Zeit haben eindrücklich bestätigt, daß die von Seite der Kritiker/innen vorgebrachten Argumente substantiell zutreffend sind. Es bedarf noch großer Anstrengungen, um die mit der Gentechnik verknüpften Risiken so weit abzuklären, daß eine verantwortbare Entscheidung über ihre Nutzung möglich wird. Daraus leitet das ÖKO-INSTITUT folgende Grundsatzforderungen ab:

1. Keine Finanzierung der gentechnischen Forschung aus öffentlichen Mitteln solange, bis ein angemessenes Sicherheitskonzept erarbeitet ist.
2. Ein vorläufiges Verbot für die industrielle Nutzung der Gentechnik, das zu späterer Zeit durch einen Befreiungsvorbehalt ergänzt werden könnte.
3. Ein striktes Verbot der Freisetzung gentechnisch veränderter Organismen ohne jede Ausnahme.

Die wichtigsten Kritikpunkte und Verbesserungsvorschläge betreffen die folgenden Punkte:

Angesichts der mit der Anwendung der Gentechnik verbundenen neuartigen Gefahren ist eine besonders sorgfältige und verantwortungsvolle Entscheidung unabdingbar. Der vorliegende Entwurf wird dieser Verantwortung in keiner Weise gerecht.

In der Begründung des Entwurfs wird zwar eingestanden, daß mit der Gentechnik eine »Gefahrenquelle in Gang gesetzt« wird. Auch muß eingeräumt werden, daß »eine Prognose etwaiger Schadensverläufe kaum zu stellen ist«. Der Schutzgedanke tritt in dem Entwurf jedoch eindeutig zurück. Die materiellen Regelungen des Gesetzes betonen einseitig die Nutzungsinteressen. Eine wirksame Kontrolle der Gentechnik ist damit nicht möglich.

1. Nach dem Entwurf fallen in Zukunft alle wichtigen Entscheidungen im Zusammenhang mit der Gentechnik im Bundesgesundheitsamt und der dort angesiedelten *Zentralen Kommission für Biologische Sicherheit (ZKBS).* Diese Zentralisierung widerspricht dem föderalen Staatsaufbau der Bundesrepublik. Durch die *Monopolisierung der Entscheidungen* entsteht zugleich eine enorme Machtzusammenballung.

   Hinzu kommt, daß die ZKBS auch in Zukunft einseitig besetzt sein wird. *Die Anwender und Nutzer der Gentechnik sollen sich selber kontrollieren.* Die Transparenz der Entscheidungen ist nicht gewährleistet.

   Demgegenüber fordert das ÖKO INSTITUT:
   - ▶ Vollzug des Gesetzes durch die Bundesländer
   - ▶ Ausgewogene Zusammensetzung der ZKBS unter Einbezug ausgewiesener Kritiker/innen
   - ▶ Entscheidung mit ⅔ Mehrheit;
Recht auf Minderheitenvoten
   - ▶ Öffentlichkeit der Sitzungen und eine Veröffentlichung der Ergebnisse
2. Nach dem Entwurf soll die Freisetzung veränderter Organismen in Zukunft erlaubt sein. Dies ist aus der Sicht des ÖKO-INSTITUTS nicht zu verantworten. Im Gesetz ist daher ein *generelles Verbot der Freisetzung* zu verankern.
3. Gegenwärtig ist nach dem Bundesimmissionsschutzgesetz für alle gentechnischen Produktionsanlagen eine Genehmigung unter *Beteiligung der Öffentlichkeit* zwingend vorgeschrieben. Die Beteiligung der Öffentlichkeit an den Genemigungsverfahren soll in

Zukunft *weitgehend unterbleiben*. Dies stellt einen *Rückschritt* gegenüber der geltenden Rechtslage dar.

Diese *Flucht vor der Öffentlichkeit* ist zugleich der Versuch, die Geschichte um 150 Jahre zurückzudrehen. Denn seit der *Preußischen Allgemeinen Gewerbeordnung von 1845* ist Beteiligung der Öffentlichkeit an Genehmigungsverfahren für industrielle Anlagen gesetzlich vorgeschrieben.

Die Praxis zeigt, daß eine Kontrolle von Betreibern und Behörden durch betroffene Bürger/innen und eine kritische Öffentlichkeit unerläßlich ist:

Sämtliche bisher durchgeführten *öffentlichen Genehmigungsverfahren* für gentechnische Anlagen mußten wieder abgebrochen werden. Die Unternehmen (Behring, Marburg; BASF, Ludwigshafen, Grünenthal, Aachen) hatten Antragsunterlagen vorgelegt, die den Anforderungen des Bundesimmissionsschutzgesetzes nicht entsprachen. Gleichwohl hatten die zuständigen Behörden diese Unterlagen zunächst als inhaltlich ausreichend und vollständig akzeptiert. Erst durch die fundierte Kritik der Öffentlichkeit wurden diese Defizite aufgedeckt.

Das ÖKO-INSTITUT fordert daher:

- ▶ Die Beteiligung der Öffentlichkeit bei allen Genehmigungsverfahren;
- ▶ Rechtsschutzmöglichkeiten für Bürger sowie für Natur-, Umwelt- und Verbraucherverbände (Verbandsklage);
- ▶ Eine Bewertung des Nutzens des beabsichtigten Vorhabens sowie eine Diskussion über mögliche Alternativen technischer und nichttechnischer Art.

4. Wenn gentechnisch veränderte Organismen oder Produkte, die solche Organismen enthalten, »in Verkehr gebracht« werden, ist dafür nach dem Entwurf eine Genehmigung erforderlich. Daran soll die Öffentlichkeit allerdings in keiner Weise beteiligt werden. Auch eine *Kennzeichnung der Produkte* zur Information der Verbraucher/innen ist nicht vorgesehen.

Gentechnische Produkte sind dann im Handel erhältlich, ohne daß zuvor eine öffentliche Diskussion über die Risiken und deren Bewertung stattgefunden hat. Auch ist nicht erkennbar, daß ein Produkt gentechnisch veränderte Organismen enthält.

Das ÖKO-INSTITUT fordert demgegenüber:

- ▶ Ein Verbot auch der »versteckten« Freisetzung über gentechnische Produkte;

- ▶ Zumindest aber eine Kennzeichnung gentechnischer Produkte und
- ▶ Öffentliche Anhörungsverfahren, bevor die Produkte in den Handel kommen.

5. Angesichts der weitgehend fehlenden präventiven Überwachung kommt einer *effektiven Haftungsregelung* besondere Bedeutung zu. Die im Entwurf vorgesehenen Haftungsregelungen sind jedoch materiell- und prozeßrechtlich unzureichend, regelungstechnisch mangelhaft und in sich widersprüchlich.

   Das ÖKO-INSTITUT fordert eine Haftungsregelung, die sicherstellt, daß diejenigen, die durch gentechnische Organismen in Mitleidenschaft gezogen wurden, vor Gericht eine reelle Chance haben, Schadensersatz zu erhalten.

   Die ausführliche Stellungnahme kann beim ÖKO-INSTITUT angefordert werden.

Anmerkungen

1 Vgl. dazu Winter, Gentechnik als Rechtsproblem, *DVBl* 1986, S. 585

2 Vgl. Ladeur, Rechtliche Steuerung der Freisetzung von gentechnologisch manipulierten Organismen, *Natur und Recht* 1987, S. 67

3 Zum Ablauf der Auseinandersetzung vgl. die Dokumentation des Ökologischen Arbeitskreises östliche Vororte, erhältlich bei den »Grünen im Rathaus«, Schloßplatz, 62oo Wiesbaden, Preis DM 5,–

4 Zu dieser Problematik vgl. auch Führ/Stumm, *Öko-Mitteilungen* 4/86, S. 12f.

5 Vgl. § 8 Abs. 1 BNatSchG, sowie die entsprechenden Vorschriften der Naturschutzgesetze der Länder, z. B. §§ 5 und 6 HessNatSchG

6 Dokumentation, S. 56f.

7 BT-Ds 10/6775, S. 232, 235, 237f.

8 LT-Ds 12/1190

9 Die Nr. 4.11 des Anhangs zur 4. BImSchV hat folgenden Wortlaut: »Anlagen zum Umgang mit a) gentechnisch veränderten Mikroorganismen, b) gentechnisch veränderten Zellkulturen, soweit sie nicht dazu bestimmt sind, zu Pflanzen regeneriert zu werden, c) Bestandteilen oder Stoffwechselprodukten von Mikroorganismen nach a) oder Zellkulturen nach b), soweit sie biologisch aktive, rekombinante Nukleinsäuren enthalten, ausgenommen Anlagen, die ausschließlich Forschungszwecken dienen« (*BGBl* I 1988, S. 622)

10 Den Ablauf eines solchen Verfahrens beschreiben M. Führ und M. Sailer in der Zeitschrift *natur* in einer Serie, 10/88–2/89

11 Zu den Einzelheiten vgl. Führ/Stumm/Thurau, Gefahren der Gentechnik, Werkstattreihe des Öko-Instituts Nr. 34, S. 74ff.

12 Zum aktuellen Stand nach den jüngsten Novellierungen des BImSchG und des Abfallgesetzes vgl. Führ, Sanierung von Industrieanlagen, Diss. Frankfurt 1988, S. 244ff., insb. S. 262ff.

13 Zu den Einzelheiten vgl. U. Fitzner, Der patentrechtliche Schutz von Mikroorganismen, *Chemie für Labor und Betrieb,* 39. Jahrgang, 4/1988

14 *GRUR* 1987, S. 231, 233

15 Vgl. *BGHZ* 64101 (Bäckerhefe), *GRUR* 1981, 734 (Erythronolid) sowie *GRUR* 1985, 1035 (Methylomonas)

16 Gaul/Bartenbach, Handbuch des gewerblichen Rechtsschutzes, 15. Lfg. Stand 7/88, B 22ff. sowie D 339ff. m. w. N.

17 Vgl. Ladeur, a.a.O., der daraus den Schluß zieht, daß – gestützt auf die im Grundgesetz verankerte Wissenschaftsfreiheit – die Freisetzung gentechnisch veränderter Organismen zulässig sein muß; allerdings fordert auch er eine ausdrückliche gesetzliche Regelung

18 Vgl. Murswieck, Die staatliche Verantwortung für die Risiken der Technik, Berlin 1985, S. 58ff., S. 276ff.

19 BVerfGE 49, 89, 142

20 *BT-Ds* 10/6675, S. 282

21 *BT-Ds* 10/6775, S. 290

22 Vgl. Biotechnologie-Programm der Bundesregierung, März 1986, S. 12; so auch der zuständige Referent N. Binder, Biotechnologie – Schwerpunkt staatlicher Forschungspolitik, in: H. Böckler-Stiftung (Hrsg.), Herrschaft oder Beherrschbarkeit einer Schlüsseltechnologie? München 1985

23 So auch Ladeur, a.a.O. und Nicklisch, Rechtsfragen der Anwendung der Gentechnologie unter besonderer Berücksichtigung des Privatrechts, in: R. Lukes/R. Scholz (Hrsg.), Rechtsfragen der Gentechnologie, Köln 1986, S. 126

24 BVerGE 49, 89, 127

25 Vgl. dazu Führ/Stumm/Thurau, Gefahren der Gentechnik, S. 91ff.

26 Vgl. Winter, Gentechnik als Rechtsproblem, *DVBl* 86, S. 585ff.

Anhang

Norbert Barth

Der Fall Hoechst

Um den 15. Juni 1988 herum bekamen etwa 350 Bundesbürgerinnen und Bundesbürger Post vom Regierungspräsidium Darmstadt. Was ihnen, den »Widerspruchsführern«, auf etwa 150 Seiten schwarz auf weiß mit Postzustellungsurkunde ins Haus flatterte, bestätigte, was schon Tage zuvor durch die bundesdeutschen Medien gegangen war: »Die Hoechst AG in Frankfurt-Höchst wird ihre Versuchsanlage zur Herstellung von Humaninsulin mit gentechnisch veränderten Mikroorganismen (E.coli-Bakterien) unter neuen Auflagen weiterbauen. Dies teilte Umweltminister Karlheinz Weimar als oberste Fachbehörde heute in Wiesbaden mit, nachdem die Widersprüche gegen die Verfahrensstufen Fermtec (Anzucht der Bakterien, d. Hg.) und Chemtec (chem. Aufreinigung des Insulinvorprodukts, d. Hg.) vom Regierungspräsidenten in Darmstadt im wesentlichen zurückgewiesen worden sind. Gleichzeitig hat der Regierungspräsident für die Teilanlagen den Sofortvollzug angeordnet. Damit kann der Betrieb der ersten Verfahrensstufe Fermtec wieder aufgenommen werden und der Bau der zweiten Stufe Chemtec fortgesetzt werden.«[1] Auch erhielt die Hoechst AG eine Teilgenehmigung »für die Anlage Insultec, den letzten Herstellungsabschnitt für das Endprodukt Humaninsulin«[1] – mitsamt Sofortvollzug. »Der Versuchsbetrieb werde vom Tag der Inbetriebnahme der Chemtec-Teilanlage maximal zwei Jahre laufen können.«[1]

Damit war ein – allerdings nur vorläufiger – Schlußstrich unter einen Verwaltungsstreit gezogen, der seit 1984 die Hessischen Umweltbehörden beschäftigt.

Der erste juristische Streit um eine gentechnische Großanlage wird nun endgültig zu einem Fall für die Gerichte. Mehrere Frankfurter Bürger und Mitglieder der Bürgerinitiative »Höchster Schnüffler un' Maagucker« reichten Klage vor dem Verwaltungsgericht Frankfurt ein. Den Beteiligten war klar, daß es um mehr ging als um einige Hundert Kilogramm Humaninsulin pro Jahr. Beide Kontrahenten begriffen die Auseinandersetzung als Testfall.

Die Hoechst AG und mit ihr die gesamte bundesdeutsche Pharmabranche wollen den Einstieg in die großtechnische Verwertung der Gentechnik. Für die Kritiker geht es darum, inwieweit technologischer Fortschritt demokratischer Öffentlichkeit und kontroverser Auseinandersetzung zugänglich gemacht werden kann.

Juristische Grundlage dieses Rechtsstreits bildet das Bundes-Immissionsschutzgesetz (BImSchG). Danach müssen fast alle »ortsfesten Einrichtungen«, vor allem gewerbliche (Industrie-)Analgen vom Heizkessel bis zur Raffinerie, behördlich genehmigt werden.[2] An den wichtigsten dieser Verfahren muß die Öffentlichkeit beteiligt werden. Jedermann hat das Recht zum Einspruch, direkt Betroffene wie Anwohner haben das Recht, gegen den Anlagenbau zu klagen.[3]

Die Kontrahenten:

Die Hoechst AG

Kein Zufall, daß sich »der Beginn des neuen technischen Zeitalters«[4] gerade in Höchst ankündigt. Und sicher ist es kein Zufall, daß es sich bei der »Einstiegsdroge« um das Hormon Insulin handelt:

Im Mai 1981 war es die Hoechst AG, die die Initialzündung für das Engagement der Chemischen Industrie auf dem Gebiet der Gentechnik gab.[5] Mit Investitionen von umgerechnet 200 Millionen DM auf einen Zeitraum von zehn Jahren sicherte sich der Konzern den Zugriff auf die Forschungsergebnisse einer neu eingerichteten Abteilung für Molekularbiologie. Was allerdings den eigentlichen Schock unter Bonner Technologiepolitikern auslöste, war die Tatsache, daß nicht eine bundesdeutsche Universität Ort des Geschehens war, sondern die renommierte Harvard Medical School, Boston, Massachusetts.

Die Folgejahre waren gekennzeichnet von zahlreichen Anstrengungen, den akademisch-industriellen Komplex in der BRD auch auf dem Gebiet der Gentechnik zu installieren.[6] Die Hoechst AG gehört ihrerseits zu den eifrigsten (privaten) Förderern der neuen Technologie: 1985 wendete sie immerhin 70 Millionen DM für die gentechnische Forschung auf.[4]

Auch unter Einsatz »konventioneller« Methoden ist die Hoechst AG wesentlich am Insulin-Geschäft beteiligt.[7] »Entsprechend der Tradition des Pharmabereiches liegt der Schwerpunkt auf dem Gebiet der Hormone und Wachstumsfaktoren. Schon seit mehreren Jahren liefert Hoechst Humaninsulin zur Behandlung der Zuckerkrankheit«[4] – aus chemisch modifiziertem Schweineinsulin.[7]

Das Hormon Insulin war tatsächlich eines der ersten Eiweiße, das sich gentechnisch herstellen ließ: Bereits im Jahre 1978 gelang der US-Wissenschaftlerin Villa-Komaroff, E.coli-Bakterien zur Produktion von Insulin anzuregen.[8] Nach dem Einbau entsprechend veränderter Plasmide synthetisierten die Mikroorganismen zusammen mit ihren eigenen Stoffwechselprodukten die beiden Eiweißketten des Hormons. Die Umsetzung in den technischen Großmaßstab dauerte noch einige Jahre: Erst 1983 brachte der US-Konzern Eli Lilly das Produkt auf den US-Markt.

Seit einigen Jahren laufen auch bei Hoechst Pilot-Versuche. Schon aus Patentgründen bedient sich das Unternehmen jedoch eines anderen Herstellungsverfahrens als die amerikanische Konkurrenz.[9]

Für Hoechst bedeutet Insulin nur den Einstieg in die großtechnische Verwertung der Gentechnik: »Inzwischen haben die Forscher von Hoechst Bakterienzellen dazu gebracht, die Lymphokine Interleukin-II, Interferon und Lymphoblastoid-Interferon zu produzieren.«[4] Daneben sind auch das Wachstumshormon-Releasing-Hormon und der Colony-Stimulating-Factor (CSF) Substanzen, an deren Produktreife mit Nachdruck geforscht wird.[13]

Insulin ist indes ein Produkt, bei dem der Konzern mit hoher gesellschaftlicher Akzeptanz und mit einem kalkulierbaren umfangreichen Markt rechnen durfte. Immerhin sind in der BRD 400000 Menschen von dem blutzuckersenkenden Präparat abhängig. Geschickt lancierte Pressekampagnen und »Aufwandsentschädigungen« für Ärzte, die ihre Patienten auf Humaninsulin umstellen[11], sollen die gesellschaftliche Notwendigkeit gerade der gentechnischen Spezialität herausstreichen. Das Pilotprojekt »Hoechst Humaninsulin R« steht für die »Chancen« der gesamten Zukunftstechnologie. Nicht zuletzt die Behörden, die jetzt über die Anlagengenehmigung zu befinden haben, sind unter Argumentations- und Entscheidungsdruck gesetzt.

Die »Hoechster Schnüffler un' Maagucker«

»Bürgerinitiative hält neue Insulinproduktion für gefährlich«, meldete die Frankfurter Rundschau im Frühjahr 1987.[12] Mittlerweile hat sich der Protest der kleinen BI mit dem hessischen Namen zu einem Aktionsbündnis mit dem Bund Umwelt und Naturschutz Hessen, dem Genethischen Netzwerk Berlin und dem Öko-Institut Darmstadt verbreitert. Minimalforderung war von Anfang an die »Öffentlichkeit des Genehmigungsverfahrens«.

Schon in zahlreichen Fällen haben sich Bürgervereinigungen wie die Maagucker an den Genehmigungsverfahren mit öffentlichen Erörterungsterminen beteiligt. Dabei bieten sich einige interessante Ansatzpunkte. Es können an einer Anlage, die zur Genehmigung ansteht, zusätzliche Maßnahmen zum Schutz der Beschäftigten, der Anwohner und der Umwelt durchgesetzt werden. Immerhin rüstete die Hoechst AG ihre Fermenteranlage »freiwillig« auf eine höhere Sicherheitsstufe um als ursprünglich gefordert und sieht eine thermische Abwasserbehandlung vor, die mehr ist als der kostengünstige Minimalstandard.

Es können anlagenbezogene Informationen über die Belastung von Luft und Wasser und den anfallenden Müll gesammelt werden. Längerfristig ist so ein annähernder Überblick über die Produktion und die Umweltrelevanz eines Chemiebetriebes möglich. Die Genehmigungspraxis der Behörden kann kritisch begleitet werden. Grundsätzlich bietet sich die Möglichkeit, entgegen dem offensichtlichen Geheimhaltungsbedürfnis der Betreiber zumindest stellenweise eine demokratische Öffentlichkeit herzustellen. Doch mit wichtigen Einschränkungen:

- Die bereits genehmigten Alt- und Uraltanlagen können auf diesem Wege nur dann erfaßt werden, wenn Änderungen der Anlage vorgenommen werden sollen.
- Nicht alle zur Genehmigung anstehenden Chemieanlagen kommen in einen Genehmigungsablauf mit Öffentlichkeitsbeteiligung.[13]

So versuchte auch die Hoechst AG im vorliegenden Fall, durch einige Tricks, ihre Anlagengenehmigung in einem verkürzten – nicht-öffentlichen – Verfahren über die Bühne zu bringen. Über die gesamte Zeit der bisherigen Auseinandersetzung ging es – vordergründig – genau um diesen Punkt: die Zuordnung der Verfahrensart.

Zwar ist durch eine Novellierung der entsprechenden BImSchG-Verordnung mittlerweile ein öffentliches Genehmigungsverfahren »für Anlagen zum fabrikmäßigen Umgang mit gentechnisch veränderten Mikroorganismen« festgeschrieben, doch Versuchsanlagen, auch wenn sie wie bei Hoechst in einem Maßstab von 60000 l arbeiten, sind weiterhin öffentlicher Kontrolle in Genehmigungsverfahren entzogen.[14]

Chronologie der Ereignisse

Nachdem erstmals im November 1987 Akteneinsicht in die Genehmigungsanträge der Hoechst AG gewährt wurde, ist es nunmehr möglich, die Anfänge des Genehmigungsverfahrens für das Hoechster Humaninsulin zumindest teilweise zurückzuverfolgen. Demnach hat der Chemiekonzern schon sehr früh den für ihn günstigsten Weg durch den Genehmigungsdschungel ausgetüftelt.

Hoechst hatte zuerst die Zentrale Kommission für biologische Sicherheit (ZKBS) mit dem Vorhaben der Insulinproduktion aus genmanipulierten Bakterien vertraut gemacht. Schon im November 1983 wurde diese, beim Bundesgesundheitsamt in Berlin angesiedelte, Kommission um eine Stellungnahme gebeten. Allerdings hatte die ZKBS – damals wie heute – keinen in irgendeiner Form abgesicherten rechtlichen Status.[15] Dies hinderte den Chemiemulti aber nicht daran, dieses Gremium als oberste Instanz für Fragen der biologischen Sicherheit in das Genehmigungsverfahren einzuführen. Im Januar 1984 erhielt die Firma die erbetene Stellungnahme. Darin hieß es: »Die Kommission hat keine Bedenken gegen die Fermentation der beschriebenen E.coli unter den angegebenen Bedingungen.«[16]

Aus den zugänglichen Akten läßt sich leider nicht erkennen, anhand welcher Unterlagen die Kommission zu dieser Einschätzung kam. Die Zusammensetzung dieses Gremiums – fast ausschließlich universitäre und industrielle Anwender der Gentechnik – läßt aber vermuten, daß ein ausgeprägtes Interesse an hochentwickelten Sicherheitsstandards nicht vorhanden gewesen sein dürfte.

Dennoch sollte die lapidare Unbedenklichkeitserklärung der ZKBS im weiteren Verlauf des Genehmigungsverfahrens dazu dienen, alle kritischen Fragen zur biologischen Sicherheit der Anlage vom Tisch zu fegen. Gleichzeitig bot sie für die verantwortlichen Behörden die Möglichkeit, sich der Auseinandersetzung mit den biologischen Sicherheitsproblemen weitgehend zu entziehen. Mit dem Persilschein der ZKBS in der Tasche wurde dann die Behörde in Darmstadt angesprochen. Der zuständige Sachbearbeiter beschrieb diese erste Kontaktaufnahme zwischen Konzern und Amt:

»Zu Beginn des Jahres 1984 fand auf Einladung der Hoechst AG eine Besprechung mit der Genehmigungsbehörde statt, bei der die kurz- und mittelfristig absehbaren Projekte im Bereich Gentechnologie, soweit es den Zuständigkeitsbereich meiner Behörde betrifft, behandelt wurden. ... Meiner Behörde wurde anläßlich dieser Besprechung Fachliteratur zum Einstieg in die Materie zur Verfügung gestellt...«[17]

Viel Zeit blieb den Beamten nicht zum Einstieg in die Materie. Im März 1984 stellte die Hoechst AG den Antrag auf Genehmigung einer Anlage zur Herstellung von Humaninsulin aus E.coli. Die ZKBS »war bereits vor Beginn des Genehmigungsverfahrens von der Antragstellerin beteiligt worden... die erhobene Forderung nach einer Abnahmebegehung wurde Gegenstand einer Auflage des Genehmigungsbescheides...«[17]

Verwirrspiel mit dem Bundes-Immissionsschutzgesetz

Schon an diesem Punkt hätte der Behörde das genehmigungsrechtliche Verwirrspiel des Chemiekonzerns auffallen können und das nicht nur, weil die Genehmigungskompetenz im Zusammenhang mit der biologischen Sicherheit ausgehebelt wurde. Die Hoechst AG sprach seinerzeit von der Herstellung von Humaninsulin, tatsächlich aber handelt es sich nur um den ersten Verfahrensschritt zur Gewinnung eines Vorprodukts (β-Galaktosidase-Prae-pro-Insulin-Fusionsprotein). Dieser Eindruck mußte aber wohl erweckt werden, um die entsprechende Zuordnung der Anlage im Genehmigungsrecht durchzusetzen.

Noch bevor dem Antrag für die Fermtec-Versuchsanlage im Oktober 1984 stattgegeben wurde, hatte Hoechst bereits im September 1984 die Unterlagen für den Fermtec-Produktionsmaßstab vorgelegt. Eine zeitlich unbefristete Genehmigung für den Großfermenter wurde dann im Juni 1985 erteilt.

Dabei bedienten sich Firma und Behörde eines Schlupflochs im Genehmigungsrecht. Die Fermtec-Stufe wurde nicht zutreffend als Anlage zur Herstellung eines Arzneimittels eingestuft und dann im vereinfachten – d. h. nichtöffentlichen – Verfahren genehmigt, obwohl die Herstellung eines verkaufsfähigen Produktes ohne die anderen Anlagenteile schlichtweg undenkbar ist.

Dennoch – der Einstieg in die großtechnische Nutzung der Gentechnik wurde somit bereits Mitte 1985 auf einer mittleren Verwaltungsebene vollzogen. Auch der Widerspruchsbescheid vom Juni 1988 hält diese Genehmigungspraxis für rechtens.

Im Dezember 1985 wurde von der Hoechst AG der Antrag für den Anlagenteil Chemtec vorgelegt. Dabei bediente sich die Firma eines anderen Verfahrenstricks. Mit Hinweis auf die bereits genehmigte Fermtec-Stufe wurde Chemtec als wesentliche Änderung einer bereits genehmigten Anlage beantragt (§ 15 BImSchG). Das Unternehmen erhoffte sich auf diesem Wege die Nichtöffentlichkeit des Verfahrens auch auf Chemtec auszudehnen.

Da wollte die Genehmigungsbehörde allerdings nicht mehr mitspielen. Im Dezember 1985 wurde der Hoechst AG mitgeteilt, »daß das beantragte Vorhaben nicht in Form des vereinfachten Verfahrens... durchgeführt werden kann, ... da die wesentlichen Verfahrensschritte Chlorcyanspaltung und Sulfitolyse chemische Umwandlungen darstellen und auch der apparative Aufwand dem einer chemischen Verfahrensanlage« entspräche.[18]

Das RP beabsichtigte ein Verfahren mit Öffentlichkeitsbeteiligung durchzuführen. Und nicht nur das. Die chemische Abspaltung des Insulins sollte mit Chlorcyan vorgenommen werden, einem Stoff, der bei Überschreitung der Mengenschwelle von 50 kg die Anwendung der Störfall-Verordnung bedeutet. Da die Hoechst AG den Umgang mit 430 kg Chlorcyan plante, sollte auch die Störfall-VO zur Anwendung kommen.

Hoechst zog daraufhin den Antrag Chemtec zurück – um ihn kurz darauf (im April 1986) erneut vorzulegen. Zwei wichtige Änderungen waren in den neuen Unterlagen vorgenommen worden. Zum einen wurde die Umgangsmenge von Chlorcyan auf 48 kg reduziert; zum anderen wurde der Anlagenteil Chemtec als Versuchsanlage deklariert. Dieses Jonglieren mit dem Anlagenbegriff bot für den Chemiemulti einen wichtigen Vorteil. Versuchsanlagen werden im vereinfachten Verfahren genehmigt.

Spätestens als sich diese Umwidmung abzeichnete, muß es den Bürokraten in Darmstadt mulmig geworden sein. Sie wollten nicht mehr allein die Verantwortung für die Hoechst-Insulin-Genehmigungen tragen. Im Februar 1986 wurde die vorgesetzte Stelle eingeschaltet. »Da es sich im vorliegenden Falle zentral um die Auslegung des Paragraphen 2 der 4. BImSchV handelt, die Rechtsauffassung der Hoechst AG jedoch nicht einfach von der Hand zu weisen ist, lege ich Ihnen als oberster Landesbehörde diese Fragestellung vor mit der Bitte um Entscheidung.«[19]

Chef der Landesbehörde war seinerzeit der Grüne Joschka Fischer. Während die Grüne Bundestagsfraktion über ein generelles Verbot der Gentechnik diskutierte und das Minderheitsvotum für den Abschlußbericht der Enquetekommission erarbeitete, sollte in Hessen der Einstieg in die großtechnische Nutzung dieser Technologie vorangetrieben werden. Hoechst drohte gar mit einer Untätigkeitsklage, sollte die Genehmigung nicht zügig erteilt werden.

Entscheiden wollte sich der Grüne Minister aber vorerst nicht. In der Tradition seines sozialdemokratischen Vorgängers, d. h. ohne Öffentlichkeitsbeteiligung, wurde am Genehmigungsverfahren herumlaboriert. Unter anderem wurde auch die Hoechst AG aufgefordert, eine Begründung für den Status der Versuchsanlage abzugeben.

Vor allem die mögliche Verzögerung durch ein öffentliches Verfahren war Ursache für die Deklaration. Nach Ansicht des Chemiemultis fand aus »therapeutisch-medizinischen Gründen eine Verdrängung von Rinder- und Schweineinsulinen hin zu Humaninsulin statt... Um auf dem sehr kompetitiven deutschen Markt überhaupt bestehen zu können, sind wir gezwungen, Humaninsulin schnellstmöglich in ausreichender Menge zur Verfügung zu stellen.«[20]

Die therapeutisch-medizinischen Gründe für den Vorteil des biosynthetischen Insulins konnten allerdings nicht näher erläutert werden. Natürlich durfte der Hinweis auf den Persilschein der ZKBS nicht fehlen. »Im übrigen möchten wir darauf hinweisen, daß unser Gesuch... allen Fachleuten und Mitgliedern der ZKBS vorgelegen hat. Die Kommission hat keine Bedenken...«[21]

Tatsächlich waren weder der Minister noch die nachgeordneten Behörden in der Lage, dem angeblichen therapeutischen Vorteil des Humaninsulins oder der biologischen Unbedenklichkeitserklärung der ZKBS inhaltlich entgegenzutreten. In dieser Situation erhielten die Höchster Schnüffler un' Maagucker erstmals Kenntnis vom Stand der Genehmigungen.

Bürger/innen mischen sich ein

Die ersten Aktivitäten der Bürgervereinigung verliefen erfolglos. Der Wunsch nach Akteneinsicht in die Genehmigungsunterlagen wurde vom RP abgelehnt. Das Hessische Umweltministerium unter Joschka Fischer teilte der Initiative mit, daß er »die Beteiligung der Öffentlichkeit bei dieser Versuchsanlage für rechtlich nicht durchsetzbar« halte.[22] Eine entsprechende Verfügung sei völlig aussichtslos.

Damit wollten sich die Höchster allerdings nicht zufriedengeben. Die Grünen im Bundestag und im Hessischen Landtag wurden informiert, befreundete Bürgerinitiativen und interessierte Gruppen wurden aufgefordert, die Forderung nach demokratischer Öffentlichkeit zu unterstützen.

Durch den öffentlichen Druck eines breiten Bündnisses konnte ein Umdenkungsprozeß bei Joschka Fischer eingeleitet werden. Noch vor dem Bruch der rot-grünen Koalition kam es zum entsprechenden Erlaß des Ministers. Das RP wurde angewiesen, das anhängige Verfahren mit Öffentlichkeitsbeteiligung weiterzuführen.

In der Anweisung wurde gar eine Beziehung zwischen der Umwidmung zur Versuchsanlage und der Umgehung der Störfall-VO hergestellt. »Auch Chemtec wurde zunächst ohne Einschränkung als Produktionsanlage beantragt. Im geänderten Antrag... erfolgt keine Änderung des Produktionsumfanges und Produktionszieles. Die Antragsunterlagen sind, jedenfalls nach den hier vorliegenden Informationen, gegenüber dem ursprünglichen Antrag weitgehend identisch. Lediglich die Vorhaltung des unter die Störfallverordnung fallenden Chlorcyan wird auf eine maximale Menge von 48–49 kg reduziert.«[23]

Die Öffentlichkeit des Genehmigungsverfahrens schien damit gewährleistet. Selbst Hoechst hatte zu diesem Zeitpunkt keine Bedenken. Die Werksleitung erklärte sich umstandslos dazu bereit, alle Erfordernisse eines förmlichen Verfahrens zu akzeptieren. Nach den Landtagswahlen in Hessen erwies sich das Genehmigungsrecht jedoch erneut als strapazierfähig. Der neue Umweltminister Weimar sah sich im September 1987 regelrecht genötigt. »Die Einstufung der Chemtec-Anlage als Versuchsanlage war notwendig«, ließ er verlauten.[24] Vollmundig verkündete der CDU-Mann den Einstieg in das Gentec-Zeitalter. Das RP wurde angewiesen, zügig die anstehende Genehmigung im nichtöffentlichen Verfahren zu erteilen.

Das Widerspruchsverfahren

Galt bis zum September 1987 in Sachen Gentechnik ein öffentliches Genehmigungsverfahren als ausgemachte Sache, waren diese Hoffnungen durch Weimars Weisung zunichte gemacht. Um den Fortgang der Hoechster Gentechnikpläne dennoch zu behindern, blieb nur noch das Widerspruchsverfahren nach dem BImSchG.[25]

Das bedeutete allerdings, einen Rechtsstreit mit juristischen und vor allem auch finanziellen Unwägbarkeiten in Kauf zu nehmen. Da aber die Frist für die Eröffnung des Widerspruchsverfahrens auszulaufen drohte, konnten nicht alle verfahrensrechtlichen Wahrscheinlichkeiten ausgelotet werden. Ein wenig blauäugig stolperten Vertreter der Bürgervereinigung in das Widerspruchsverfahren. Im Oktober 1987 beauftragten Höchster Bürger eine Anwaltskanzlei mit der Wahrnehmung ihrer Interessen. Gegen die Chemtec- als auch gegen die Fermtec-Genehmigung wurde Widerspruch eingelegt. Um diesen auch politisch aufzuwerten, wurde eine Kurzfassung zur Unterschriftensammlung im Stadtteil ausgelegt. In kurzer Zeit hatten sich so über 300 Widerspruchsführer zusammengefunden. Begründet wurde der Widerspruch vor allem mit den von den Anlagen ausgehenden Gefahren und mit den bis dahin fehlenden Möglichkeiten zur öffentlichen Auseinandersetzung mit den Hoechster Gentechnik-Plänen.

Das RP stellte im November 1987 die aufschiebende Wirkung der Widersprüche fest. Damit waren die bereits erteilten Genehmigungen für Fermtec und Chemtec vorerst außer Kraft gesetzt. Die Widerspruchsführer hatten den Status der Verfahrensbeteiligten erlangt und die mehrfach beantragte Akteneinsicht konnte endlich vorgenommen werden.

Wie nicht anders zu erwarten, wurde im November 1987 von der Hoechst AG der Sofortvollzug der ausgesetzten Genehmigungen beantragt. Das Unternehmen ging davon aus, daß die Widersprüche aus juristischen und auch sicherheitstechnischen Erwägungen unbegründet seien. Des weiteren behauptete die Firma, daß die Fortdauer der aufschiebenden Wirkung »zu schwerwiegenden Nachteilen in der medizinischen Versorgung der Patienten« führen könne.[26] Eine Benachteiligung der Hoechst AG auf dem Insulinmarkt sei zu befürchten. Jede Woche der Verzögerung koste das Unternehmen ca. 500000 DM. Die aufschiebende Wirkung habe außerdem negative Auswirkungen auf den Arbeitsmarkt.

Anfang des Jahres 1988 erreichte die Auseinandersetzung um das Hoechster Humaninsulin ein neues Stadium. Mit dem Antrag auf Sofortvollzug hatte sich der Konzern in die mißliche Lage gebracht, die gesellschaftliche Notwendigkeit der Produktionsanlage nachweisen zu müssen. Das Regierungspräsidium hatte eine entsprechende Stellungnahme angefordert. Die Firma ließ sich allerdings Zeit, das Interesse am Sofortvollzug schien aus irgendeinem Grunde gelitten zu haben.

Die Fragen zur biologischen Sicherheit der Anlage hatte die Genehmigungsbehörde an die ZKBS weitergeleitet. Was hätten die Beamten in Darmstadt in Ermangelung eigener Fachleute auch anderes tun sollen? Nur dieses einzigartige Expertengremium hatte, wenn auch in umstrittener Weise dazu legitimiert, entsprechende Kompetenz angemeldet. Die Abnahmebegehung des Fermtec-Anlagenteils hatten die Biosicherheits-Fachleute dazu genutzt, ihre Ansprüche gebührend zur Geltung zu bringen. »In zukünftigen Genehmigungsverfahren sollten sich die hessische Landesregierung und die Genehmigungsbehörde stärker des Sachverstandes der ZKBS bedienen«, heißt es im Protokoll.[27]

Dementsprechend großes Gewicht hatte das Placet der ZKBS für den Widerspruchsbescheid. Nur kurze Zeit, nachdem das Gremium seine Stellungnahme abgegeben hatte, erging der Widerspruchsbescheid des Regierungspräsidiums. Gegen diesen Bescheid klagten Anwohner der Anlage vor dem Frankfurter Verwaltungsgericht. Damit war der erste Rechtsstreit um die Gentechnik in der BRD eröffnet.

Die Klage

Im Herbst 1988 wurde gegen die im Widerspruchsverfahren erteilten Genehmigungen für die Anlagenteile »Fermtec« und »Chemtec« Klage beim Frankfurter Verwaltungsgericht eingereicht. Gleichzeitig wurde bei Gericht beantragt, die aufschiebende Wirkung wiederherzustellen (Stoppantrag). In der Klagebegründung sowohl im Hauptsacheverfahren als auch im Stoppantrag wurde die grundsätzliche Bedeutung dieses Verfahrensstreits herausgearbeitet.

Die Kläger bezweifelten rundweg die Genehmigungsfähigkeit gentechnischer Anlagen zum Genehmigungszeitpunkt. In ihren Augen war der Einstieg in die industrielle Nutzung einer neuen Technologie ein Vorgang, der gemäß der vom Bundesverfassungsgericht formulierten Wesentlichkeitstheorie, der klaren rechtlichen Vorgaben des Gesetzgebers bedurft hätte. Ein Schritt, der nicht von einer nachgeordneten Behörde hätte vollzogen werden dürfen. Darüberhinaus wurde die fehlende Öffentlichkeitsbeteiligung angegriffen und die biologischen und technischen Sicherheitsfragen im Hinblick auf ihre Auswirkungen auf Dritte vorgetragen. Im Stoppantrag wurde versucht, den Antragsgegner zu einer eindeutigen Stellungnahme zum »öffentlichen Interesse« an Anlage und Produkt zu bewegen. Schließlich war die gesellschaftliche Notwendigkeit des Hoechster Humaninsulins noch immer nicht schlüssig nachgewiesen.

Am 3. Februar 1989 hat die 2. Kammer des Verwaltungsgerichts Frankfurt den Eilantrag gegen die sofortige Vollziehung der Genehmigungen zurückgewiesen. Gleichwohl konnte auch zu diesem Zeitpunkt der bereits fertiggestellte Anlagenteil »Fermtec« noch nicht in Betrieb gehen, fehlten doch noch immer die im Sommer '88 von den Genehmigungsbehörden angeforderten Sicherheitsnachweise.

Bemerkenswert an der Entscheidung des Verwaltungsgerichts ist u. a. die Einschätzung zu den längerfristigen Gefahren der Gentechnologie. Wörtlich heißt es in dem Beschluß: »Während etwa das Gefahrenpotential der Atomtechnik ziemlich genau abgeschätzt werden konnte, zahlreiche Störanfälle, Beeinträchtigungen und Gesundheitsbeschädigungen vorlagen, kann eine auch nur annähernd vergleichbare sichere Einschätzung der Gefahren der Gentechnik nicht vorgenommen werden ... In dieser notwendigerweise mit Ungewißheit belasteten Situation liegt es aber zuvorderst in der politischen Verantwortung des Gesetzgebers und der Regierung, im Rahmen ihrer jeweiligen Kompetenz die von ihnen für zweckmäßig erachteten Entscheidungen zu treffen.«[29]

Nichtsdestotrotz sah das Gericht im Bundesimmissionsschutz-Gesetz eine hinlängliche Gesetzesgrundlage für die Genehmigung gentechnischer Produktionsanlagen, obwohl konzediert wurde, daß eigentlich die »rechtlichen Maßstäbe« fehlen.

Die Frage nach der gesellschaftlichen Notwendigkeit des Produkts blieb auch in der Entscheidung über den Stoppantrag unbeantwortet. Das Gericht beschränkte sich darauf, eine Interessenabwägung vorzunehmen. Dabei bewegen sich die Risiken für die Antragsteller nach Ansicht des Gerichts »in einem zumutbaren Bereich«, wohingegen den Belastungen für die Hoechst AG »eine große wirtschaftliche Bedeutung beigemessen wird«.[29]

Insgesamt erschien den Antragstellern der Beschluß des Verwaltungsgerichts an vielen Punkten fragwürdig und in sich selbst widersprüchlich. Es wurde daher gegen den Beschluß des Verwaltungsgerichts Beschwerde eingelegt.

Bei Redaktionsschluß dieses Buches lag die zweitinstanzliche Entscheidung über den Stoppantrag noch nicht vor. Ebenso war der Ausgang des Hauptsacheverfahrens in erster Instanz noch offen.

Die Hoechst AG als Vorhut

Dabei ist die Hoechst AG nicht das einzige Unternehmen der BRD, das gentechnisch produzieren will. Die Firma Invitron in Hannover erhielt am 31. August 1988 im Eilverfahren eine Genehmigung für eine Anlage zur gentechnischen Produktion noch nicht genauer bezeichneter Produkte – ohne öffentliches Verfahren, wenige Stunden, bevor durch Inkrafttreten der neuen 4. Verordnung zum BImSchG ein öffentliches Verfahren für Produktionsanlagen vorgeschrieben wurde.[28] Doch will das Unternehmen von der Genehmigung vorerst keinen Gebrauch machen.

Das erste Unternehmen, das sich diesem – geordneten – Verfahren stellt, sind die Behring-Werke Marburg, eine 100 %ige Tochter der Hoechst AG. Sie beantragten die Produktion von Erythropoietin, einer an der Blutbildung beteiligten Substanz. Nachdem auch das Marburger Pharma-Unternehmen zuerst einen Antrag auf Versuchsanlage gestellt hatte, setzt die Konzernleitung nun auf »Glasnost«. Doch auch in der kleinen hessischen Universitätsstadt formiert sich die Gentechnik-Opposition aus betroffenen Bürgerinnen und Bürgern.

Mindestens ein Dutzend weiterer Anträge allein in Hessen dokumentieren, daß es in Zukunft immer wichtiger wird, sich in immissionsschutzrechtliche Genehmigungsverfahren einzumischen, um den ungehemmten Ausbau der Gentechnik zumindest einer demokratischen Kontrolle zugänglich zu machen.

Literatur

1 Presseerklärung des Hessischen Umweltministeriums vom 8. 7. 1988
2 Siehe auch Martin Führs Beitrag in diesem Band; siehe auch »Durch den Genehmigungsdschungel«
3 Siehe auch »Durch den Genehmigungsdschungel«
4 Zitate aus »Hoechst heute«, Mitteilungen für die Freunde der Hoechst Aktiengesellschaft, Mai 1986
5 Siehe u. a. Kirst, G. O.: Forschungsförderung in der Bundesrepublik Deutschland und der Europäischen Gemeinschaft, in: Steger, U. (Hrsg.): Die Herstellung der Natur, Bonn 1985
6 Eine direkte Folge dieser Art von »Sputnik-Schock« ist beispielsweise das »Förderungsprogramm zur Biotechnologie« des BMFT aus dem Jahre 1984, das stark auf gentechnikgestützte Biotechnologie ausgerichtet ist; siehe auch die Beiträge von Ruben Scheller in diesem Band
7 Siehe auch den Artikel von Isolde Stumm in diesem Band
8 Villa-Komaroff, L., Efstratiadis, A., Broome, S., Lomedicao, P., Tizard, R., Naber, S. P., Chick, W. L. and Gilbert, W.: A Bacterial Clone Synthesizing Proinsulin; *Proc. Natl. Acad. Sci.* USA *75* (1978) 3727–3731
9 Wetekam, W.: Klonierung und Expression fremder Gene in Bakterien; Hoechst – Im Blickpunkt, Beilage zum Mitarbeiterbrief für Führungskräfte 5/86
10 Interferone, Interleukine und der CSF sind Substanzen, die die menschliche Immunantwort stimulieren sollen, das Wachstumshormon-Releasinghormon soll die Ausschüttung des körpereigenen Wachstumshormons anregen. Zur Entwicklung des Pharmamarktes siehe Ruben Schellers Artikel in diesem Band
11 *die tageszeitung* vom 11. 7. 88
12 *Frankfurter Rundschau* vom 27. 3. 1987
13 Siehe auch »Durch den Genehmigungsdschungel«
14 Siehe auch den Beitrag von Martin Führ in diesem Buch
15 Siehe auch den Artikel von Ruben Scheller in diesem Band
16 Robert Koch-Institut des Bundesgesundheitsamtes (Zulassungsstelle) am 10. 1. 1984 an die Fa. Hoechst
17 Regierungspräsidium Darmstadt an den Hessischen Minister für Arbeit, Umwelt und Soziales am 20. 5. 1985
18 Regierungspräsidium Darmstadt an die Hoechst AG-Rechtsabteilung vom 23. 12. 1985
19 Regierungspräsidium Darmstadt an den Hessischen Minister für Umwelt und Energie am 10. 2. 1986
20 Hoechst AG an das Regierungspräsidium in Darmstadt am 12. 11. 1986
21 Hoechst AG an das Regierungspräsidium Darmstadt am 2. 12. 1986
22 Der Hessische Minister für Umwelt und Energie an die Höchster Schnüffler un' Maagucker am 8. 1. 1987
23 Der Hessische Minister für Umwelt und Energie an das Regierungspräsidium in Darmstadt am 26. 1. 1987

24 Pressemitteilung des Hessischen Ministeriums für Umwelt und Reaktorsicherheit am 9.9.1987
25 Siehe auch »Durch den Genehmigungsdschungel«
26 Hoechst AG an das Regierungspräsidium Darmstadt am 24.11.1987
27 Ergebnisniederschrift des Regierungspräsidiums in Darmstadt über den Begehungstermin am 29.9.1987
28 *Frankfurter Rundschau* vom 1.9.88
29 Verwaltungsgericht II/2 H 3022/88 (3.2. 1989)

Martin Thurau

Durch den Genehmigungsdschungel

Noch gelten die Bestimmungen des Bundes-Immissionsschutzgesetzes für gentechnische Anlagen. Danach ist eine Beteiligung der Öffentlichkeit vorgesehen, die wir an dieser Stelle darum beschreiben. Nach den Plänen der Bundesregierung soll diese beschränkte Form der Bürgermitsprache jedoch noch in dieser Legislaturperiode faktisch beseitigt werden. Nach den Entwürfen zum Gentechnikschutzgesetz soll sie nur noch für die – in Genehmigungen kaum zu erwartenden – oberen Sicherheitsstufen 3 und 4 und für Freilandexperimente (mit Einschränkung) in veränderter Form bestehenbleiben.[1]

Bei dem Gang der Ereignisse im Fall Hoechst spielt das Bundes-Immissionsschutzgesetz (BImSchG) eine entscheidende Rolle. Noch immer läuft der Streit um die immissionsschutzrechtliche Genehmigung der Insulinproduktionsanlage im Frankfurter Stadtteil Höchst. Soweit kam es nur, weil kritische Bürger ihr Recht in Anspruch nahmen, sich in das Verfahren einzumischen.

Mittlerweile sind ähnliche Verfahren an den geplanten Produktionsstandorten Aachen, Ludwigshafen und Marburg eröffnet worden. Tatsächlich besteht die Möglichkeit, in der Auseinandersetzung um die großtechnische Nutzung gentechnischer Verfahren die in der Regel sehr undemokratischen Entscheidungsstrukturen etwas aufzulockern. Alle drei Verfahren mußten vorläufig eingestellt werden, da die eingereichten Firmenunterlagen weitgehend unvollständig waren. Dies geschah jedoch erst, nachdem zahlreiche Einwender darauf aufmerksam gemacht hatten.

Das Bundes-Immissionsschutzgesetz (BImSchG)

Zweck des Gesetzes ist, »Menschen sowie Tiere, Pflanzen und andere Sachen vor schädlichen Umwelteinwirkungen und (...) auch vor Gefahren, erheblichen Nachteilen und erheblichen Belästigungen (...) zu schützen und dem Entstehen schädlicher Umwelteinwirkungen vorzubeugen«.[2]

Für den anlagenbezogenen Immissionsschutz bedeutet dies: »Die Errichtung und der Betrieb von Anlagen, die aufgrund ihrer Beschaffenheit oder ihres Betriebes in besonderem Maße geeignet sind, schädliche Umwelteinwirkungen hervorzurufen oder in anderer Weise die Allgemeinheit oder die Nachbarschaft zu gefährden, erheblich zu benachteiligen oder erheblich zu belästigen, bedürfen einer Genehmigung.«[3]

Das trifft auf fast alle Industrieanlagen zu. Das ist nichts Unbekanntes; weniger bekannt ist, daß an den wichtigsten dieser Verfahren die Öffentlichkeit beteiligt werden soll. Nicht nur Genehmigungsbehörde und der potentielle Anlagenbetreiber legen die Konditionen des Betriebes fest, sondern auch Dritte müssen mit ihren Einwendungen zumindest gehört werden. Welche Behörde indes Genehmigungsbehörde ist, ist landeseinheitlich festgelegt. In Hessen und Nordrhein-Westfalen sind es die Regierungspräsidien, in Rheinland-Pfalz und Bayern die Landkreise bzw. kreisfreien Städte. In allen Bundesländern hängt die Zuständigkeit von der Art der Anlage ab. Daß es in den seltensten Fällen zu einer Bürgerbeteiligung kommt, liegt – spätestens seit dem Sandoz-Störfall bekanntermaßen – nicht etwa daran, daß mit den bundesdeutschen Industrieanlagen alles in Ordnung sei, sondern daran, daß »Öffentlichkeitsbeteiligung« eine eher euphemistische Umschreibung der vorgesehenen Bürgeranhörung ist. Ein zweiter Grund ist, daß es den Unternehmen mit Billigung der Behörden immer wieder gelingt, diese Verfahrensgrundsätze zu unterlaufen.

Was als Anlage im Sinne des BImSchG bezeichnet wird, ist oft umstritten.[4] Oftmals kann eine Anlagengenehmigung auch in Teilschritten erfolgen. Eine Firma kann von vornherein eine Teilgenehmigung für einen Anlagenteil (oft zum Beispiel nur eine Produktionsstufe) beantragen. Auch das kann Konsequenzen für die Verfahrenszuordnung haben. Allerdings muß sich die Genehmigungsbehörde dann zu einem (vorläufigen) positiven Gesamturteil für die Gesamtanlage durchringen. Umgekehrt sollten betroffene Bürger bei ihren Einwendungen nicht nur die Teilanlage berücksichtigen, sondern auch das Gesamturteil in Frage stellen.

Der Gesetzestext wird »präzisiert« durch eine Reihe von Durchführungsvorschriften: Dreizehn Verordnungen (VO, V), einigen Verwaltungsvorschriften (VwV) zum BImSchG und den Durchführungsverordnungen. Einige sind auch für unsere Belange wichtig:

Zur Bedeutung der 4. BImSchV

Nicht alle industriellen Anlagen sind genehmigungsbedürftig. Welche, das regelt die 4. Verordnung zur Durchführung des Bundes-Immissionsschutzgesetzes (4. BImSchV).[5] In ihr sind alle genehmigungsbedürftigen Anlagentypen aufgelistet. Sie unterscheidet außerdem zwischen solchen, die eines förmlichen Genehmigungsverfahrens mit Öffentlichkeitsbeteiligung bedürfen und solchen, die – als vermeintlich minder gefährlich – in einem vereinfachten Verfahren ohne Öffentlichkeitsbeteiligung genehmigt werden.

Welcher der beiden Kategorien Anlagen, die mit gentechnisch manipulierten Organismen arbeiten, zuzuschlagen sind, ist seit Beginn der Ereignisse in Frankfurt-Höchst einer der wesentlichen Streitpunkte. In keiner der beiden Listen waren sie bisher explizit aufgeführt.

Diese bestehende Rechtsunsicherheit beseitigte der Bundesrat durch eine Novelle der Verordnung, die ein öffentliches Genehmigungsverfahren für Produktionsanlagen zum »fabrikmäßigen Umgang mit genetisch veränderten Mikroorganismen«. Solche Anlagen müssen seit dem 1. 9. 1988 förmlich, d. h. öffentlich genehmigt werden.

Im vereinfachten Verfahren schließlich werden auch Versuchsanlagen genehmigt. Das sind Anlagen, »die ausschließlich oder überwiegend der Entwicklung und Erprobung neuer Verfahren und Erzeugnisse dienen«.[7] Diese Genehmigung gilt (mit Verlängerung) für zwei Jahre. Die Erfahrung aus dem Fall Hoechst zeigt, daß Firmen diesen Passus als Umgehungstrick benutzen, um sich einem lästigen und zeitraubenden förmlichen Genehmigungsverfahren zunächst einmal zu entziehen und mit dem Bau der Anlage vollendete Tatsachen zu schaffen.

Die Spielregeln des förmlichen Genehmigungsverfahrens (9. BImSchV)[8]

Vor der Errichtung oder wesentlichen Änderung einer (genehmigungsbedürftigen) Anlage muß jede Firma einen schriftlichen Antrag bei der zuständigen Genehmigungsbehörde stellen. Er muß Angaben über Standort, Art und Umfang der Anlage und den voraussichtlichen Betriebsbeginn enthalten. Zu diesem Antrag gehören auch Unterlagen, die der Genehmigungsbehörde die Prüfung der Umweltgefahren ermöglichen. Nach Prüfung der Unterlagen auf Vollständigkeit erfolgt die Bekanntmachung des Vorhabens, allerdings nur in einem amtlichen Veröffentlichungsblatt (in Hessen und Baden-Württemberg z. B. dem Staatsanzeiger) und in den Tageszeitungen der Region – nicht im redaktionellen sondern im Anzeigenteil unter der Rubrik »Amtliche Bekanntmachungen«. Daß damit eine wirkliche »Öffentlichkeit« nur unzureichend hergestellt ist, hat meist zur Folge, daß betroffene Bürger von dem geplanten Vorhaben nichts erfahren.

In der Bekanntmachung finden sich auch Angaben über Ort und Zeit der Öffentlichen Auslegung der Antragsunterlagen. Für zwei Monate liegen sie zur Einsichtnahme bei der Genehmigungsbehörde und bei einer Behörde in der Nähe des potentiellen Standortes (während der gesamten Dienststunden) aus. In den Antragsunterlagen – oft mehrere Dutzend Seiten stark – muß die Anlage so genau beschrieben sein, daß Dritte erkennen können, welche Umweltauswirkungen die Anlage haben wird.

Anhaltspunkte für mögliche Einwendungen nicht nur an technischen Details ergeben sich trotz der meist technischen Sprache auch für Nichtexperten, wenn man sie nach folgenden Gesichtspunkten hinterfragt:

- Was kommt aus der Anlage raus? Oder technisch: Welche Emissionen gibt es? Sind die emittierten Stoffe giftig, krebserzeugend usw.? Sind Emissionswerte zu hoch, sind Emissionen zu vermeiden?
- Sind Unfälle möglich, bei denen die Umgebung durch Freisetzung chemischer Stoffe (oder biologischer Agentien, d. Hg.) gefährdet wird? Gibt es vernünftige Sicherungen gegen solche Fälle?
- Welche Abfälle entstehen bei der Produktion und was wird damit gemacht (wenn diese Frage schon seit Jahren beachtet würde, hätten wir heute einiges weniger an Sondermüll)?
- Was gelangt ins Abwasser?[9]

Förmliches Genehmigungsverfahren	Vereinfachtes Genehmigungsverfahren
a Antragstellung und Einreichen der Unterlagen	a Antragstellung und Einreichen der Unterlagen
b Bekanntmachung	
c Offenlegung der Unterlagen	
d Einsichtnahme	
e Einwendungen	
f Erörterungstermin	
g Genehmigungsbescheid	b Genehmigungsbescheid
h Widerspruch	c Widerspruch
i Widerspruchsbescheid	d Widerspruchsbescheid
j Klage	e Klage
k Urteil	f Urteil

Die Schritte des Genehmigungsverfahrens[10]

In den Einwendungen soll die persönliche Betroffenheit angesprochen sein: Es genügt allein schon der Hinweis auf das Recht auf Leben und Gesundheit; wichtige Punkte sind aber auch Anwohnerschaft, ein landwirtschaftlicher Betrieb in Standortnähe usw. Bei Großprojekten kann die Bedeutung der Einwendungen durch sogenannte Sammeleinsprüche in Form von Unterschriftensammlungen unter einen kurzen Einspruchstext unterstützt werden. Die Personen erlangen damit auch den Status der Verfahrensbeteiligten. Mit der Zahl der Einwender erhöht sich unter Umständen auch die politische Wirkung der Verfahrensbeteiligung. Wie überhaupt die Öffentlichkeitsarbeit die wesentliche Voraussetzung und gleichzeitig Chance der Bürgerbeteiligung ist. So kann die Einführung einer Technologie »vor Ort« ins Gerede gebracht werden.[11] Wichtig ist, daß die Einsprüche innerhalb der zweimonatigen Auslegefrist bei der Genehmigungsbehörde eingehen.

Auf dem nachfolgenden Erörterungstermin werden die Pro- und Kontra-Argumente von Betreibern und Einwendern vor der Genehmigungsbehörde verhandelt. Sie dienen der Behörde letztendlich als Entscheidungshilfe für den Genehmigungsbescheid. Er kann dem Antrag der Firma in allen Punkten entsprechen, kann aber auch

Forderungen der Einwender nach höheren Sicherheitsstandards oder gar nach Nichtgenehmigung entsprechen. Er kann auch einen sogenannten Sofortvollzug anweisen. Damit haben die (möglichen) nachfolgenden Verfahrensschritte Widerspruch und Klage keine aufschiebende Wirkung.

Alle Beteiligten müssen den Genehmigungsbescheid zugestellt bekommen. Ein Widerspruch gegen den Bescheid kann innerhalb eines Monats nach Zustellung bei der Genehmigungsbehörde eingereicht werden. Hier können technische Unzulänglichkeiten des Bescheides aber auch grundsätzliche Verfahrensmängel angefochten werden. Auch gegen den darauf erfolgenden Widerspruchsbescheid der Genehmigungsbehörde können Rechtsmittel eingelegt werden.

Innerhalb eines Monats ist die Klage vor dem Verwaltungsgericht zulässig, allerdings nur durch Personen, die schon ihre »Eintrittskarte« als Einwender und Widerspruchsführer in der Tasche haben. Eine Klage kostet jedoch in jedem Falle einiges an Geld. Damit wird dies für kleinere Bürgerinitiativen von vornherein zur finanziellen Hürde. Empfiehlt es sich, schon während der gesamten Verfahrensbeteiligung Kontakt zu technischen oder juristischen Fachleuten aufzunehmen, so ist er spätestens beim Gang vor Gericht unerläßlich.

Soweit der schematische Überblick über den formalen Ablauf des Verfahrens. Damit bleiben natürlich viele Einzelfragen unbeantwortet. Weitere Informationen und Unterstützung in anstehenden Verfahren kann das Öko-Institut Darmstadt geben, das mittlerweile zahlreiche Erfahrungen in immissionsschutzrechtlichen Genehmigungsverfahren gesammelt hat. Auch die Höchster Schnüffler un' Maagucker stehen als Ansprechpartner zur Verfügung.

Die Störfall-Verordnung (12. BImSchV)[12]

Sie kommt zur Anwendung, wenn in der zu genehmigenden Anlage mit besonders gefährlichen – in dem Verordnungstext aufgeführten – Chemikalien oberhalb bestimmter Mengenschwellen gearbeitet werden soll. Sie zwingt die Betreiber, eine umfangreiche Sicherheitsanalyse vorzulegen, die genauen Einblick in geplante Sicherheitsvorkehrungen zu geben hat.

Anmerkungen

1 Siehe Beitrag von Martin Führ in diesem Band
2 Bundes-Immissionsschutzgesetz (BImSchG) vom 15. März 1974 (*BGBl.* I S. 721, 1193), zuletzt geändert am 4. März 1982 (*BGBl.* I S. 281), 1
3 BImSchG, § 4 Abs. 1
4 Siehe Beiträge von Martin Führ und Norbert Barth in diesem Band
5 Vierte Verordnung zur Durchführung des Bundes-Immissionsschutzgesetzes (4. BImSchV) vom 14. Februar 1975 (*BGBl.* III 2129-8-1-4)
6 Vorschlag Änderung der 4. BImSchV, zitiert nach Spiegel Nr. 2/1988
7 4. BImSchV, § 3 Abs. 2
8 Neunte Verordnung zur Durchführung des Bundes-Immissionsschutzgesetzes (9. BImSchV) – Grundsätze des Genehmigungsverfahrens vom 18. Februar 1977 (*BGBl.* III 2129-8-1-9)
9 Sailer, M.: Genehmigungsverfahren und Öffentlichkeitsbeteiligung, *Öko-Mitteilungen* 4/86
10 Nach: Die GRÜNEN im Hessischen Landtag: Immissionsschutz konkret; Eigenverlag Wiesbaden 1986
11 Erfolgreiche Fälle einer solchen Bürgerbeteiligung zeigen Martin Führ und Norbert Barth in ihren Aufsätzen
12 Zwölfte Verordnung zur Durchführung des Bundes-Immissionsschutzgesetzes – Störfallverordnung (12. BImSchV) vom 27. Juni 1980 (*BGBl.* III 2129-8-1-12); wird zur Zeit novelliert

Literatur

Die GRÜNEN im Hessischen Landtag: Immissionsschutz konkret; Eigenverlag Wiesbaden 1986
Umweltrecht; Beck/dtv, München 1986

Adressen

Öko-Institut Büro Darmstadt, Prinz-Christians-Weg 7, 6100 Darmstadt, 06151/45018
Höchster Schnüffler un' Maagucker, c/o Franz Kirchner, Hilligengasse 13, 6230 Höchst

Glossar

Aerosol feinste Flüssigkeits- oder Staubpartikel

AIDS Abkürzung für Acquired-Immune-Deficiency-Syndrome; erworbene Schwäche des Immunsystems, ausgelöst durch die Infektion mit dem Retrovirus HIV I. Die Patienten sterben an Infektionen bei einer fortschreitenden Schwächung des Immunsystems.

Allele eine oder mehr alternative Formen eines Gens am selben Genlocus zweier homologer Chromosomen

Aminosäure Bausteine der Eiweiße, kettenartig miteinander verbunden, bestimmen sie den Charakter des Eiweißmoleküls

Antibiotikum Stoffwechselprodukte von Mikroorganismen, die andere Mikroorganismen töten oder im Wachstum hemmen

Antigen in der Regel körperfremde Molekülstruktur (z. B.: Abschnitt eines Proteins), das die Bildung von spezifischen Abwehrstoffen, sogenannten Antikörpern, hervorruft

Autoimmunerkrankung Erkrankung als Ergebnis eines Zusammenbruchs der Toleranz gegenüber körpereigenen Stoffen. Autoimmunität beruht auf einer Immunantwort gegen körpereigene Antigene

Bakteriophage ein Virus, das Bakterien gefällt und sich in ihnen vermehrt

Bakterizid bakterienabtötende Chemikalie

Biosynthese natürlicher biochemischer Vorgang der Umsetzung genetischer Erbinformation in Zellbestandteile

Biotop Lebensraum einer Lebensgemeinschaft aus Pflanzen und Tieren mit seinen typischen Umweltbedingungen (z. B.: Auenwälder, Trockenwiesen)

Chimäre Lebewesen, das aus Zellen von zwei oder mehr Individuen zusammengesetzt ist

Chromatographie biochemische Trennmethode, bei der Stoffe unterschiedlichen chemischen Verhaltens voneinander getrennt werden

Chromosom fadenförmiges, aus DNA und Proteinen aufgebautes Molekül im Zellkern. Mit Ausnahme der DNA, die sich in den Zellorganen Mitochondrien und Chloroplasten befindet, ist die gesamte Erbinformation in Chromosomen organisiert, deren Zahl von Art zu Art schwankt (Drosophila 4, Mensch 46, Karpfen 104). Körperzellen enthalten stets einen vollständigen Chromosomensatz (beim Menschen also 2×23 homologe Chromosomen), Keimzellen (Spermien und Eizellen) enthalten nur den halben

Containment Sicherheitsvorkehrungen, die eine Freisetzung (in unserem Falle biologischen) Materials verhindern oder deren Auswirkungen minimieren sollen. Sie können in technischen Sicherheitsmaßnahmen bestehen (technisches C.), aber auch in biologischen, die eine Überlebensfähigkeit des freigesetzten Organismus in der Umwelt verhindern sollen (biologisches C.)

Crossing over Chromosomenstückaustausch (ungenau); Kopplungsbruch durch gegenseitigen Segmentaustausch zwischen Nicht-Schwesterchromatiden

Deletionsmutante Mutanten, die bestimmte DNA-Stücke ersatzlos verloren haben

Diabetes mellitus Stoffwechselerkrankung, bei der die Regulation des Blutzuckerspiegels der Patienten gestört ist

DNA Desoxyribonukleinsäure, aus Nukleotiden aufgebautes Molekül, das aus zwei gegenläufigen, komplementären Ketten besteht, die über Wasserstoffbrückenbindungen zu einer Schraube (Doppel-Helix) verbunden sind. Die DNA ist der Träger der Erbinformation

Elektrophorese biochemische Trennmethode, bei der Substanzen im elektrischen Feld nach Molekülgröße voneinander getrennt werden

Enzyme Proteine, die chemische Reaktionen in Lebewesen katalysieren (beschleunigen)

Epidemiologie Lehre vom Verlauf und der Häufigkeit bestimmter Krankheiten; berücksichtigt biologische, geomorphologische, psychologische und soziokulturelle Faktoren

Eukaryont Eukaryontische Zellen enthalten in einer abgegrenzten Struktur (»Zellkern«) die Chromosomen getrennt vom Zytoplasma, der Grundsubstanz der Zelle – im Gegensatz zu Prokaryonten. Alle mehrzelligen Organismen sind Eukaryonten

Evolution die Wandlung der Lebewesen im Verlauf der Erdgeschichte, insbesondere eine allmähliche Höherentwicklung von einfachen zu komplizierten Formen

Faktor VIII blutgerinnungsförderndes Präparat

Fermenter Behälter von 10 bis 10000 l Größe, in denen Mikroorganismen-Kulturen unter optimalen Produktionsbedingungen herangezüchtet werden

Fungizid Substanz, die Pilze an Wachstum und Vermehrung hindert oder sie abtötet

Fusionsprotein Eiweiß, das aus der Erbinformation eines eingeführten Fremdgens und einem bakterieneigenen Anteil entsteht. Bei der Produktaufreinigung wird der bakterieneigene Anteil abgespalten

Galenik Lehre von der Herstellung und Anwendung pharmazeutischer Zubereitungen von Drogen, im Gegensatz zu rein chemisch hergestellten Präparaten

Generosion Verlust der Arten- und Sortenvielfalt als Folge der gezielten genetischen Vereinheitlichung der Nutzpflanzen

Genexpression Prozeß der Übertragung einer genetischen Information in ein Produkt

Genklonierung Vermehrung eines DNA-Abschnitts, eines Gens, in Bakterien oder anderen Organismen, aus denen es in großen Mengen und höchster Reinheit isoliert werden kann

Genmarker ein genetisches Merkmal, das in Zellen, Individuen oder Populationen nachweisbar ist. Ein genetischer Marker dient der chromosomalen Lokalisierung oder der Analyse des Erbgangs in Familien; Beispiel: Blutgruppen

Genom das gesamte genetische Material einer Zelle

Genpool Gesamtheit der genetischen Variationen, d. h. der verschiedenen Gene einer Population; die Grenzen des Genpools werden durch die Gentechnik überschritten

Gensonde radioaktiv markierte DNA als Probe bei der Suche nach einem Gen

Gentherapie Methoden zum gentechnischen Austausch von Erbinformation in Körper- oder Keimbahnzellen zu medizinischen Zwecken

Gentransfer Einführung funktioneller gentechnischer Information in eine Wirtszelle, auch horizontaler G. genannt

Groß-Mutation siehe Typensprung

Hefe einzelliger Mikroorganismus, der im Gegensatz zu einem Bakterium die Zellorganisation höherer Lebewesen besitzt; als Bäcker-, Bier- oder Weinhefe schon seit langem im kulturtechnischen Gebrauch

Helfervirus liefert einem defekten Virus die fehlende Funktion, so daß nach einer gemischten Infektion von defektem und Helfervirus das defekte Virus einen vollständigen Infektionszyklus durchlaufen kann

Hormon Botenstoff des Organismus; chemische Substanz, die in einem Organ erzeugt und ausgesandt wird, um in anderen Organen oder Gewebeteilen vorherbestimmte Aktivitäten auszulösen

Hybrid-Saatgut Saatgut, das aus der Kreuzung bestimmter Inzuchtlinien hervorgeht. Der damit erhöhte Ertrag der so gewonnenen Hybrid-(Nutz)pflanze bleibt allerdings auf die Generation beschränkt, die aus dem Saatgut auskeimt

immobilisiertes Enzym an Trägersubstanzen (z. B.: Kunststoffe) fixiertes biologisches Molekül, das als chemietechnischer Katalysator eingesetzt werden kann

Insektizid Substanz, die Insekten an Wachstum und Vermehrung hindert oder sie abtötet

in-situ-Sanierung Beseitigung von Umweltschäden; hier durch Freisetzung schadstoffabbauender Mikroorganismen

Insulin Hormon aus der Bauchspeicheldrüse, das den Blutzuckerspiegel senkt, indem es die Durchlässigkeit der Zellmembran für Glucose erhöht und so den Zuckereinstrom ins umliegende Gewebe fördert

Interferon körpereigene Substanz, die den Immunstatus beeinflußt; soll trotz geringer Anfangserfolge in der Krebstherapie eingesetzt werden

Interleukin an der Immunantwort beteiligte körpereigene Substanz

in-vitro außerhalb natürlicher Umweltbedingungen; »im Reagenzglas«

in-vivo unter natürlichen Bedingungen

Kallus Zellhaufen, der sich in Kultur aus einer Pflanzenzelle bildet

Klon Kolonie genetisch einheitlicher Zellen, die sich von einer einzigen Zelle ableiten

Kolonisierung Bildung einer Population durch Gründerindividuen; hier: Besiedlung des menschlichen Darms durch Bakterien

Konfektionierung Aufreinigung und Behandlung eines (hier pharmazeutischen) Präparats bis hin zur Produktform

Ligation enzymkatalysiertes Zusammenfügen künstlich erzeugter DNA-Bruchstücke

Lymphokine lösliche, zellfreie Übertragungsstoffe, die an einer Immunreaktion beteiligt sind

Lymphom eine bösartige Geschwulst, die von den roten Blutkörpern ihren Ausgang nimmt

Metabolit Stoffwechselzwischenprodukt

Mikroorganismen Mikroben, Kleinlebewesen; Gruppe von vorwiegend einzelligen, niederen Organismen, die gewöhnlich nur unter dem Mikroskop sichtbar sind

mobilisierende Plasmide Plasmide, die den horizontalen Gentransfer auch solcher Plasmide fördern, die sonst nicht von den Bakterien weitergegeben werden

monogenes Merkmal Merkmal, das von einem einzigen Gen gesteuert wird

monoklonale Antikörper einheitliche Antikörper, die gegen ein spezifisches Antigen gerichtet sind. Zu ihrer Erzeugung fusioniert man Antikörper produzierende Lymphozyten mit sich unendlich teilenden weil krebsig entarteten Knochenmarkszellen, die beide Fähigkeiten in sich bergen und sich beliebig lange kultivieren lassen. Auf diese Weise können große Mengen monoklonaler A. gewonnen werden

Mutation Veränderung an einem Gen, die in einem Basenaustausch, aber auch im Verlust oder der Addition von Basensequenzen bestehen kann

Neurohormon Neurosekret; Botenstoff, der bei der Übertragung von Nervenimpulsen z. B. im Gehirn eine ausschlaggebende Rolle spielt

Nukleinsäure siehe DNA

Onkogen Klasse von Genen, die im Normalzustand Zellwachstum und Zellteilung steuern. Die Gegenwart eines veränderten Onkogens oder dessen Überexpression führt zu Tumorbildung

Pharmakokinetik Lehre vom zeitlichen Ablauf der Wirkung von Arzneimitteln im Organismus

Phänotyp äußeres Erscheinungsbild als Resultat der genetischen Ausstattung und der Umwelt

pH-Wert Meßwert, der den Säuregehalt einer Flüssigkeit (oder eines Bodens) anzeigt

Pilotanlage Produktionsanlage im Versuchsmaßstab

Plasmid meist ringförmige DNA-Struktur, bei Bakterien meist außerhalb des eigentlichen Genoms. In der Gentechnik häufig als Vektor benutzt

Polymorphismus das gleichzeitige Vorkommen verschiedener genetisch bedingter Formen innerhalb einer Population

Population Gesamtheit der Individuen einer Organismenart in einem bestimmten Raum, die über mehrere Generationen genetisch verbunden sind

Proliferation 1. allg.: Vermehrung durch Zellteilung; 2. Medizin: Gewebewucherung durch Zellvermehrung

Protein Eiweiß, aus Aminosäuren aufgebautes Molekül

Provirus (retro)virales »Chromosom« im Zustand der Integration als DNA in der Wirtszelle

Rekombination Umgruppierung von DNA durch Austausch an Stellen ganz oder teilweise gleicher Sequenzen (homologe R.) oder verschiedener Sequenzen (nicht-homologe R.)

Resistenzgen Widerstandsfähigkeit (meist gegen Antibiotika) vermittelnde Erbinformation, meist auf Plasmiden gespeichert

Restriktionsendonucleasen bakterielle Enzyme, die in ein Bakterium, z. B. durch einen Phagen, eindringende DNA zerschneiden. Die R. sind wichtige Instrumente in der Gentechnik, sie erlauben die Isolierung von spezifischen DNA-Fragmenten

Retroviren RNA-Viren, die über eine doppelsträngige DNA-Form verdoppelt und exprimiert werden

Rezeptor spezifischer Wirkort für einen Wirkstoff; Struktur- und Funktionselement, an welches ein Wirkstoff bindet

RNA Abkürzung für Ribonukleinsäure, eine einsträngige Nukleinsäure

Screening Experimentelle systematische Suche nach einem Gen oder einem Mikroorganismus mit biologischen, chemischen oder physikalischen Methoden

Selektion das bevorzugte Überleben und die dadurch bevorzugte Vermehrung derjenigen Individuen einer Population, die durch genetisch bedingte Ursachen in einer bestimmten Umwelt bevorzugt sind. S. im molekularbiologischen Sinne bedeutet, daß Versuchsbedingungen konstruiert werden, z. B. Nährmedien, in denen nur die gewünschten Zellen wachsen, die DNA aufgenommen haben

springende Gene siehe Transposon

Steroide Gruppe biologisch wichtiger organischer Verbindungen; z. B.: Gallensäure, Geschlechtshormone

Strukturgen der Abschnitt des DNA-Moleküls, der die Information für ein Produkt enthält

Toxin Giftstoff

transgene Tiere Tiere mit neuen Eigenschaften als Ergebnis gentechnischer Eingriffe an der befruchteten Eizelle

Translokation chromosomale Strukturveränderungen mit geänderter Position von chromosomalen Segmenten entweder innerhalb desselben Chromosoms (als Insertion) oder eines nicht-homologen Chromosoms

Transposon bewegliche genetische Elemente, die von Chromosom zu Chromosom springen können

Tumor 1. krankhafte Schwellung eines Organs; 2. Gewebevermehrung infolge krankhafter übermäßiger Zellvermehrung; sind die Zellen weniger differenziert als das Muttergewebe (heterolog), handelt es sich in der Regel um bösartige Tumore

Typensprung Die T.hypothese vertritt die Vorstellung, daß die Evolution bei der Entstehung neuer Organismen nicht »kontinuierlich« in kleinen Schritten abläuft, sondern sprunghaft erfolgt, wobei sog. Großmutationen (Makro-M.) aufgetreten sein sollen. Das Fehlen vermittelnder Zwischenglieder ist demnach nicht erstaunlich

Ultrafiltration biochemische Trennmethode, die Substanzen nach Molekülgröße »sortiert«

Vakzin Impfstoff aus lebenden oder abgetöteten Krankheitserregern

vegetative Vermehrung Vermehrung über Körperzellen. Im Gegensatz zur geschlechtlichen Vermehrung entsteht eine exakte genetische Kopie der Mutterpflanze oder des Muttertieres

Vektor DNA-Molekül, das als Empfänger für fremde DNA dienen kann. Vektoren sind meist Plasmide oder Phagen-DNA

Viren kleinste Krankheitserreger, die nur durch den Befall von Tieren bzw. Pflanzen fortpflanzungsfähig sind

Wildtyp Phäno- und zugehöriger Genotyp, durch den die Mehrzahl einer unter natürlichen Bedingungen lebenden Population gekennzeichnet ist

Zellfusion künstlich eingeleitetes Verschmelzen mindestens zweier Zellen durch z. B. Elektrofusion in starkem elektrischem Feld (Elektroporation)

Zellkulturtechnik Haltung und Vermehrung von eukaryotischen Zellen oder Gewebeveränderungen außerhalb des Organismus in geeigneten Nährmedien unter sterilen Bedingungen

Zelltypspezifität Phänomen, nach dem Viren nur in bestimmten Zelltypen (Blut-, Bindegewebs- oder Nervenzellen) parasitieren; wird in gentechnischen Experimenten gezielt durchbrochen

Abkürzungen

Abs.	Absatz
AG	Aktiengesellschaft
AGF	Arbeitsgemeinschaft Großforschungseinrichtungen
AIDS	Acquired-Immune-Deficiency-Syndrome
Art.	Artikel
B	Biologische Sicherheitsmaßnahmen (der ZKBS-Richtlinien)
BGA	Bundesgesundheitsamt
BGBl	Bundes-Gesetzblatt
bGH	Bovine Growth Hormone – Rinderwachstumshormon
BImSchG	Bundes-Immissionsschutzgesetz
BImSchV	Verordnung zum BImSchG
BMFT	Bundesministerium für Forschung und Technologie
BMZ	Bundesministerium für wirtschaftliche Zusammenarbeit
BNatSchG	Bundes-Naturschutzgesetz
BSeuchenG	Bundes-Seuchengesetz
BSP	Bruttosozialprodukt
BT-Ds	Bundestags-Drucksache
ChemG	Chemikaliengesetz
CSF	Colony-Stimulating-Factor
DECHEMA	Deutsche Gesellschaft für das Chemische Apparatewesen
DFG	Deutsche Forschungsgemeinschaft
Diss.	Dissertation
DKFZ	Deutsches Krebsforschungszentrum
DNA/DNS	Desoxyriobonukleinsäure
DVBl	Deutsches Verwaltungsblatt
EG	Europäische Gemeinschaften
EMBL	Europäisches Molekularbiologisches Laboratorium
FDA	Food and Drug Agency
FTC	Federal Trade Commission
GATT	General Agreement on Trade and Tariffs
GG	Grundgesetz
Hg	Herausgeber
HIV	Human Immunodeficiency Virus
HPLC	High-Pressure-Liquid-Chromatography – Hochdruckflüssigkeitchromatographie
L	Laborsicherheitsmaßnahmen der ZKBS-Richtlinien
LDC	Last developed countries
LP	Produktionssicherheitsmaßnahmen der ZKBS-Richtlinien
µg	Mikrogramm
ml	Milliliter

MPG	Max-Planck-Gesellschaft
OECD	Organization for Economic Cooperation and Development
ÖTV	Gewerkschaft Öffentliche Dienste, Transport und Verkehr
OTA	Office of Technology Assessment
RGW	Rat für gegenseitige Wirtschaftshilfe
RNA	Ribonukleinsäure
RP	Regierungspräsident
SFB	Sonderforschungsbereich
Ssp.	Subspecies
t	Tonne
TCDD	2,3,7,8-Tetrachlor-Dibenzo-p-Dioxin; »Sevesogift«
TOU	Technologie-orientierte Unternehmensgründung
t-PA	Tissue-Plasminogen-Activator
UNCTAD	United Nations Conference on Trade and Development
UNESCO	Organisation der UN für Erziehung, Wissenschaft und Kultur
UVV	Unfall-Verhütungsvorschrift
VBG	Bundesverband der Berufsgenossenschaften
VCI	Bundesverband der Chemischen Industrie
VO	Verordnung
Vol.	Volume
WHO	World Health Organisation
ZKBS	Zentrale Kommission für die Biologische Sicherheit
2,4,5-T	2,4,5-Triphenoxyessigsäure; Herbizid

Autoren

Günter Altner, Dr. Dr. Prof., Theologe und Biologe, Heidelberg
Norbert Barth, Chemie-Facharbeiter, Frankfurt/Bonn
Detlef Bartsch, Diplom-Biologe, Göttingen
Martin Führ, Dr. jur., Umweltrechtler, Darmstadt
Arnim von Gleich, Dr. phil., Biologe und Sozialwissenschaftler, Bremen
Manuel Kiper, Dr. rer. nat., Diplom-Biologe, Bonn
Christa Knorr, Diplom-Biologin, Bonn
Regine Kollek, Dr. rer. nat., Diplom-Biologin, Hamburg
Lisa Kühne, Studienrätin (Lebensmittelchemie), Göttingen
Arne Raj Panesar, Freiburg
Ruben Scheller, Diplom-Biologe, Heidelberg
Joachim H. Spangenberg, Diplom-Biologe, Köln
Isolde Stumm, Dr. rer. nat., Diplom-Biologin, Darmstadt

fischer alternativ

Öko-Stadt
Prinzipien einer Stadtökologie
Band 1
Materialien zur Internationalen Bauausstellung Berlin (IBA)
Herausgegeben
von Margrit Kennedy
fischer alternativ Band 4096

Schon in den siebziger Jahren hatte der Deutsche Städtetag zur Rettung der Städte aufgerufen. 1979 wurde in Berlin die Internationale Bauausstellung gegründet, die zum Zweck hat, Altstädte anders zu sanieren als bisher. In diesem Band werden Grundlagen und Material für eine Öko-Stadt anschaulich vermittelt.

Öko-Stadt
Mit der Natur die Stadt planen
Band 2
Materialien zur Internationalen Bauausstellung Berlin (IBA)
Herausgegeben
von Margrit Kennedy
fischer alternativ Band 4097

Während im ersten Band die Grundlagen einer Öko-Stadt entworfen werden, soll in diesem Band gezeigt werden, auf welche Weise sich mit der Natur die Stadt planen läßt. An einzelnen Projekten und aufgrund von Erfahrungsberichten wird dargestellt, wie Grün- und Freiraumplanung und eine ökologische Vernetzung praktisch erreicht werden.

Fischer Taschenbuch Verlag

fi 111/6

fi 1147 / 1